Einfach Grammatik

Gramática del alemán con ejercicios de A1 a B1

De
Paul Rusch y Helen Schmitz

Ernst Klett Sprachen
Stuttgart

Diseño: Jürgen Bartz
Ilustraciones: Daniela Kohl
Redacción: Cornelia Rademacher y Marion Schomer
Revisión de la edición castellana: Katja Behrens
Traducción al castellano: Nora Carbonell Scheide

1. Auflage 1 12 11 10 9 8 | 2028 27 26 25 24

La primera edición fue publicada por Langenscheidt KG, Munich, en 2009

Maquetación y fotolítos: Druckhaus "Thomas Müntzer", Bad Langensalza
Imprenta: Elanders GmbH, Waiblingen

Printed in Germany
ISBN 978-3-12-606370-5

Prefacio

Para estudiantes

Einfach Grammatik contiene la gramática de los niveles A1 a B1.
Einfach Grammatik se puede combinar con cualquier método desde el nivel A1 a B1. Esta gramática contiene toda la gramática necesaria para los exámenes de los niveles A1, A2 y B1 como p. ej. para los exámenes *Start Deutsch 1* y *2* y *Zertifikat Deutsch*.

Encontrará en cada tema gramatical

- nociones esquemáticas con tareas sencillas
- reglas sencillas para completar
- ejercicios propios para cada capítulo
- la indicación del nivel A1, A2 o B1
- la solución de las tareas y de los ejercicios en el solucionario

Con ***Einfach Grammatik*** se trabaja así:

- ¿Qué quiere aprender o repasar? Elija el capítulo correspondiente mediante el índice de contenidos o índice alfabético.
- Solucione primero las tareas. Trabaje con lápiz.
- Controle las tareas así como lo completado de las reglas mediante el solucionario.
- Realice los ejercicios.
- Si encuentra demasiado fáciles los ejercicios del nivel A1 haga los de los niveles A2 o B1.
- Al final de los capítulos más complejos un cuadro informativo le indicará qué se puede expresar usando los elementos gramaticales correspondientes, también encontrará ejercicios resumen.

Con ***Einfach Grammatik*** se estudia así:

- Apunte la fecha: ¿Cuándo realizó las tareas y cuándo realizó los ejercicios?
- Repita su trabajo después de 2 ó 3 días.
- Repítalo otra vez después de aproximadamente 2 semanas.

Si quiere asistir a un curso del nivel B1 (o superior) puede repasar y consolidar sus conocimientos con ***Einfach Grammatik***.

Prefacio

Para docentes

Einfach Grammatik es una gramática para el estudio autónomo. Los estudiantes descubren las reglas mediante tareas paso a paso y pueden elegir los ejercicios conforme a su nivel.

- Puede orientar a sus estudiantes en el trabajo con esta gramática, indicándoles qué capítulo deberían elaborar o repasar. Muchos estudiantes agradecen este tipo de indicaciones precisas respecto a qué deberían estudiar en un momento concreto.

- ***Einfach Grammatik*** es apropiado para
  - el estudio autónomo de sus estudiantes a lo largo del curso
  - el empleo en el aula conjuntamente con un método
  - la preparación de los exámenes *Start Deutsch 1* y *2* y *Zertifikat Deutsch*, así como cualquier otro exámen de los niveles A1 a B1
  - la adquisición y el repaso autónomo de conocimientos gramáticales en un curso del nivel B2 (o superior)

Índice de contenidos

Índice de contenidos

Capítulo		Nivel de los ejercicios	Página

Índice de contenidos

1 Módulos del lenguaje

1.1 Palabra – oración – texto

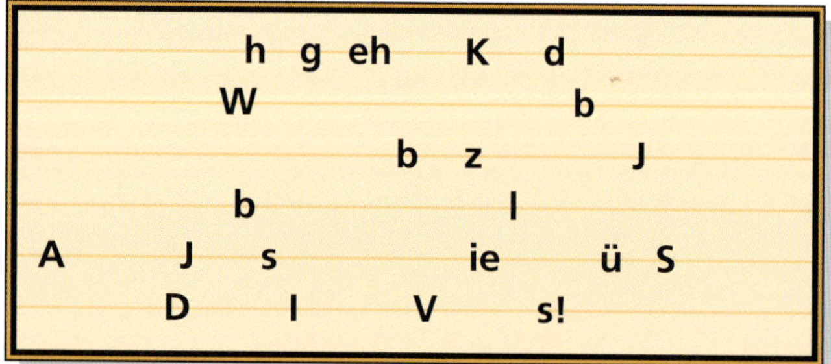

Letra

El abecedario alemán tiene 26 letras.

geehrte Kunden
Urlaub
Juni bis
haben
wir wieder
Dank

Vom Ab 17 Wir Vielen zum Juli . 18 Verständnis ! Sehr . Ihr machen sind 27 . für

Palabra

Hay diferentes clases de palabras. Los sustantivos se escriben con mayúscula.

Ab 18. Juli sind wir wieder für Sie da.
Sehr geehrte Kunden!
Vielen Dank für Ihr Verständnis!

Wir machen Urlaub.

Vom 27. Juni bis zum 17. Juli haben wir geschlossen.

Oración

Las oraciones se componen de varias palabras. Las palabras tienen funciones diferentes dentro de la frase. La primera palabra de la frase se escribe con mayúscula.

⇨ 12 Típos de oraciones y posición del verbo, p. 164

Sehr geehrte Kunden!
Wir machen Urlaub.
Vom 27. Juni bis zum 17. Juli
haben wir geschlossen.
Ab 18. Juli sind wir wieder für Sie da.
Vielen Dank für Ihr Verständnis!

Texto

Un texto es una combinación de varias oraciones.

⇨ 16 Coherencia del texto, p. 215

Módulos del lenguaje

Palabra, clases de palabras

Varias palabras juntas forman una oración.

Wir machen Urlaub.

Wir	**machen**	**Urlaub.**
Pronombre	Verbo	Sustantivo

En cada entrada del diccionario encuentra información respecto a la clase de palabra. En la oración, verbos, adjetivos y sustantivos pueden aparecer en una forma que no encuentra exactamente igual en el diccionario.

Sehr geehrte Kunden!

Sehr

◆ **sehr** [zeːɐ] *Adv* **1** verwendet, um ein Adjektiv oder ein Adverb zu verstärken: *ein sehr schönes Bild*; *Ich bin jetzt sehr müde* **2** verwendet, um ein Verb zu verstärken: *Er freute sich sehr über mein Geschenk* **3** verwendet, um bestimmte Höflichkeitsformeln zu verstärken: *bitte sehr!*; *danke sehr!*

Adv = Adverbio

geehrte

ge·ehrt *Adj*; verwendet als Teil einer höflichen Anrede, *bes* in Briefen: *Sehr geehrter Herr ...*; *Sehr geehrte Frau ...*

Adj = Adjetivo

en el diccionario
sin terminación

Kunden!

◆ **Kun·de** *der*; *-n*, *-n*; j-d, der in einem Geschäft einkauft oder Dienste in Anspruch nimmt ⟨ein guter Kunde⟩ || K-: ***Kunden-, -beratung*** || -K: ***Stamm-*** || *hierzu* **Kun·din** *die*; -, *-nen*

de Langenscheidt Taschenwörterbuch Deutsch als Fremdsprache, 2005

Sustantivo

en el diccionario
sin terminación

Vom 27. Juni bis zum 17. Juli	**haben wir**	**geschlossen.**

◆ **schlie·ßen**[2]; *schloss, hat geschlossen*
...
(***etwas***) (***irgendwann***) ***schließen*** ein Geschäft, ein Gasthaus (vorübergehend) nicht mehr geöffnet haben: *Wir schließen in 10 Minuten*

de Langenscheidt Taschenwörterbuch Deutsch als Fremdsprache, 2005

T 1 Complete las formas del verbo "schließen" del fragmento de diccionario.

Infinitivo	Presente (3ª persona sg)	Pretérito (3ª persona sg)	Perfecto (3ª persona sg)
schließen	schließt	....	....

1 Módulos del lenguaje

Oración

Las oraciones se componen de varias palabras. Las palabras tienen funciones diferentes dentro de la frase. El verbo es el núcleo de la oración.

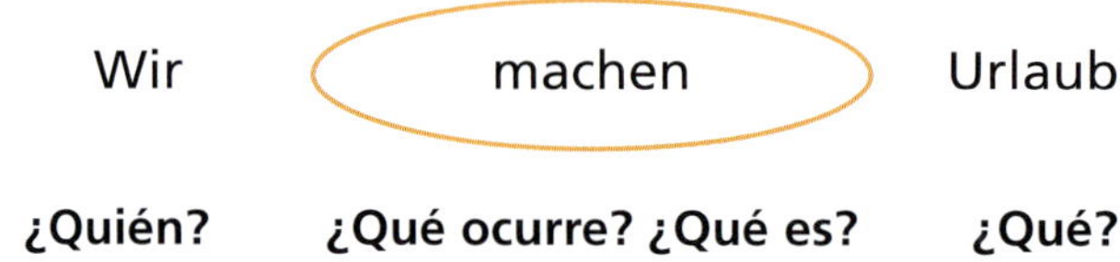

¿Quién? **¿Qué ocurre? ¿Qué es?** **¿Qué?**

	¿Qué ocurre? ¿Qué es?		
Vom 27. Juni bis zum 17. Juli	haben	wir	geschlossen.
¿Cuándo?		**¿Quién?**	

También existen oraciones sin verbo: Vielen Dank für Ihr Verständnis.

Texto

Un texto es una combinación de varias oraciones. Un texto se caracteriza por rasgos especiales.

T 2 Compare y marque las diferencias.

Helmut Kirchmair ist Elektriker.
Herr Kirchmair arbeitet in einer großen Firma in Bochum.
Die Firma baut elektrische Anlagen.
Herr Kirchmair hat zwei Söhne.
Die Söhne heißen Simon und Clemens.
Die Mutter von Simon und Clemens heißt Anna.
Anna ist Krankenschwester.

Helmut Kirchmair ist Elektriker. Er arbeitet in einer großen Firma in Bochum. Die Firma baut elektrische Anlagen. Herr Kirchmair hat zwei Söhne, die Simon und Clemens heißen. Ihre Mutter heißt Anna und ist Krankenschwester.

Características de los textos

Helmut Kirchmair ist Elektriker. **Er** arbeitet in **einer Firma** in Bochum. **Die Firma** baut elektrische Anlagen. Herr Kirchmair hat **zwei Söhne, die** **Simon und Clemens** heißen. **Ihre Mutter** heißt Anna **und** ist Krankenschwester.

Pronombre personal
Determinante
Pronombre relativo
Artículo posesivo
Frases compuestas

Módulos del lenguaje

E 1a ¿Qué clase de palabra es? Busque en un diccionario.

A2

auf *Preposición* ....

Foto ....

sehen ....

heute ....

weil ....

er ....

E 1b Marque los adjetivos, sustantivos y verbos en el texto. Apunte la forma base.

Heute ist ein schöner Tag. Klaudia Simoni bringt ihre Kinder zum Kindergarten. Weil die Sonne scheint, fährt sie mit dem Fahrrad. Peter und Paul sitzen in ihrem neuen Anhänger.

sein, schön, der Tag ....

....

....

....

E 2 Marque los límites de palabras y frases. ¿Qué palabras se escriben con mayúscula?

A1

K S

klaudia|simoni|arbeitet|ineinembüroihrchefistarchitektinderfirmaarbeitenfünf

personenfrausimonitelefoniertundschreibtmailsundbriefesiearbeitetjedentag

vonneunbiseinsnachderarbeitfährtsiezumkindergartensieholtdortihrekinderab

E 3 ¿Qué frase se pone primero? Enumere.

A2

a

...... Er hat ihn zu seinem Geburtstag von der Oma bekommen.

1 ...... Peter hat einen neuen Helm.

...... Sie hat seine Lieblingsfarbe gewählt: rot!

b

...... Er hat eine kleine Schwester.

...... Er spielt nicht gern mit ihr.

...... Denn sie ist erst 5 Jahre alt.

1 ...... Max ist 12 Jahre alt.

1.2 Enunciado – pregunta – exhortación

Eva Klinger.	Hallo Eva! Was machst du? …
Ich arbeite. Ich habe in drei Tagen eine Prüfung. Ach je! Ich muss noch so viel lernen.	Wie lange musst du noch arbeiten? Karin und ich gehen noch weg. Kommst du mit?
Nein, tut mir leid, ich habe keine Zeit.	Komm doch mit!
Wohin geht ihr denn?	In die Kneipe am Karlsplatz. Kennst du die nicht?
Welche meinst du? Das „Alex"?	Ja, genau. Wir sind in ca. einer Stunde dort. Hör doch bald mit dem Lernen auf!
Ja, ich komme aber etwas später.	Das macht doch nichts. Dann sehen wir uns später im „Alex".
Ja, bis dann! Tschüs.	Tschüs, Eva. Bis bald.

Una oracion simple puede ser …

- un enunciado / eine Aussage: Ich arbeite.
- una pregunta / eine Frage: Was machst du? Kommst du mit?
- una exhortación / eine Aufforderung: Komm doch mit!

T Busque ejemplos en el diálogo. Fíjese en los signos de puntuación (",", "?", "!").

Aussagen: *Ich habe in drei Tagen eine Prüfung.* ……………

……………

Fragen: ……………

……………

Aufforderung: ……………

……………

Módulos del lenguaje

La oración enunciativa

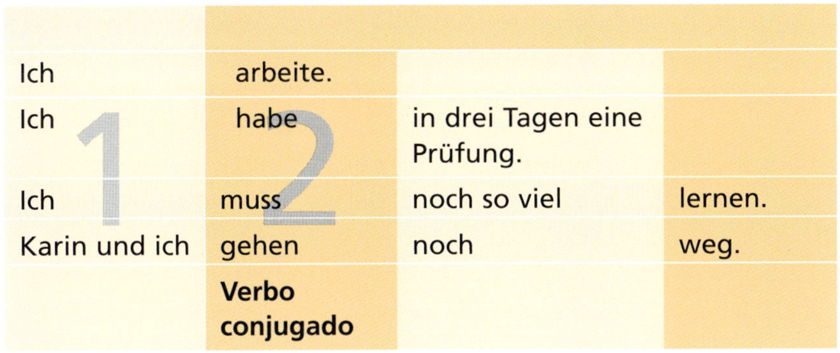

1	2		
Ich	arbeite.		
Ich	habe	in drei Tagen eine Prüfung.	
Ich	muss	noch so viel	lernen.
Karin und ich	gehen	noch	weg.
	Verbo conjugado		

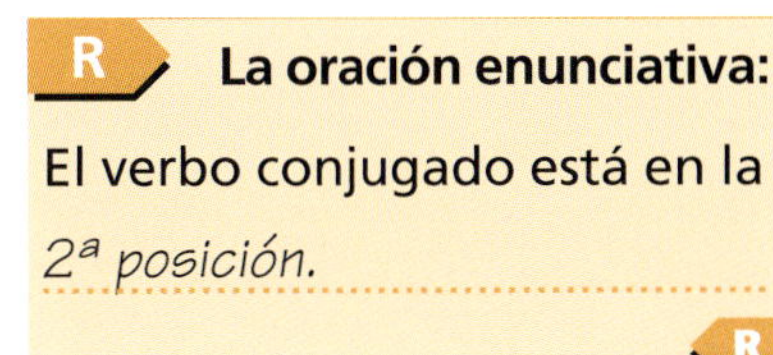

R La oración enunciativa:

El verbo conjugado está en la

2ª posición.

R

Oraciones interrogativas con partícula

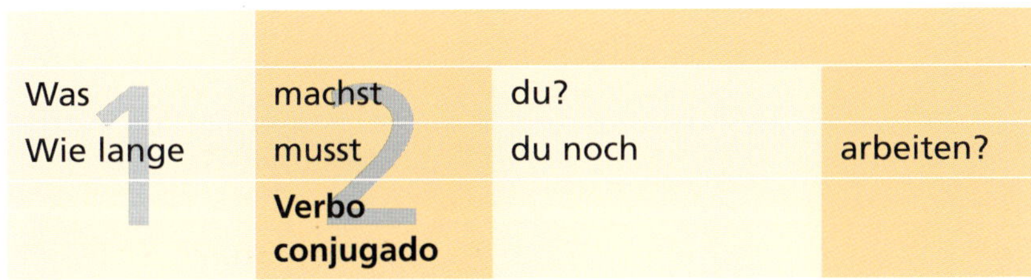

1	2		
Was	machst	du?	
Wie lange	musst	du noch	arbeiten?
	Verbo conjugado		

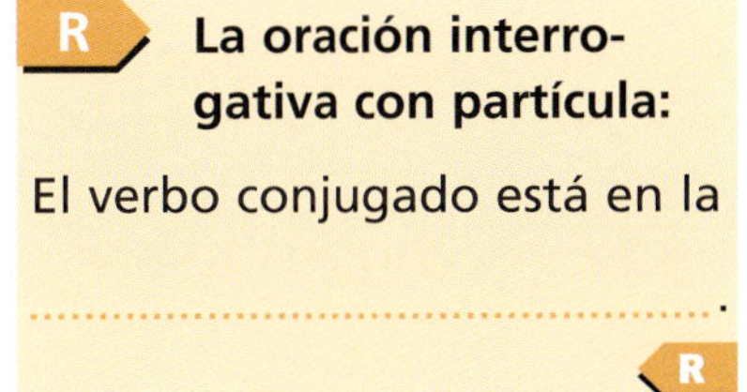

R La oración interrogativa con partícula:

El verbo conjugado está en la ....

R

Oraciones interrogativas sin partícula

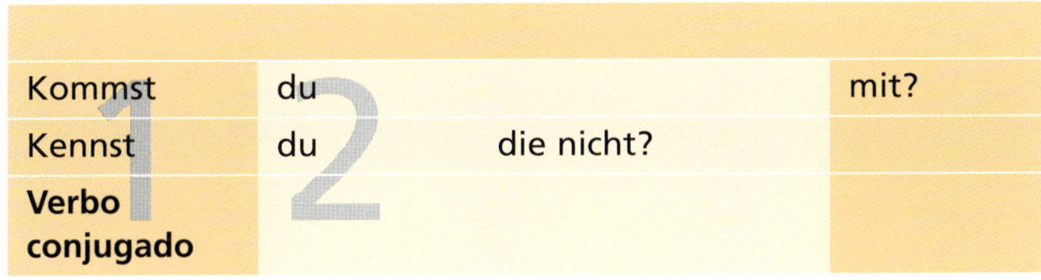

1	2		
Kommst	du		mit?
Kennst	du	die nicht?	
Verbo conjugado			

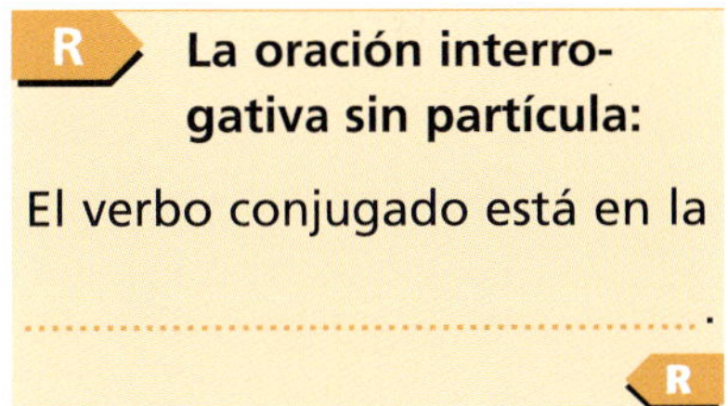

R La oración interrogativa sin partícula:

El verbo conjugado está en la ....

R

Oraciones exhortativas

1		
Komm	doch	mit!
Hör	doch bald mit dem Lernen	auf!
Verbo conjugado		

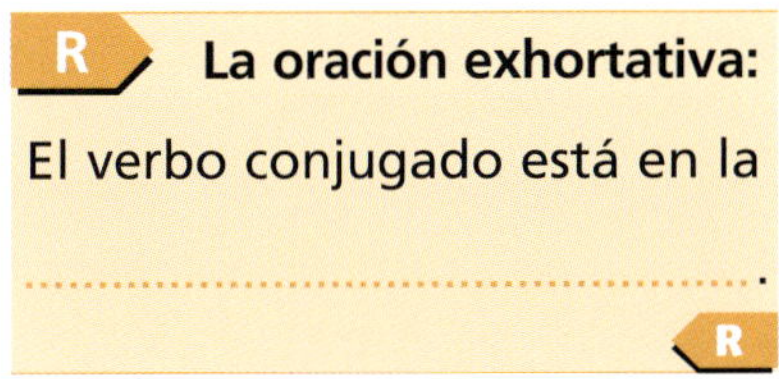

R La oración exhortativa:

El verbo conjugado está en la ....

R

⇨ 12 Tipos de oraciones y posición del verbo, p. 164

1 Módulos del lenguaje

E 1a Marque el verbo. Ordene las oraciones.

1. Warte bitte!
2. Wohin gehst du?
3. Ich gehe noch einkaufen.
4. Möchtest du mitkommen?
5. Hast du Zeit?
6. Nein, ich habe noch einen Termin.
7. Was machst du?
8. Ich muss zum Zahnarzt gehen.
9. Wo ist denn die Praxis von deinem Zahnarzt?
10. Die liegt gleich da vorne, fünf Minuten von hier.
11. Geh doch mit mir bis zur Praxis.
12. Ja, das mache ich.

enunciado	interrogación con partícula	interrogación sin partícula	exhortación
			1

E 1b Complete las oraciones 1–5 en la tabla.

	1	2	
1.	Warte	- - -	bitte!
2.	Wohin		
3.		gehe	noch
4.		du	
5.			Zeit?

E 2 ¿Enunciado, interrogación o exhortación? Escriba las oraciones.

1. Eva Klinger / Studentin / ist [.] — Eva Klinger ist Studentin.
2. wann / sie / eine Prüfung / hat [?]
3. sie / die Kneipe am Karlsplatz / kennt [?]
4. auch / in die Kneipe / komm [!]
5. die Freunde / in einer Stunde / dort / sind [.]
6. wie lange / Eva / am Abend / arbeitet [?]
7. bald / auf / hör [!]
8. du / keine Zeit / hast [?]

Verbos 2

2.1 Concordancia verbo – sujeto

El sujeto y el verbo forman una unidad. Esto se aprecia en la terminación del verbo, el verbo indica la persona.

Ich wohn**e** in München.

Und du? Wo wohn**st du**?

Wohn**en Sie** auch in München?

Wir geh**en**.

Bleib**t ihr** noch da?

Bleib**en Sie** noch oder kom-men **Sie** mit?

Der Ort heißt Lochen. Er liegt in Bayern und ist sehr klein.

Das Rathaus ist alt. Es steht links neben der Kirche.

Die Schule ist neu. Sie heißt Wiesenschule.

In Lochen leben 800 Menschen; sie wohnen gerne hier.

T Complete la tabla.

ich	wohn-e......
du...... Sie	wohn-st wohn-.......
.... es	lieg-t steh-....... heiß-t

wir	geh-.......
.... Sie	bleib-t bleib-.......
....	wohn-en

R El verbo lleva una terminación. El sujeto determina la terminación del verbo. **R**

⇨ 5.1 Los pronombres personales, p. 94

2 Verbos

A1 E 1 Verbo y sujeto. Marque.

1. Wie heißt du?
2. Ich heiße Lisa Bahr. Ich wohne in Berlin.
3. Kommt ihr aus Berlin?
4. Nein, wir kommen aus Bonn.
5. Was machen deine Eltern?
6. Meine Mutter ist Biologin und mein Vater arbeitet als Krankenpfleger.
7. Hast du noch Geschwister?
8. Ja, ich habe einen Bruder, wir machen viel gemeinsam.

A1 E 2 Complete los huecos.

Felix Bahr wohnt...... (1) in Berlin. .... (2) geht in die Schule. Seine Schwester heiß....... (3) Lisa. .... (4) macht viel Sport. Felix und Lisa wohn....... (5) bei ihren Eltern. Die Eltern heiß....... (6) Rosi und Thomas. .... (7) leben und arbeiten in Berlin.

A1 E 3 Complete con las terminaciones del verbo.

❍ Ich heiße...... (1) Paola. Ich komm....... (2) aus Verona. Und woher komm....... (3) du?
● Ich komm....... (4) aus München. Aber ich leb....... (5) jetzt auch in Italien.
❍ Ach ja? Was mach....... (6) du da? Arbeit....... (7) du bei einer Firma?
● Nein, ich studier....... (8) in Rom.
❍ Das find....... (9) ich ja toll. Was studier....... (10) du denn?

A1 E 4 Escriba los verbos en los huecos. Preste atención a la forma correcta.

machen • gefallen • ~~sein~~ • heißen • heißen • haben • arbeiten • wohnen

❍ Hallo, mein Name ist..................... (1) Hauser. Und wie .... (2) Sie?
● Ich .... (3) Hell, Sigrid Hell. Ich .... (4) erst drei Wochen hier.
❍ Und was .... (5) Sie, Frau Hell?
● Ich .... (6) bei der Firma Teinert.
❍ Wie .... (7) es Ihnen?
● Na ja, ich .... (8) sehr viel Arbeit.

2.2 Formas de los tiempos verbales

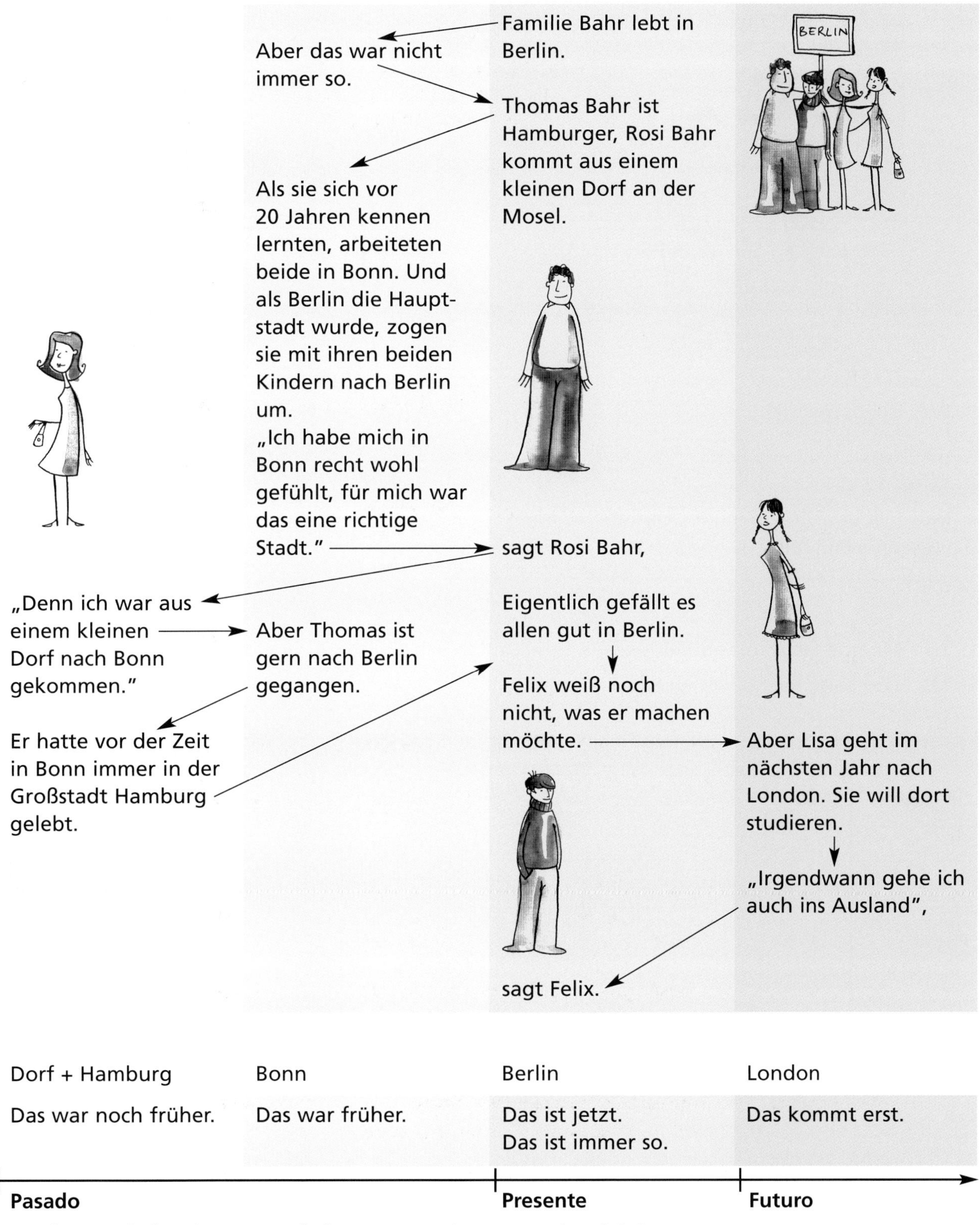

Las formas de los tiempos verbales expresan la perspectiva del tiempo.

2 Verbos

2.2.1 El presente
"sein", "haben", "werden"

- ❍ Was ist los mit dir?
- ● Nichts.
- ❍ Wirst du krank?
- ● Nein, ich bin einfach müde. Ich möchte am liebsten allein sein.
- ❍ Ok, ich gehe schon.

- ❍ Ich habe ein Problem, ich möchte mit dir reden. Hast du ein bisschen Zeit?
- ● Erst am Abend, leider. Es wird heute spät, wir haben noch so viel Arbeit, und wir müssen fertig werden.
- ❍ Schade. Du bist immer so im Stress.

T 1a Marque las formas de los verbos "sein", "haben", "werden" en el texto.

T 1b Complete las formas en la tabla.

		sein	haben	werden
Singular	ich	....	....	werde
	du	....	....	....
	er/es/sie	ist	hat	....
Plural	wir	sind	....	werden
	ihr	seid	habt	werdet
	sie	sind	haben	werden
	Sie	sind	haben	werden

Estos verbos se utilizan frecuentemente en expresiones.

alt sein: Er ist 22 Jahre alt.
leicht sein: Deutsch ist leicht.
Spaß haben: Ich habe viel Spaß.
Angst haben: Sie hat keine Angst.
hell werden: Es wird hell
krank werden: Ich werde krank.

Verbos

E 1a ¿Qué corresponde? Relacione las preguntas.

1. *C*
2. ....
3. ....
4. ....

1.	Name:	*Nena*
2.	Alter:	*46 Jahre*
3.	Beruf:	*Sängerin*
4.	Familienstand:	*ledig*

A Was sind Sie von Beruf?
B Sind Sie verheiratet?
C Wie ist Ihr Name?
D Wie alt sind Sie?

E 1b Escriba las respuestas.

Mein Name ist Nena.
....

E 2 ¿Quién es? Complete con "sein" o "haben" en su forma correcta.

Das *bin* (1) ich. Ich .... (2) sieben Jahre alt. Ich .... (3) eine Schwester. Sie .... (4) Fußballerin. Wir .... (5) auch zwei Brüder, Leo und Max. Sie .... (6) noch klein, sie .... (7) erst fünf Jahre alt. Und das .... (8) Dora. Wir .... (9) gute Freundinnen. Wir .... (10) viele Hobbys.

E 3 Escriba frases.

1. Isabella / Schülerin / sein — *Isabella ist Schülerin.*
2. sie / am 1. April / sieben Jahre alt / werden — ....
3. ich / am .... / Geburtstag / haben — ....
4. dann / ich / .... Jahre alt / werden — ....
5. heute / das Wetter / schlecht / sein — ....
6. morgen / es / besser / werden — ....

2 Verbos

Verbos regulares e irregulares

Montagmorgen, halb sieben. Der Wecker klingelt. Lisa hasst Montagmorgen, wieder liegt eine lange Woche vor ihr. Sie bleibt noch ein paar Minuten im Bett. Dann holt sie die Kleider aus dem Schrank und geht ins Bad. Sie duscht und macht sich fertig. Sie rennt aus dem Haus, der Bus wartet nicht auf sie. Die Eltern sitzen noch in der Küche und reden. Sie gehen erst später aus dem Haus.

T 2a Marque los verbos en el texto.

T 2b Complete la tabla.

	gehen	Terminación
ich	geh-e	-e
du	geh-st	-st
er/es/sie	geh-t......	-t
wir	geh-en	-en
ihr	geh-t	-t
sie	geh-.......	-en
Sie	geh-en	-en

warten, reden	du er/es/sie ihr	wart**est**, red**est** wart**et**, red**et** wart**et**, red**et**
kling**eln**, läch**eln**	ich wir sie/Sie	kling**le**, läch**le** kling**eln**, läch**eln** kling**eln**, läch**eln**
heißen, reisen	du	heiß**t**, reis**t**

T 3a Marque los verbos en el texto.

Als Lisa zur Haltestelle kommt, fährt der Bus gerade. Sie wartet nicht auf den nächsten, denn dann kommt sie zu spät. Deshalb läuft sie zur Schule.
In der großen Pause isst sie ein Brot und trinkt schnell einen Tee aus dem Automaten. Sie spricht noch kurz mit ihrem Biolehrer, dann läuft sie zu Yvonne und Clara. Die drei Freundinnen treffen sich nach der Schule und fahren gemeinsam in die Stadt. Am Abend nimmt Lisa den Bus nach Hause.

T 3b Complete la tabla.

	fahren	essen
ich	fahre	esse
du	(!) fährst	(!) isst
er/es/sie	....	....
wir	fahren	essen
ihr	fahrt	esst
sie	....	essen
Sie	fahren	essen

Los verbos irregulares pueden tener un cambio vocálico en la 2ª y en la 3ª persona del singular ("du", "er/es/sie"). El diccionario le ayudará a reconocer estos verbos.

fahren, laufen	du er/es/sie	fährst, läufst fährt, läuft
a/au	⇨	**ä/äu**
essen, lesen	du er/es/sie	isst, liest isst, liest
e	⇨	**i/ie**
(!) n**ehm**en	du n**imm**st, er/es/sie n**imm**t	

E 4 ¿Quién hace qué? Subraye el sujeto y complete las terminaciones.

Familie Bahr wohn*t* ...... (1) in Berlin. Herr Bahr arbeit...... (2) in einem Krankenhaus. Er komm...... (3) aus Hamburg. Herr und Frau Bahr und die beiden Kinder Lisa und Felix leb...... (4) schon zehn Jahre in Berlin. „Wir leb...... (5) gern in Berlin", sag...... (6) Lisa, „ich find...... (7) es hier richtig gut. Aber später geh...... (8) ich nach London."

E 5 ¿Qué hace Lisa el domingo? Escriba.

Heute ist Sonntag. Lisa (schlafen) *schläft* .... (1) bis zehn Uhr. Sie (machen) .... (2) ein gutes Frühstück. Lisa (essen) .... (3) nicht gern allein, ihr Freund Lukas (sein) .... (4) auch da. Lisa (erzählen) .... (5) von der Schule, und Lukas (sprechen) .... (6) über seine Arbeit. Am Nachmittag (treffen) .... (7) Lisa eine Freundin, Lukas (fahren) .... (8) dann nach Hause.

E 6a Información personal. Complete las preguntas.
E 6b Conteste.

1. heißen:	Wie *heißt* .... du?	Ich heiße ....
2. wohnen:	Wo .... du?	Ich ....
3. kommen:	Woher .... du?	Ich ....
4. machen:	Was .... du?	Ich ....

T 7 La información personal de Lukas Singer. Complete.

heißen • wohnen • ~~leben~~ • machen • arbeiten • studieren

Erste Hilfe für Ihren Computer
SOS-COM

Lukas Singer
Programmierer, Informatik-Student
Kochstr. 78, D-10473 Berlin
mobil 0172 / 28649190

lukas.singer@sos-com.de
www.sos-com.de

Lukas Singer *lebt* .... (1) in Berlin. Er .... (2) in der Kochstraße. Lukas .... (3) Informatik und .... (4) in einer Computer-Firma. Die Firma .... (5) SOS-COM und .... (6) Computer-Programme.

A1 E 8 Una banda internacional. Tire el dado cada vez tres veces y escriba seis frases.

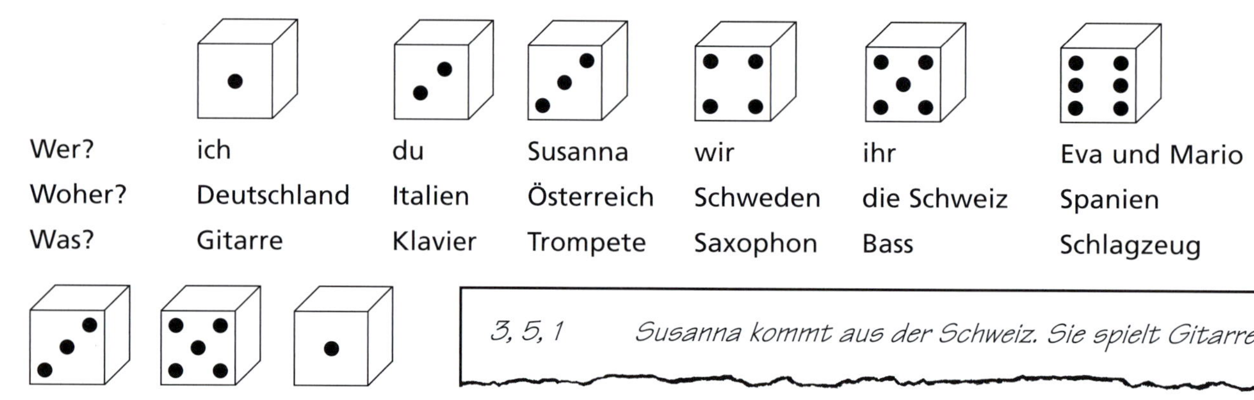

	⚀	⚁	⚂	⚃	⚄	⚅
Wer?	ich	du	Susanna	wir	ihr	Eva und Mario
Woher?	Deutschland	Italien	Österreich	Schweden	die Schweiz	Spanien
Was?	Gitarre	Klavier	Trompete	Saxophon	Bass	Schlagzeug

3, 5, 1 *Susanna kommt aus der Schweiz. Sie spielt Gitarre.*

A2 E 9 Escriba seis preguntas.

Was? Wo? Woher? Welche Sprachen? Welche Musik?	leben sprechen hören lernen wohnen kommen machen	Martin Christina du Familie Newton Annemarie und Helmut Kirchberger ihr

Welche Musik *hören* *Annemarie und Helmut Kirchberger?*

A2 E 10 ¿Qué perspectiva temporal expresan estas frases? Márquela con una cruz.

	Das ist jetzt.	Das ist immer so.	Das kommt später.
1. Montagmorgen, halb sieben. Der Wecker klingelt, und Lisa wird langsam wach.	X		
2. Lisa hasst Montagmorgen.			
3. Heute bleibt sie noch ein paar Minuten liegen.			
4. In drei Wochen sind Ferien.			
5. In den Ferien fährt sie nach England.			
6. Aber nächste Woche hat sie noch ein paar Prüfungen.			
7. Es ist schon spät, sie muss jetzt schnell aufstehen.			
8. Um 7.20 Uhr fährt der Bus zur Schule.			

2.2.2 El perfecto

Con el perfecto expresamos lo pasado.

T 1 Complete las frases en la tabla.

	1	2		
Oración enunciativa	Ich	bin	nach Hause	gegangen .
	Da	habe	ich auf dich	....
Oración interrogativa con partícula	Was	hast	du gestern Abend	.... ?
	Was	....	er da	gesagt?
		Auxiliar		**Participio II**

R1 Las formas del perfecto tienen dos partes: un auxiliar y el participio II.
En las oraciones enunciativas y en las oraciones interrogativas con partícula las formas de "sein" o de "haben" están en la .... posición, al final de la oración está el R1

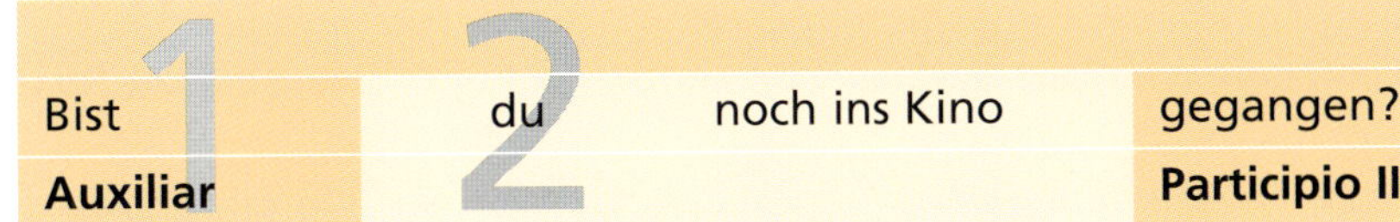

	1	2		
Oración interrogativa sin partícula	Bist	du	noch ins Kino	gegangen?
	Auxiliar			**Participio II**

R2 En la oración interrogativa sin partícula el auxiliar está en la .... posición, al final está el R2

Verbos

El participio II: Verbos regulares

T 2 Complete las formas.
Los bocadillos de la página 23 le ayudarán.

Infinitivo	Forma del perfecto		
machen	du	hast	gemacht
sagen	er	hat	....
....	ich	habe	gewartet

warten er/es/sie war**t**et, hat gewar**t**et
re**d**en er/es/sie re**d**et, hat gere**d**et

Verbos terminados en "**-ieren**": participio II sin "**ge**"

telefon**ieren**:
Ich habe gestern telefoniert.

stud**ieren**:
Sie hat Technik studiert.

R3 Los verbos regulares forman el participio II con .... - + raíz del verbo + **-(e)t**. **R3**

El participio II: Verbos irregulares

Lisa hat am Samstag ihre Freundin Sandra getroffen. Sandra wohnt seit ein paar Monaten in Leipzig, sie hat dort eine Arbeit gefunden. Die beiden haben sich lange nicht gesehen. Zuerst haben sie eine Pizza gegessen und über tausend Dinge gesprochen. Dann sind sie in eine Disco gegangen.

T 3 Marque el participio II en el texto y complete.

Infinitivo	Presente	Participio II	Infinitivo	Presente	Participio II
treffen	sie trifft	getroffen	....	sie isst	gegessen
finden	sie findet	....	....	sie spricht	....
sehen	sie sieht	....	gehen	....	....

R4 En el participio II de los verbos irregulares se puede producir un cambio en la raíz del verbo:
treffen – **ge**tr**off**en, **geh**en – **ge**gang**en**
Los verbos irregulares forman el participio II con ....- + raíz del verbo perfecto + ... **R4**

T 4 Marque el participio II.

„Oh, das habe ich nicht gewusst!"

„Das habe ich nicht gedacht!"

„Hast du mir meine Bücher wieder gebracht?"

„Hast du Jochen nicht gekannt?"

R5 Sólo pocos verbos tienen una forma mixta en el participio II:
La raíz del verbo cambia pero la terminación es regular: **ge**- + raíz del verbo en perfecto + ... **R5**

Verbos 2

E 1 Verbos regulares. ¿Cómo es el participio perfecto? Escriba. **A1**

1. brauchen *gebraucht*
2. fragen ....
3. suchen ....
4. warten ....
5. hören ....
6. leben ....

E 2 ¿Qué hizo Petra ayer? Complete con el participio II. ¿Cuál es la palabra clave? **A2**

reden • machen • lernen • ~~kaufen~~ • surfen • baden • putzen

1. Am Nachmittag hat Petra Lebensmittel *g e k a u f t* (6).
2. Dann hat sie das Abendessen .... (5).
3. Beim Essen hat sie mit der Mutter .... (7).
4. Nach dem Essen hat sie das Bad .... (1).
5. Dann hat sie Biologie .... (3).
6. Später hat sie im Internet .... (4).
7. Vor dem Schlafen hat sie noch .... (2).

Palabra clave: .... (1 2 3 4 5 6 7)

E 3 Marque la raíz del verbo en perfecto y anote el infinitivo. **A2**

1. ge**geb**en *geben*
2. ge**holf**en ....
3. gehalten ....
4. gelegen ....
5. gelesen ....
6. gerufen ....

E 4a Forme el participio II. **B1**

1. binden *gebunden*
2. bleiben ....
3. fließen ....
4. schwimmen ....
5. springen ....
6. bringen ....

E 4b Encuentre parejas que rimen con los participios de E 4a.

denken • ~~finden~~ • nehmen • schließen • schreiben • singen

1. *geb**unden** – gef**unden***   2. *ge**blieben** –*

2 Verbos

El perfecto con "haben" o "sein"

Sandra ist am Wochenende nach Berlin gekommen. Dort hat sie ihre Freundin Lisa getroffen. Die beiden sind in eine Disco gegangen. Sie haben viel geredet und getanzt. Sie sind lange in der Disco geblieben. Es ist sehr spät geworden. Dann hat Lisa ein Taxi genommen. Das Taxi ist sehr schnell gefahren, aber zum Glück ist nichts passiert. Am Sonntag hat Lisa lang geschlafen.

T 5 Marque las formas del perfecto del texto y fíjese en el auxiliar. Escriba los infinitivos en la línea correspondiente.

Perfecto con "haben": *treffen* ....

Perfecto con "sein": *kommen* ....

R6 Perfecto con "haben": la mayoría de los verbos

Perfecto con "....................": Verbos que expresan un movimiento hacia un destino: "Er ist nach Berlin gekommen."
Verbos que indican un cambio: "Es ist spät geworden."
(¡!) "bleiben", "passieren", "sein": "Ich bin noch länger geblieben."

R6

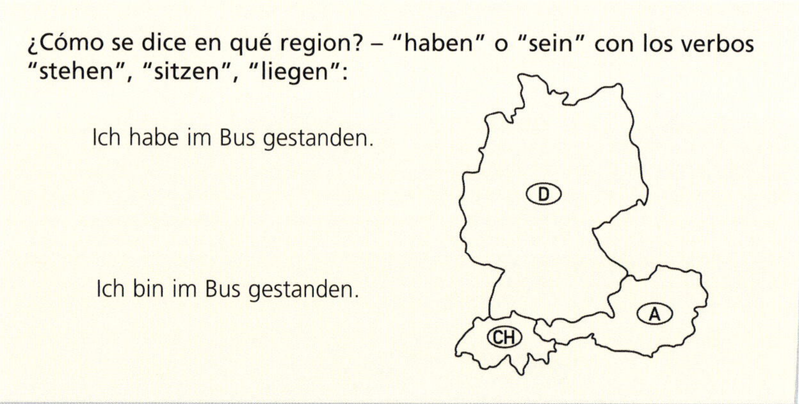

T 6 Escriba las frases 2 a 5 del texto en la tabla.

1	2		
Sandra	ist	am Wochenende nach Berlin	gekommen.
Dort	*hat*		
	Auxiliar		**Participio II**

E 5 ¿Perfecto con "haben" o "sein"? Complete con el auxiliar.

A2

Lisa *ist* .... (1) zu Sandra nach Leipzig gekommen. Zuerst .... (2) sie die Adresse nicht gefunden. Lisa .... (3) zwei Tage bei Sandra geblieben. Am ersten Abend .... (4) sie ins Kino gegangen. Sie .... (5) einen tollen Film gesehen. Er .... (6) ihnen gut gefallen. Nach dem Film .... (7) sie eine Pizza gegessen und Wein getrunken. Dann .... (8) sie mit dem Bus nach Hause gefahren.

E 6 ¿Qué hizo Peter el viernes? Escriba frases.

Freitag			
9.00	*Eva zum Arzt bringen*	15.00	
10.00	*zum Friseur gehen*	16.00	
11.00		17.00	
12.00	*essen mit Eva*	18.00	*Tennis spielen*
13.00	*arbeiten*	19.00	*19:30 Eva Theater*
14.00		20.00	

Um 9 Uhr	*hat*	*Peter Eva zum Arzt*	*gebracht.*
Peter	*ist*	*um 10 Uhr*	....
Um 12 Uhr	....	....	....
Bis 17 Uhr	....	....	....
Nach der Arbeit	....	....	....
Um 19.30 Uhr	....	....	....

E 7 Un día horrible para Max. Escriba frases.

B1

1. zuerst / zu spät zur Arbeit / kommen
2. dann / der Computer / nicht funktionieren
3. deshalb / den Computerservice / rufen
4. inzwischen / in eine Besprechung / gehen
5. am Abend / lange arbeiten
6. schließlich / einen Kaffee / holen
7. auf der Treppe / stürzen
8. dabei / am Knie / sich verletzen
9. ein Kollege / den Notarzt / rufen
10. der Notarzt / Max ins Krankenhaus / bringen

1. Zuerst ist Max zu spät zur Arbeit gekommen.

2.2.3 El pretérito
"sein", "haben", "werden"

Der erste Arbeitstag nach dem Urlaub. Herr Moser erzählt am Abend zu Hause von den Ferien der Kolleginnen und Kollegen:
Frau Wanders hatte mit dem Fahrrad einen Unfall und hat sich ein Bein gebrochen. Petra war mit ihren Kindern erst zwei Tage am Meer, dann wurden die Kinder krank. Sie hatten hohes Fieber und waren eine Woche lang immer im Hotelzimmer. Frau Bauer hatte drei Wochen lang nur schlechtes Wetter. Herr Baum ist zu spät zum Rückflug gekommen, sein Flugzeug war schon weg.
Eigentlich hatten nur wir einen tollen Urlaub und waren glücklich. Aber ich war lieber still und habe nichts gesagt.

Con el pretérito y el perfecto expresamos lo pasado.

T 1a Marque las formas de "sein", "haben" y "werden" en el texto.

T 1b Complete las formas en la tabla.

		sein	haben	werden
Singular	ich	....	hatte	wurde
	du	warst	hattest	wurdest
	er/es/sie	....	*hatte*	wurde
Plural	wir	....	....	werden
	ihr	wart	hattet	wurdet
	sie	....	....	....
	Sie	waren	hatten	wurden

En la lengua hablada utilizamos habitualmente el perfecto.

Pero, para "sein", "haben", "werden" y los verbos modales casi siempre se usa el pretérito.

⇨ 2.4.1 Verbos modales, p. 48

E 1 Antes todo era mejor. ¿Lo era realmente? Marque el sujeto. Escriba el verbo en pretérito.

A1

1. Ich bin immer müde – früher *war* ………………… ich nie müde.
2. Die Leute haben keine Zeit – früher ………………… sie mehr Zeit.
3. Das Wetter ist schlecht – früher ………………… es besser.
4. Wir haben viel Stress – früher ………………… wir keinen.
5. Ich habe wenig Geld – früher ………………… ich mehr.
6. Die Lebensmittel sind teuer – früher ………………… sie billiger.
7. Wir sind nicht zufrieden – früher ………………… wir zufrieden.

E 2 Preguntas a los alumnos. Complete con "sein" y "haben" en pretérito.

A1

❍ Wo *warst* ………………… (1) du gestern?

● Ich ………………… (2) krank.

❍ Aber du ………………… (3) in der Stadt.

● Ja, ich ………………… (4) einen Termin beim Doktor.

❍ Du ………………… (5) keinen Termin beim Doktor. Man hat dich im Kino gesehen.

● Ja, klar, ich ………………… (6) in „Doktor Mabuse".

▲ Ihr habt am Freitag gefehlt. Wo ………………… (7) ihr?

◗ Wir sind zu Hause geblieben, wir ………………… (8) doch frei.

▲ Wie bitte? Ihr ………………… (9) doch nicht frei.

◗ Doch, es ………………… (10) **Frei**tag.

E 3 ¿Qué pasó la semana pasada? Escriba en pretérito.

A2

1. letzte Woche / ich / Urlaub / haben — *Letzte Woche hatte ich Urlaub.*
2. wir / in Norwegen / sein — …………………………………
3. zuerst / wir / schönes Wetter / haben — …………………………………
4. dann / das Wetter / schlecht / werden — …………………………………
5. es / sehr kalt / werden — …………………………………
6. am nächsten Morgen / alles / weiß / sein — …………………………………
7. wir / auch im Zelt / Schnee / haben — …………………………………
8. leider / ich / dann / krank / werden — …………………………………

2 Verbos

Verbos regulares e irregulares

Wie Toby zu uns kam

Ich kam am Abend aus dem Büro und holte mein Auto. Ein großer Hund saß neben dem Auto. Er blieb sitzen und schaute mich mit großen Augen an. Es war heiß und er hatte Durst. Ich gab ihm frisches Wasser und er trank schnell und gierig. Er sah auch hungrig aus. Ich ging schnell in den Supermarkt nebenan und kaufte eine Dose Hundefutter. Der Hund fraß und ich wartete. Als ich die Autotür öffnete, sprang er sofort hinein.
Ich telefonierte mit dem Tierheim und beschrieb den Hund. Sie sagten, dass sie mich informieren, wenn jemand diesen Hund sucht. So kam Toby zu mir. Wie er seinen Namen bekam, das ist eine andere Geschichte.

El pretérito se utiliza habitualmente en la lengua escrita, sobre todo en historias o reportajes periodísticos.

T 2 Compare las tablas. Marque en la tabla de la derecha las diferencias de las terminaciones.

Verbos regulares

		holen	Terminación
Singular	ich	holt-e	-e
	du	holt-est	-est
	er/es/sie	holt-e	-e
Plural	wir	holt-en	-en
	ihr	holt-et	-et
	sie	holt-en	-en
	Sie	holt-en	-en

Verbos irregulares

		kommen	Teminación
Singular	ich	kam	- - -
	du	kam-st	-st
	er/es/sie	kam	- - -
Plural	wir	kam-en	-en
	ihr	kam-t	-t
	sie	kam-en	-en
	Sie	kam-en	-en

R1 Los verbos **regulares** en pretérito tienen una marca -.......... - y una terminación. Verbos terminados en -d, -t, -m, -n tienen la marca **-et-**: ich wart**ete**; ich öffn**ete**
Las formas "du holtest" y "ihr holtet" (2ª persona de singular y plural) son poco frecuentes. **R1**

R2 Los verbos **irregulares** tienen una raíz del verbo en pretérito. En las formas de "ich" y "er/es/sie" no tienen ....
La raíz del verbo en pretérito y la raíz del verbo en perfecto a menudo son diferentes: ich **komme**, ich **kam**, ich bin ge**komm**en **R2**

T 3 Fíjese en los verbos del texto en pretérito. ¿A qué modelo pertenecen, "holte" o "kam"? Anote los infinitivos.

holen – (ich) holte	kommen – (ich) kam
schauen	*sitzen*

R3 Sólo pocos verbos irregulares tienen una forma mixta: Tienen una raíz del verbo en pretérito propia y la marca de pretérito regular **-t-**:
wissen – w**uss-t**e; denken – d**ach-t**e; rennen – r**ann-t**e.

R3

E 4 ¿Regular o irregular? El participio II le da una pista. Anote la forma verbal en pretérito. B1

1. Der Film beginnt um 9 Uhr. *begann* (begonnen)
2. Neben mir nimmt ein Mann Platz. .... (genommen)
3. Nach kurzer Zeit schläft er fest. .... (geschlafen)
4. Im Film klingelt ein Telefon. .... (geklingelt)
5. Er zieht sein Handy heraus. .... (gezogen)
6. Er spricht ziemlich laut. .... (gesprochen)
7. Alle Leute lachen. .... (gelacht)

E 5 Una breve biografía de Steffi Graf. Complete con los verbos en pretérito. B1

beginnen • dauern • feiern • geben • gewinnen • heiraten
schenken • spielen • trainieren • verlassen • ~~werden~~

Steffi Graf *wurde* (1) 1969 in Brühl bei Heidelberg geboren. Im Alter von vier Jahren sch............ (2) ihr der Vater einen Tennisschläger. 1975, mit 6 Jahren, s............ (3) sie beim „Jüngsten Turnier" in München und g............ (4). 1977 gab ihr Vater seinen Beruf auf und t............ (5) seine Tochter Steffi. 1982, im Alter von 13 Jahren, b............ (6) ihre Karriere als Profisportlerin. Ein Jahr später v............ (7) sie die Schule und nahm Privatunterricht. Die ersten Erfolge g............ (8) es ab 1984, ihre Karriere d............ (9) bis 1999. Sie f............ (10) 22 Siege in Grand Slam-Turnieren. Seit 1999 ist sie mit dem Tennisspieler Andre Agassi befreundet, 2001 h............ (11) die beiden.

E 6 Anna nos cuenta sus vacaciones en Italia. Escriba en pretérito. B1

1. mit Freunden / nach Italien / fahren *Ich fuhr mit Freunden nach Italien.*
2. dort / wir / in einer Pension / wohnen ....
3. jeden Tag / ich / am Strand / liegen ....
4. abends / wir / in ein Restaurant / gehen ....
5. ein Mal / wir / ein Museum / besuchen ....

2.2.4 El pluscuamperfecto

Ein Abend mit Pannen. Lisa erzählt:

„Lukas hatte den ganzen Tag nicht angerufen, deshalb bin ich mit einer Freundin weggegangen. Als ich weggegangen war, kam Lukas. Eine Stunde lang hatte er noch auf mich gewartet, dann ist er nach Hause gegangen. Ich kam erst zurück, nachdem er das Haus verlassen hatte. Und jetzt ist er sauer!"

El pluscuamperfecto nos indica que un acontecimiento tuvo lugar antes de otro acontecimiento en el pasado.

T 1a Marque en todas las frases. ¿Qué ocurre primero?

T 1b Escriba las formas verbales de las frases marcadas en la tabla correspondiente.

	Paréntesis oracional de la oración principal		
Lukas 1	*hatte*	den ganzen Tag nicht	*angerufen.*
Eine Stunde lang	 2	er noch auf mich	....
	Auxiliar en pretérito		**Participio II**

	Paréntesis oracional de la oración subordinada			
	Als	ich	*weggegangen war,*	kam Lukas.
Ich kam erst zurück,	nachdem	er das Haus	....	
Oración principal			**Participio II + Auxiliar en pretérito**	**Oración principal**

R3

El pluscuamperfecto se forma con el .... de "sein" y "haben" y el ....

Auxiliar "haben" o "sein": Se aplican las mismas reglas que en el perfecto. **R3**

En la oración subordinada el participio II y el auxiliar conjugado están al final de la oración:
Lisa kam erst zurück, als Lukas das Haus **verlassen hatte**.

E 1 ¿Cómo continúa la frase? Complete con los verbos.

schließen • fahren • kochen • lernen • ~~sehen~~ • werden

1. Zu Hause wartete ein Mann vor der Türe auf mich. Ich *hatte* ihn noch nie *gesehen* .
2. Als Peter zum Auto kam, war alles nass. Er .... die Fenster nicht ....
3. Die Wanderer fanden den Weg nicht mehr. Es .... schon zu dunkel ....
4. Wir waren total müde, weil wir 100 km mit dem Fahrrad ....
5. Der Schüler war bei der Prüfung nervös, denn er .... zu wenig ....
6. Sabine freute sich sehr. Ihr Freund .... ihr Lieblingsessen ....

E 2 3 de agosto: ¿Qué pasó antes? Escriba en pluscuamperfecto.

1. am Abend / die Koffer / packen — *Ich hatte am Abend die Koffer gepackt.*
2. die Papiere / in die Tasche / stecken — ....
3. früh am Morgen / zum Flughafen / fahren — ....
4. am Schalter / das Ticket / zeigen — ....
5. im Datum / sich irren — ....

E 3 ¿Perfecto o pluscuamperfecto? Complete con el auxiliar en el tiempo verbal adecuado.

1. Ich habe großen Hunger, weil ich heute noch nichts gegessen *habe* .
2. Er rannte zum Zug, aber der Zug .... schon abgefahren.
3. Sie haben das Haus nicht gefunden, weil sie den Zettel mit der Adresse vergessen ....
4. Nachdem sie lange krank gewesen ...., hatte sie Probleme in der Schule.
5. Es war sehr heiß heute Nacht, ich .... nicht gut geschlafen.
6. Als wir zur Party kamen, ... die anderen Gäste schon nach Hause gegangen.

de NICHTLUSTIG 2 © CARLSEN Verlag GmbH, Hamburg 2004

2.2.5 El futuro I

T 1 „Die (Vase) werden Sie mir ersetzen." ¿Qué otras afirmaciones son posibles también?

- [ ] 1. Die Vase ist kaputt.
- [x] 2. Die Vase wird gleich zerbrechen.
- [ ] 3. Bald ist die Vase kaputt.
- [ ] 4. Die Vase wird gleich am Boden liegen.
- [ ] 5. Die Vase liegt am Boden.

Con el futuro I se puede hablar de acontecimientos en el futuro: ¿Qué pasará pronto o qué puede pasar?

A menudo se usa también el presente con un complemento temporal: Morgen beginnt mein Urlaub.

T 2 Complete las frases 2, 3 y 4 de la tabla.

1	2		
Die (Vase)	werden	Sie mir	ersetzen.
Die Vase	*wird*	gleich	………………… .
Die Vase	…………………	gleich am Boden	………………… .
	Auxiliar "werden"		**Infinitivo**

R El futuro I se forma con " ……………………………………… " + ……………………………………… . **R**

T 3a El significado del futuro I. ¿Qué oraciones se corresponden?

Schulschluss, der letzte Tag

1. *C* In der ersten Ferienwoche wird es schönes Wetter geben.
2. …… Irina wird ein Chemie-Praktikum machen.
3. …… Sandra wird vielleicht zu spät zur Abschlussfeier kommen.
4. …… Nora wird ihren Vater besuchen.

A Sie hat noch einen Arzttermin in der Stadt.
B Sie hat gesagt, dass er dieses Mal Zeit für sie hat.
C Ich habe die Wettervorhersage gehört.
D Sie möchte später Chemie studieren.

T 3b ¿Qué expresan las frases del apartado 3a? Anote los números.

expresar una suposición	hacer un pronóstico	hablar de planes/intenciones
....	1	....

"werden" sólo se usa una vez por frase:
→ "werden" + adjetivo — Felix wird erwachsen.
→ "werden"+ sustantivo — Lisa wird Studentin.

E 1 Fiesta de fin de año, los invitados y sus propósitos. Complete con los verbos en futuro I.

B1

1. rauchen — Ich *werde* nicht mehr *rauchen* .
2. leben — Roberto .... viel gesünder ....
3. arbeiten — Antonia und Yüksel .... weniger ....
4. streiten — Meine Partnerin und ich, wir .... nicht mehr so oft ....
5. machen — Isolde .... mehr Sport .... als bisher.
6. aufräumen — Die Kinder .... manchmal ihr Zimmer selbst ....

E 2a ¿Qué corresponde? Combine con una de las respuestas.

B1

1. „Warum kommt Maria nicht?" *C*
2. „Was macht Ines nach der Schule?" ......
3. „Wie komme ich denn zu dir?" ......
4. „Warum ist Andreas noch nicht da?" ......
5. „Was haben Sie im Urlaub vor?" ......

A „Ganz einfach: Ich hole dich am Bahnhof ab."
B „Wir bleiben zu Hause und genießen so die Tage."
C „Sie findet wahrscheinlich den Weg nicht."
D „Sie beginnt eine Lehre als Köchin."
E „Er fährt bestimmt mit dem Auto und steht im Stau."

E 2b Escriba una respuesta en futuro I.

1. C Sie wird den Weg nicht finden.

E 3 Esto en su momento eran pronósticos. Escriba las frases en futuro I.

B1

1. 1876 sagte ein Manager von Western Union: das Telefon / keinen Erfolg / haben
2. 1895 sagte Lord Kelvin: es / keine Flugmaschinen / geben
3. Circa 1920 sagten die Warner Brothers: im Film / man / nie / Stimmen / hören
4. Um 1925 sagte ein Banker: das Radio / keinen Gewinn / bringen
5. Um 1960 sagten Wissenschaftler: die Menschen / das Wetter / verändern
6. 1962 lehnte ein Manager die Beatles ab: niemand / die Musik von diesen Beatles / mögen

1. (1876 sagte ein Manager von Western Union:) Das Telefon wird keinen Erfolg haben.

2.3 Otras formas verbales importantes

2.3.1 El imperativo

T 1a ¿Qué oraciones corresponden?

1. Mario, du bist so langsam! B
2. Ich möchte auch mitkommen. ....
3. Ich brauche Sie dringend hier. ....
4. Ich habe Angst! ....

A Wartet auf mich!
B Mach schneller!
C Fahr nicht so schnell!
D Kommen Sie bitte zu mir!

T 1b Complete la tabla con las formas del imperativo.

1			
Mach	- - -	schneller!	
....	- - -	auf mich!	
....	Sie	bitte	mit!
Verbo conjugado			

R 1 En exhortaciones el verbo está en la .... posición.

T 2 Compare el imperativo y la forma del presente (entre paréntesis).

	Verbos regulares	Verbos irregulares: e ➢ i	Verbos irregulares: a ➢ ä	Raíz del verbo -t, -d -m, -n
du	Mach! (du machst)	Hilf! (du hilfst)	Fahr! (du fährst)	Warte! (du wartest)
ihr	Macht! (ihr macht)	Helft! (ihr helft)	Fahrt! (ihr fahrt)	Wartet! (ihr wartet)
Sie	Machen Sie! (Sie machen)	Helfen Sie! (Sie helfen)	Fahren Sie! (Sie fahren)	Warten Sie! (Sie warten)

R 2 Exhortación "du": du machst → Mach! (sin pronombre)
Exhortación "................": ihr macht → Macht! (sin pronombre)
Exhortación "................": Sie machen → Machen Sie! (siempre con pronombre "Sie")

"sein": **Sei** so nett! Seid so nett! **Seien Sie** so nett!
"haben": **Hab** keine Angst! Habt keine Angst! Haben Sie keine Angst!
Verbos terminados en "-eln": **sammeln:** Samm**le**! Sammelt! Sammeln Sie!

"du" o "ihr" se puede mantener en el imperativo, si la exhortación es marcadamente emocional:
Mach **du** das ja nicht! Wartet **ihr** auf mich, bitte!

Verbos

E 1 Coloque los verbos. Escriba exhortaciones.

~~hören~~ • lesen • markieren • notieren • schreiben • sprechen

1. *Hören Sie!* ....
2. ....
3. ....
4. ....
5. ....
6. ....

E 2 ¿Qué deben hacer los niños? Complete con el imperativo.

~~beeilen~~ • warten • sein • schauen • aufpassen

1. Der Bus fährt gleich. *Beeilt euch* ...., bitte.
2. Es ist zu laut. .... leise.
3. Peter möchte auch mit. .... noch einen Moment.
4. Die Straße ist gefährlich. .... immer links und rechts!
5. ...., dass ihr nichts kaputt macht.

E 3 ¿"Sie", "ihr" o "du"? Complete con la forma del imperativo correspondiente.

1. Frau Meier, *nehmen Sie* .... (nehmen) bitte Platz! 2. Linus, ... (warten) bitte auf mich! 3. Kinder, ... (machen) doch nicht so einen Lärm! 4. Simon, ... (holen) bitte deine Tasche. 5. Herr Weber, bitte .... (vergessen) unseren Termin nicht. 6. Tina, ... (sprechen) ein bisschen lauter, bitte! 7. Tina und Matthias, ... (schlafen) gut! 8. Matthias, ... (laufen) nicht so schnell!

E 4 Una indicación del camino. Complete con el imperativo.

Wenn du mit dem Auto kommst, dann *nimm* .... (1; nehmen) die Heinestraße. .... (2; bleiben) auf der Heinestraße bis zur Kreuzung Vogelgasse. .... (3; fahren) dort links, bis zur Brücke. .... (4; gehen) über die Brücke, da darf man nicht fahren. .... (5; lassen) das Auto am besten bei der Brücke stehen.

Wenn ihr mit dem Bus fahrt, dann .... (6; nehmen) die Linie C Richtung Audorf. .... (7; aussteigen) beim Gasthof Hirschen .... (8; gehen) von dort die Waldgasse bis zu einem roten Haus. .... (9; achten) auf ein Schild links, „Zugang Rehgasse".

2.3.2 El Konjunktiv II

Wenn ich wie ein Vogel fliegen könnte …

Wenn ich wie ein Vogel fliegen könnte, würde ich mir die ganze Welt ansehen.
Im Januar würde ich nach Australien fliegen. Dort würde ich den warmen Sommer genießen.
Im Februar würde ich einen Besuch in Neuseeland machen. Dort wäre ich Gast bei meinen Verwandten, den Kiwis. Wir hätten sicher viel Spaß.
Im März käme ich nach Costa Rica. Dort würde ich meine kleinsten Verwandten sehen, die Kolibris. Ich ginge mit ihnen in den Dschungel.
Im April …

T 1a Marque las formas verbales conjugadas en el texto.

T 1b Complete con las formas verbales en la tabla correspondiente.

	Konjunktiv II: "würde" + infinitivo		
Ich	*würde*	mir die ganze Welt	ansehen.
Ich	....	nach Australien	fliegen.
	Auxiliar		**Infinitivo**

	Konjunktiv II	**Pretérito**
können	ich *könnte*........	ich konnte
sein	ich	ich war
haben	wir	wir hatten
kommen	ich	ich kam
gehen	ich	ich ging

R 1 Normalmente se forma el Konjunktiv II con " .... " + infinitivo. En los verbos regulares siempre se hace así. **R 1**

R2 "sein", "haben", "werden" y los verbos modales, así como los verbos irregulares tienen una forma verbal de Konjunktiv II propia. Se construyen con la forma del .... (+ cambio vocálico en a, o, u ➢ ä, ö, ü) + terminación. En los verbos irregulares se usa habitualmente "würde" + infinitivo en el Konjunktiv II. **R2**

Los verbos modales no tienen cambio vocálico en el Konjunktiv II: ich wollte, ich sollte.

T 2a Pretérito y Konjunktiv II. Marque las diferencias de las formas del Konjunktiv II.

T 2b Construya respectivamente las formas de "werden" del Konjunktiv II.

	Pretérito		Konjunktiv II		Terminación
ich	war	kam	wäre	käme	-e
du	warst	kamst	wärst	käm(e)st	-(e)st
er/es/sie	war	kam	wäre	käme	-e
wir	waren	kamen	wären	kämen	-en
ihr	wart	kamt	wärt	käm(e)t	-(e)t
sie	waren	kamen	wären	kämen	-en
Sie	waren	kamen	wären	kämen	-en

	werden
ich	*würde*
du	....
er/es/sie	....
wir	....
ihr	....
sie	....
Sie	....

Estas formas del Konjunktiv II se usan **siempre**: wäre ("sein"); hätte ("haben"); würde ("werden"); könnte, müsste, dürfte, sollte, wollte (verbos modales).

ich wäre ~~ich würde sein~~
ich könnte ~~ich würde können~~

Estas formas del Konjunktiv II se usan **a veces, sobre todo en la 1ª y 3ª persona del singular** (en caso contrario "würde" + infinitivo): Verbos irregulares importantes: "wüsste" ("wissen"), "käme" ("kommen"), "ginge" ("gehen") u.a.

ich käme oder ich würde kommen

Para todos los demás verbos se usa "**würde**" + infinitivo.

~~ich machte~~ ich würde machen

Uso del Konjunktiv II

T 3 ¿Cuáles de las siguientes frases corresponden? Márquelas con una cruz.

1. Expresar algo hipotético, no real		
Oración con "wenn" con una condición irreal	Wenn ich wie ein Vogel fliegen könnte, würde ich …	a Ich kann wie ein Vogel fliegen. b Ich kann nicht wie ein Vogel fliegen.
Deseo irreal	Wenn ich doch mehr Zeit hätte! / Hätte ich nur mehr Zeit!	c Ich habe jetzt mehr Zeit als früher. d Ich wünsche mir, mehr Zeit zu haben.
Comparación irreal	Martino tut so, als ob er noch 20 wäre. / Martino tut so, als wäre er noch 20.	e Martino ist nicht mehr 20 Jahre alt. f Martino ist 20 Jahre alt.
2. Expresar una petición muy educadamente	Könnte ich bitte mal telefonieren? / Ich würde gerne telefonieren.	g Ich möchte gern telefonieren. h Ich kann leider nicht telefonieren.
3. Proponer algo, aconsejar	● Max hat Geburtstag. Was soll ich ihm schenken? ❍ Ich würde ihm eine CD schenken.	i Schenk Max doch eine CD. j Ich schenke Max eine CD.
	Du solltest nicht so viel arbeiten.	k Es ist nicht gut, dass du so viel arbeitest. l Du arbeitest nicht so viel.

⇨ 13.2.1.2 Oraciones subordinadas condicionales con "wenn", p. 186

Los enunciados en Konjunktiv II muy a menudo se refuerzan mediante partículas modales:
Wenn ich **doch** mehr Zeit hätte! Hätte ich **nur** mehr Zeit. Könnte ich bitte **mal** telefonieren?

Verbos 2

B1

E 1a Construya las formas verbales en pretérito y en Konjunktiv II.

E 1b ¿Es posible usar la forma "würde" + infinitivo? Si no es posible escriba una raya.

	Präteritum	Konjunktiv II	würde + Infinitiv
1. du kannst	*du konntest*	*du könntest*	---
2. ich habe	....	....	....
3. er will	....	....	....
4. sie geht	....	....	....
5. es ist	....	....	....
6. wir kommen	....	....	....
7. ihr wisst	....	....	....
8. Sie müssen	....	....	....

B1

E 2 "Ich wäre glücklich, wenn ...". Escriba oraciones con "wenn".

1. du / mehr Zeit / haben
   Ich wäre glücklich, wenn *du mehr Zeit hättest.*
2. Sie / uns / besuchen
   Wir würden uns freuen, wenn ....
3. du / kommen / können
   Ich fände es schön, wenn ....
4. ihr / uns / helfen
   Wir wären sehr froh, wenn ....
5. du / das / für mich / machen
   Ich wäre dir sehr dankbar, wenn ....

B1

E 3a "Wenn ...". Busque la continuación correspondiente.

1. Wenn ich jetzt eine Woche Ferien hätte, *E*
2. Wenn ich noch mal 10 Jahre alt wäre, ...
3. Wenn ich sehr gut singen könnte, ...
4. Wenn Max sehr viel Geld hätte, ...
5. Wenn Gabi in ihrem Land Präsidentin wäre, ...
6. Wenn die Katzen sprechen könnten, ...

A mit dem Hund spazieren gehen
B viele andere Staaten besuchen
C von ihren Abenteuern erzählen
D viele CDs produzieren
E bestimmt nicht lernen
F jeden Tag in die Schule gehen
G mehr über sie wissen
H ein Haus am Meer kaufen
I eine lange, große Reise machen
J nicht viel arbeiten müssen

E 3b Escriba frases y sus continuaciones.

Wenn ich jetzt eine Woche Ferien hätte, würde ich bestimmt nicht lernen.

B1 E 4 Deseos irreales. ¿Qué oraciones se corresponden?

1. Sie sitzen am Strand in der Sonne. *C*
2. Alle am Tisch sprechen Spanisch, aber Sie verstehen nur ein wenig. ......
3. Ihr Urlaub ist zu Ende, Sie müssen leider abreisen. ......
4. Es ist ein wunderschöner Montag, am Wochenende hat es geregnet. ......
5. Ihre Freunde feiern eine Party, aber Sie sind krank und müssen im Bett bleiben. ......

A Könnte ich doch hier bleiben!
B Wenn ich heute nur nicht arbeiten müsste!
C Hätte ich doch die Sonnenbrille bei mir!
D Wenn ich doch gesund wäre und auch ausgehen könnte!
E Wenn ich nur die Sprache besser könnte!

B1 E 5 Escriba deseos. Utilice las partículas "doch" o "nur".

1. Die Kinder helfen Ihnen nicht. *Wenn mir die Kinder doch helfen würden!*
2. Jan ist nicht da. *Wenn* ......
3. Leider kann Ihre Mutter das nicht sehen. ......
4. Sie haben kein Geld bei sich. ......
5. Sie können nicht bei diesem Fest sein. ......

B1 E 6 Realidad y sueños. Escriba lo que preferirían hacer las personas.

1. Alexandra ist Verkäuferin. (➢ Model sein) *Aber sie wäre lieber Model.*
2. Walter verdient viel. (➢ mehr verdienen) ......
3. Anna und Franz sind allein. (➢ Kinder haben) ......
4. Max arbeitet zu Hause. (➢ in der Firma arbeiten) ......
5. Olga ist im Urlaub zu Hause. (➢ reisen) ......

B1 E 7 "So tun, als ob ...". Compare con "als ob".

1. Maia hat viel Geld – kein Geld haben *Maia tut (so), als ob sie kein Geld hätte.*
2. Georg ist 50 Jahre alt – 30 sein ......
3. Rita weiß wenig – alles wissen ......
4. Lia wohnt noch zu Hause – allein wohnen ......

E 8 Exprese las peticiones de modo más educado. Utilice "können" en Konjunktiv II.

A2

1. Gib mir einen Stift, bitte. *Könntest du mir bitte einen Stift geben?*
2. Schließen Sie bitte das Fenster. ....
3. Helft mir bitte, es ist so schwer. ....
4. Ich möchte mal kurz telefonieren. ....
5. Sagen Sie mir, wie spät es ist? ....
6. Einen Kaffee, bitte. ....

E 9 ¿Qué dice Ud.? Formule peticiones educadas.

A2

1. Im Restaurant:
Sie möchten mehr Brot haben.

Ich hätte gern mehr Brot.
Könnte ich bitte mehr Brot haben?

2. In der U-Bahn:
Sie wissen nicht, wie spät es ist.

....
....

3. Ein Abendessen bei Freunden:
Sie möchten ein Glas Wasser.

....
....

4. In einer fremden Stadt:
Sie suchen den Weg zum Bahnhof.

....
....

E 10 Haga propuestas. Complete las formas verbales.

B1

solltest • ~~würde~~ • sollten • wäre • solltet • würde

1. Ich *würde* eine Stadtrundfahrt machen. 2. Sie .... in die Foto-Ausstellung gehen, die ist sehr schön. 3. Du .... dir ein Fahrrad ausleihen. 4. Es .... gut, wenn du dir ein City-Ticket kaufen würdest. 5. Ihr .... einmal im Restaurant „Grünkohl und Pinkel" probieren. 6. An Ihrer Stelle .... ich eine Bootsfahrt machen.

E 11 Aconseje. Utilice "sollen" en Konjunktiv II.

B1

1. Mir geht es nicht gut. Ich habe Halsweh.
(du / viel Tee trinken) *Du solltest viel Tee trinken.*
2. Ich bin bei der Arbeit oft so müde.
(Sie / öfter das Fenster aufmachen) ....
3. Wir sind am Wochenende in München.
(ihr / auf die "Wiesn" gehen) ....
4. In Hannover ist die Herbstmesse.
(Sie / unbedingt hingehen) ....
5. Wie ist das neue Café am Marktplatz?
(du / dort keinen Kuchen essen) ....

2.3.3 La voz pasiva

A

● Elmar, was macht ein Tischler?

▲ Wir Tischler machen Fenster, Türen und Treppen. Und wir bauen Möbel. Die fertigen Sachen bauen wir bei den Kunden ein.

● Arbeitest du selbst in der Werkstatt?

▲ Ja. Ich mache fast immer die Treppen, weil ich das am besten kann. Und ich helfe anderen Kollegen, wenn sie eine dringende Arbeit haben und mich brauchen.

B

Das ist die Firma Alpina.
In der kleinen Halle werden Fenster gemacht.
Zuerst wird das Holz geschnitten. Dann wird es mit Maschinen in die richtige Form gebracht. Dann werden die Teile zusammengebaut. Die Fenster werden dann gestrichen. Das Glas wird oft erst auf der Baustelle eingesetzt.

T 1a ¿En qué texto está la respuesta? Anote A o B.

1. A Was macht ein Tischler?
2. .... Was produziert man in der kleinen Halle?
3. .... Wann setzt man das Glas ein?
4. .... Wer hilft den Kollegen in der Werkstatt?
5. .... Wann streicht man die Fenster?
6. .... Was macht Elmar meistens?

In Text .... ist die Person wichtig: Was macht Elmar? → Utilizamos la voz **activa**.

In Text .... sind die Vorgänge und Abläufe in der Firma wichtig: Was wird in der Firma gemacht? → Utilizamos la voz **pasiva**.

T 1b Marque en el texto B las formas verbales y complete la tabla.

1	2		
In der kleinen Halle	werden	Fenster	gemacht.
Zuerst	....	das Holz	....
Dann	....	es mit Maschinen in die richtige Form	....
	Auxiliar "werden"		**Participio II**

R1 La voz pasiva se forma con el auxililar " ...." y el ....

La relación entre la voz activa y la voz pasiva

Verbos con complemento en acusativo: normalmente pueden formar la voz pasiva.

Der Tischler	schneidet	das Holz.	→ Das Holz	wird	(von dem Tischler)	geschnitten.
Nominativo		**Acusativo**	**Nominativo**			

R2 El acusativo de la frase en voz activa se convierte en .... de la frase en voz pasiva. El sujeto de la frase activa habitualmente no se menciona en la voz pasiva. **R2**

Verbos con complementos en dativo

Elmar	hilft	den Kollegen.	→	Den Kollegen	wird	(von Elmar)	geholfen.
Nominativo		**Dativo**		**Dativo**			
			→	Es	wird	den Kollegen (von Elmar)	geholfen.
				Nominativo		**Dativo**	

R3 El dativo se mantiene y está por lo general en la 1ª posición. En frases en voz pasiva, "es" es sujeto. Si en la 1ª posición hay otra parte de la frase, "es" se omite. **R3**

⇨ 5.6 La forma pronominal "es", p. 104

En la voz pasiva las personas que actuan carecen de importancia. Rara vez se menciona quién realiza la acción.

Das Holz wird **vom Tischler** geschnitten.	"von" + persona (el autor)
Holz wird **durch Hitze** zerstört.	"durch" + circunstancias o causas
Das Holz wird **mit Maschinen** bearbeitet.	"mit"+ instrumento

Formas de tiempo verbal en la voz pasiva

Perfecto • ~~Pluscuamperfecto~~ Presente • Pretérito

T 2 ¿Qué forma del tiempo verbal es? Complete.

Die Feuerwehr	war	um 16.32 Uhr	alarmiert worden.	*Pluscuamperfecto*
Gleich danach	ist	der Notarzt	gerufen worden.	....
Das Feuer	wurde	schnell	gelöscht.	....
Jetzt	wird	die Ursache	untersucht.	....

R4 Participio II de "werden" en activa: ***geworden*** Auxiliar "werden" en pasiva: ***~~ge~~worden***
Elmar ist Tischler geworden. Der Notarzt ist gerufen worden. **R4**

La voz pasiva en oraciones con verbo modal:
Eine Person **musste** ins Krankenhaus **gebracht werden**. (Participio II + infinitivo de "werden")

2 Verbos

Formas alternativas a la voz pasiva: sin usar la voz pasiva lo puede expresar así

"man"

Man darf hier nicht rauchen. → Hier darf nicht geraucht werden.
Man untersucht die Ursache des Unfalls. → Die Ursache des Unfalls wird untersucht.

⇨ El pronombre indefinido "man", p. 99

"lassen"

a) "(sich) etwas machen lassen"
Ich lasse mir die Haare schneiden. → Ich schneide mir die Haare nicht selbst, sie werden (von jemand anderem) geschnitten.
Der Chef lässt den Brief schreiben. → Er schreibt den Brief nicht selbst, er wird (von jemand anderem) geschrieben.

b) "etwas lässt sich machen"
Die Arbeit lässt sich in dieser Woche nicht mehr erledigen. → Sie kann in dieser Woche nicht mehr erledigt werden.

⇨ 2.5.2 Verbos con infinitivo, p. 67

"etwas lässt sich machen" tiene un significado modal: "es **kann** gemacht werden". También es así en adjetivos terminados en "-bar".

"-bar"

Diese Arbeit ist in drei Tagen nicht machbar. → Sie kann in drei Tagen nicht gemacht werden.
Die Sterne waren in dieser Nacht sehr gut sichtbar. → Sie konnten sehr gut gesehen werden.

B1 **E 1a** Marque el sujeto.
E 1b Complete con "werden" y con el participio II.

1. produzieren — In unserer Firma *werden* Möbel *produziert* .
2. lagern — In diesem Raum .... das Holz ....
3. machen — In der Maschinenhalle .... die ersten Arbeiten ....
4. zusammensetzen — Die Teile .... dann von den Tischlern ....
5. bringen — Die fertigen Möbel .... zu den Kunden ....
6. einbauen — Der Schrank .... genau ....

B1 **E 2** ¿"geworden" o "worden"? Complete.

1. Das Haus ist vor 30 Jahren gebaut *worden* . 2. Am 12. Oktober ist Sabine 33 Jahre alt .... 3. Gestern ist es sehr früh dunkel .... 4. Ich habe das nicht gewusst, ich bin nicht informiert .... 5. In diesem Haus ist meine Großmutter geboren .... 6. Salih ist bei einem Unfall schwer verletzt ....

E 3a Escriba preguntas en la voz pasiva. Utilice el pretérito.

B 1

1. womit / früher / die Häuser / heizen — *Womit wurden früher die Häuser geheizt?*
2. von wem / Amerika / entdecken ....
3. wo / zum ersten Mal / ein Film / öffentlich / zeigen ....
4. wann / das elektrische Licht / erfinden ....
5. wer / von Charles Darwin / nach England / bringen ....
6. in welcher Stadt / die Titanic / bauen ....

E 3b ¿Cuál de las respuestas corresponde? ¿Cuál es la palabra clave?

E In Belfast. • **I** In Paris, am 28.12.1895. • **P** Von Christoph Kolumbus. • **S** Mit Holz oder Kohle. • **T** 1879 von Thomas Alva Edison. • **Z** Die Schildkröte Harriet. (Sie starb 2006 mit 176 Jahren!)

1	2	3	4	5	6

E 4 Formule estas frases utilizándo "man".

B 1

1. An Weihnachten wird ein Tannenbaum geschmückt.
2. Die Geschenke werden unter den Baum gelegt.
3. Dann werden die Lichter am Baum angezündet.
4. In vielen Familien werden auch Weihnachtslieder gesungen.
5. Dann können endlich die Geschenke ausgepackt werden.

1. An Weihnachten schmückt man einen Tannenbaum.

E 5 Continúe con "(sich) lassen". Escriba frases.

B 1

1. Herr Kojak geht zum Friseur – er / sich / die Haare / schneiden lassen — *Er lässt sich die Haare schneiden.*
2. Frau Schmidt geht zum Arzt – sie / sich / untersuchen lassen — *Sie* ....
3. Frau Leyen bügelt die Wäsche nicht selbst – sie / die Wäsche / bügeln lassen ....
4. Eva installiert den Computer selbst – sie / ihn / nicht / installieren lassen ....
5. Das Fahrrad ist total kaputt – es / sich / nicht mehr / reparieren lassen ....
6. Herr Zirn kann heute nicht kommen – das / sich / nicht / ändern lassen ....
7. Man weiß nicht, wie lange es dauert – das / sich / nicht / sagen lassen ....

2.4 Verbos especiales

2.4.1 Verbos modales

Was wollen Sie am Wochenende machen?

Am Samstag muss ich einkaufen und aufräumen. Aber am Sonntag kann ich den Tag genießen. Am liebsten möchte ich nur lesen und auf dem Sofa sitzen.

Und was machst du?

Nicht viel. Ich will meinen Freund besuchen und mit ihm spielen. Aber Papa sagt, ich darf nicht zu ihm gehen. Ich soll zu Hause bleiben und lernen. Aber das macht doch keinen Spaß!

T 1a Marque los infinitivos.

T 1b Subraye en estas frases los verbos conjugados.

T 1c Escriba las frases con infinitivo en la tabla.

	1	2		
Interrogación con partícula	Was	wollen	Sie am Wochenende	machen?
Enunciado	Am Samstag	*muss*	ich	*einkaufen* ...... und aufräumen.
	Aber am Sonntag	....	ich den Tag	....
	Am liebsten	....	ich nur	....
		Verbo modal		**Infinitivo**

	1		
Interrogación sin partícula	Müssen	Sie am Wochenende	arbeiten?
	Verbo modal		**Infinitivo**

R 1 En las oraciones con verbo modal al final de la frase está el .... **R 1**

Sin embargo, a veces el verbo modal se usa sin el infinitivo.

„Ich möchte meinen Freund besuchen. Aber ich **darf** nicht."
„Ich **möchte** einen Kaffee."
„Roszanna **kann** sehr gut Deutsch."

- ● Ich will nicht aufstehen!
- ❍ Aber du **musst**, es ist schon spät.

Formas de tiempo verbal de los verbos modales: Presente

T 2 ¿Qué formas de los verbos modales se diferencian de otras formas verbales? Compare con "machen". Márquelas.

	wollen	können	Terminación
ich	will	kann	- - -
du	will-st	kann-st	-st
er/es/sie	will	kann	- - -
wir	woll-en	könn-en	-en
ihr	woll-t	könn-t	-t
sie	woll-en	könn-en	-en
Sie	woll-en	könn-en	-en

machen
mach-e
mach-st
mach-t
mach-en
mach-t
mach-en
mach-en

Funcionan igual:
ich muss – wir müssen
ich darf – wir dürfen
ich soll – wir sollen
ich mag – wir mögen

El verbo "wissen" se forma como los verbos modales:
ich weiß – wir wissen

Los verbos modales (excepto "sollen") tienen formas propias en singular. Las formas de "ich" y "er/es/sie" no tienen R2

El verbo modal "möcht-" tiene formas especiales:
ich möchte, du möchtest, er/es/sie möchte, wir möchten, ihr möchtet, sie möchten, Sie möchten

Formas verbales de los verbos modales: Petérito

Ich konnte leider nicht in den Kurs kommen.
Was wolltest du als Kind werden?
Pietro durfte nicht Computer spielen.
Konnten Sie nicht länger warten?
Wir mussten leider früher gehen.
Anke und Frank wollten heute eigentlich auch kommen.
Ihr solltet doch die Arbeit schon gestern fertig machen!

T 3a Marque los verbos modales en las frases.

T 3b Escriba las formas en la tabla. Compare con el pretérito de los verbos regulares e irregulares (p. 30).

ich	*konnte*	wir	....
du	....	ihr	....
er/es/sie	....	sie	....
		Sie	....

R3 Los verbos modales forman el pretérito con la raíz del verbo en pretérito + ... + terminación. R3

Verbos modales y pasado:
Se utilizan practicamente siempre en pretérito.
"möcht-" no tiene pasado:
Ich möchte heute lang schlafen. – Ich wollte gestern lang schlafen.

Verbos

Significado de los verbos modales y de su negación

"können", "dürfen"

T 4a ¿Qué oraciones corresponden?

1. ..A.. Georg kann nicht schwimmen.
2. ..... Max ist drei und kann schon Rad fahren.
3. ..... Hysein darf am Computer spielen.
4. ..... Jean-Luc darf nicht Auto fahren.
5. ..... Ali kann heute mit seiner Mutter einkaufen gehen.
6. ..... José kann nicht zu seinem Freund gehen, er ist krank.

A Er hat nicht schwimmen gelernt.
B Die Eltern haben ihm erlaubt, am Computer zu spielen.
C Seine Mutter hat Zeit dafür.
D Es ist nicht möglich, dass er zu seinem Freund geht.
E Es ist verboten, weil er keinen Führerschein hat.
F Er ist fähig, Rad zu fahren.

T 4b Relacione los verbos modales: "(nicht) können", "(nicht) dürfen".

"(No) Es posible." **(Im-)Posibilidad**	**"(No) Soy capaz."** **(In-)Capacidad**	**"(No) Está permitido."** **Prohibición/Permiso**
Ich kann zum Fest kommen. Eva kann leider nicht kommen.	Lili kann sehr gut singen. Rudolf kann nicht sehen, er ist blind.	Sie können morgen frei machen. Man darf hier 100 km/h fahren. Hier darfst du nicht parken!
(nicht) können..................	....	....

"möcht-", "wollen"

T 5a ¿Qué oraciones corresponden?

1. Anna ist im Restaurant. ..D..
2. Petra lernt Italienisch. ....
3. Sabine plant eine Reise. ....
4. Aylin gefällt es in der Schule. ....

A Sie will Italienisch studieren.
B Sie will deshalb Geld verdienen.
C Sie möchte auch gern Lehrerin werden.
D Sie möchte Nudeln essen.

T 5b Relacione los verbos modales: "(nicht) möcht-", "(nicht) wollen".

"Deseo algo." **Deseo**	**"Tengo una intención." "Me decido por algo."** **Plan/Intención**
Ich möchte einen Tee, bitte. Schnell, ich möchte nicht zu spät kommen!	Irina will schwimmen lernen. Ich will nicht mehr warten, ich gehe jetzt allein.
....	....

"müssen", "sollen"

T 6 Clasifique los verbos modales: "(nicht) müssen", "(nicht) sollen".

"YO sé que (no) es necesario."	**"OTRA PERSONA dice que (no) es bueno o (no) es necesario."**
Ich muss lernen, ich habe eine Prüfung. Michael muss am Wochenende nicht arbeiten, aber er will fertig werden.	Sabine soll auch am Wochenende arbeiten, aber sie will nicht. Der Arzt sagt, ich soll nicht rauchen.
....	....

nicht müssen = nicht brauchen
Ich muss nicht arbeiten. = Ich brauche nicht zu arbeiten.

Prohibición = nicht ~~müssen~~ dürfen
Sie müssen stehen bleiben. Sie dürfen nicht weiterfahren.

E 1 "können". ¿Qué forma corresponde? Complete. A1

1. Was heißt das? *Kannst* du das lesen?
2. Danke für die Einladung. Leider .... ich nicht kommen.
3. Was heißt das? .... Sie das verstehen?
4. Helmut wohnt am Bodensee. Dort .... er im Sommer schwimmen.
5. Mach schnell! Wir .... nicht mehr warten.
6. Wir müssen auf Maria warten. Ihr .... noch nicht gehen.
7. Irina und Oleg sind in Moskau geboren. Deshalb .... sie so gut Russisch.
8. Nimm warme Kleider mit, es .... kalt werden.

E 2 "möcht-". ¿Qué forma corresponde? Complete. A1

Pläne für die Ferien. Thomas Morscher erzählt:

1. Wir *möchten* nach Italien fahren.
2. Papa und Mama .... viel lesen.
3. Alexandra .... jeden Tag schwimmen.
4. Ich .... oft Fußball spielen.
5. Johanna und Christoph .... Pizza essen.

A2 E 3a Subraye el infinitivo y marque el verbo modal.
E 3b Escriba frases.

Laura Beer ist krank. Sie hat Halsschmerzen.

1. sie / zum Arzt / gehen / müssen
2. sie / fast nicht / sprechen / können
3. sie / beim Arzt / lange / warten / müssen
4. „Frau Beer, Sie / nicht / arbeiten / dürfen"
5. „Sie / drei Tage / im Bett / bleiben / müssen"
6. „Sie / wenig / sprechen / sollen"

1. Sie muss zum Arzt gehen.

A2 E 4 ¿Cómo es la forma del verbo modal en pretérito? Escriba.

1. Ich muss lange in der Firma bleiben. *ich musste*
2. Wann willst du mich besuchen? ....
3. Herr Michels kann nicht Auto fahren. ....
4. Frau Berg darf keinen Alkohol trinken. ....
5. Wir möchten zwei Tage wegfahren. ....
6. Sollt ihr nicht auch zum Chef kommen? ....
7. Lars und Eva möchten nach Afrika fahren. ....
8. Können Sie bei diesem Lärm lernen? ....

A2 E 5 ¿Qué pasó el último fin de semana? El señor Sadi nos cuenta. Complete con los verbos modales en pretérito.

Am Samstag *wollten* (1) wir lange schlafen. Aber wir .... (2) nicht ausschlafen, weil die Nachbarn so laut waren. Ich .... (3) in der Bäckerei frische Brötchen holen, aber das Geschäft war zu. Deshalb .... (4) ich zum Supermarkt fahren. Aber die Straße war gesperrt, man .... (5) nicht weiterfahren.

A2 E 6 En una fiesta. Complete con "können", "dürfen", "müssen"

1. Möchten Sie noch Wein? – Nein danke, ich *darf* nichts mehr trinken, ich muss noch Auto fahren.
2. Was trinken Sie? – .... ich ein Mineralwasser haben, bitte?
3. Annalisa ist noch nicht da. – Sie hat angerufen, sie .... nicht kommen.
4. Angela und Klaus haben frei, sie .... lange beim Fest bleiben.
5. Und ihr? Habt ihr morgen auch frei oder .... ihr arbeiten?
6. Es ist noch nicht so spät. .... Sie wirklich schon gehen?
7. Die Kinder sind allein zu Hause. Wir .... nicht zu spät heim kommen.

E 7 ¿Qué significan estas señales? Escriba.

A2

① nicht telefonieren

② über die Straße gehen

③ kein Eis essen

④ spielen

⑤ stehen bleiben

1. Man darf nicht telefonieren.

E 8 Consejos y exhortaciones de los demás. Complete las frases con "sollen".

B1

1. pünktlich sein — Der Lehrer hat gesagt, wir *sollen pünktlich sein.*
2. Kaffee machen — Der Chef hat gesagt, ich ……………………
3. nicht warten — Fred hat angerufen, ihr ……………………
4. viel Tee trinken — Wenn man Husten hat, ……………………
5. nicht Auto fahren — Wenn man müde ist, ……………………

E 9 Nicoletta está en Berlín. Escriba usando los verbos modales.

B1

drei Mal umsteigen • nach 10 Uhr nicht kochen • später gerne hier studieren
am Schluss die Prüfung machen • ~~viel sehen und unternehmen~~

Liebe Monica,
ich bin schon zwei Wochen in Berlin. Die Stadt ist toll.
Man kann viel sehen und unternehmen. (1) Nur im Studentenheim gibt es so viele Regeln. *Man* …………………… (2). Die Leute sind aber sehr nett, auch im Sprachkurs. Der Kurs ist sehr anstrengend, aber ich lerne viel. Denn ich …………………… (3).
Für den Weg zum Kurs brauche ich eine Stunde. Ich …………………… (4). Der Kurs gefällt mir sehr gut.
Ich …………………… (5).
Liebe Grüße, Nicoletta

2.4.2 Verbos con prefijo

- ● Ich mache jetzt Schluss. Schönes Wochenende. Was hast du vor?
- ❍ Nicht viel. Ich möchte einfach die Tage genießen und mich ausruhen.
- ● Wir besuchen meine Schwester. Du weißt ja, die wohnt am Bodensee. Mein Freund holt mich gleich ab und dann fahren wir los.
- ❍ Wann kommt ihr zurück?
- ● Sonntag Nacht. Also dann, tschüs!
- ❍ Tschüs! Schönes Wochenende!

- ● Endlich, wo warst du so lange?
- ▲ In der Firma. Wir hatten so viel Arbeit …
- ● Können wir jetzt einsteigen? Moment mal, hast du meine Tasche?
- ▲ Was ist mit der Tasche?
- ● Ich habe dir heute Morgen gesagt, du sollst meine Tasche mitnehmen. Wo ist sie?
- ▲ Zu Hause. Wir müssen sie holen.
- ● Das fängt ja gut an. Ich verstehe das nicht. Du vergisst immer alles. …

T 1a Busque en el texto de arriba los siguientes verbos. Márquelos.

abholen	anfangen	ausruhen	genießen	besuchen	einsteigen
losfahren	mitnehmen	vergessen	verstehen	vorhaben	zurückkommen

T 1b Marque los prefijos en los infinitivos.

T 1c ¿Qué sílaba se acentúa? Subraye. El diccionario le ayudará.

Verbos con prefijo acentuado: verbos separables

T 2 Complete con las formas verbales del texto.

	1	2		
Oración enunciativa	Mein Freund	holt	mich gleich	ab........
	Dann	....	wir	los.
Pregunta con partícula	Was	hast	du	vor?
	Wann	....	ihr	.... ?
		Verbo conjugado		**Prefijo**

R 1 En la oración enunciativa y en la oración interrogativa con partícula el verbo conjugado está en la .... posición, el .... acentuado se encuentra en posición final. **R 1**

T 3 Compare con la tabla de T 2.

Oración interrogativa sin partícula	Hast	du am Wochenende viel	vor?
Exhortación	Hol	mich um 17 Uhr im Büro	ab.
	Verbo conjugado		**Prefijo**

R2 En la oración interrogativa sin partícula y en la exhortación el verbo conjugado se encuentra en la .... posición, el .... acentuado está al final de la oración. R2

En la oración subordinada el prefijo no se separa:
Wenn ich **einkaufe**, kaufe ich gleich für die ganze Woche ein.
Auch den Infinitiv kann man nicht trennen: Können wir jetzt **einsteigen**?

R3 Los siguientes prefijos siempre se acentuan. Los verbos con estos prefijos son ....

ab-	abholen	**ein-**	einsteigen	**mit-**	mitnehmen	**weg-**	wegfahren
an-	anfangen	**her-**	herkommen	(he)**raus-**	rausgehen	**zu-**	zuhören
auf-	aufhören	**hin-**	hingehen	(he)**rein-**	reinkommen	**zurück-**	zurückkommen
aus-	ausschlafen	**los-**	losfahren	**vor-**	vorhaben		

R3

Verbos con prefijos no acentuados: Verbos inseparables

T 4 Marque el prefijo de los verbos. Fíjese en la acentuación.

Wir besuchen meine Schwester.
Was vergisst Herr Kosic?

Verstehen Sie mich?
Vergiss das nicht, bitte!

R4 Los siguientes prefijos nunca se acentuan. Los verbos con estos prefijos son ....

be-	besuchen	**er-**	erzählen	**miss-**	missfallen	**zer-**	zerreißen
ent-	entscheiden	**ge-**	gefallen	**ver-**	verstehen		

R4

Prefijo acentuado o prefijo no acentuado

wiedersehen Wann sehen wir uns wieder? wiederholen Ich wiederhole die Grammatik.

Hay prefijos que aparecen tanto en verbos separables como en verbos inseparables.
durch- **unter-** **wider-**
über- **um-** **wieder-**

2 Verbos

A2 **E 1a** ¿Verbos con prefijos acentuados o no acentuados? Marque el acento de la palabra: _ (vocal larga) o . (vocal corta). Utilice el diccionario.

Ü 1b ¿Separable o no? Clasifique.

ankommen	anmachen	ausmachen	bedeuten	bezahlen	einkaufen
einladen	entschuldigen	erklären	gefallen	unterschreiben	vergessen
verkaufen	verstehen	versuchen	wiederholen	zerreißen	zuhören

◆**an·kom·men** (*ist*) **1** (***irgendwo***) ***ankommen*** einen Ort / Adressaten (*bes* am Ende einer Reise / eines Transports) erreichen: *Seid ihr gut in Italien angekommen?*; *Ist mein Paket schon bei dir angekommen?*

de Langenscheidt Taschenwörterbuch Deutsch als Fremdsprache, 2005

verbos separables	verbos inseparables
ankommen	*bedeuten*

A2 **E 2a** ¿Separable o no? Marque el acento de la palabra.Utilice el diccionario.

E 2b Complete las frases.

aufstehen • aussehen • anziehen • entscheiden • ~~verdienen~~ • bestellen

1. Tina hat eine neue Arbeit gefunden. Sie *verdient* .... jetzt mehr Geld *- - -* ....
2. Bist du krank? Du .... heute nicht gut ....
3. Es ist sehr kalt. Max, warum willst du nicht die warme Jacke .... ?
4. Peter weiß nicht, was er will. Hoffentlich .... er sich bald ....
5. Wenn ich früh .... , mag ich kein Frühstück.
6. Wenn ich ins Café gehe, ... ich meistens Tee mit Milch ....

A2 **E 3** Escriba exhortaciones.

1. herkommen (du) Bitte *komm her!* ....
2. sich beeilen (ihr) Bitte *beeilt euch!* ....
3. mitkommen (Sie) Bitte ....
4. anklopfen (Sie) Bitte ....
5. aufräumen (du) Bitte ....
6. sich bewegen (ihr) Bitte ....

B1 **E 4** Verbos separables. ¿Qué verbo corresponde? Complete usando el pretérito.

abfahren • ankommen • aussteigen • einsteigen • umsteigen • ~~weggehen~~

1. Frau Maier *ging* .... wie jeden Morgen um halb acht *weg* .... 2. Der Bus .... um 7.40 Uhr .... 3. Sie .... in den Bus .... und fuhr bis zum Terminal Ost. 4. Dort .... sie wie immer in einen anderen Bus .... 5. Der Bus .... wie jeden Tag pünktlich um 8.20 bei der letzten Haltestelle .... 6. Frau Maier .... dort .... Aber heute war sie am falschen Ort.

Participio II: Verbos con pefijo (separable – inseparable)

T 5 Marque en el texto las formas verbales en perfecto.

Lisa bekommt einen Anruf von Lukas. Er erzählt von Toby.

„Ich bin mit Toby spazieren gegangen, aber ich habe die Leine vergessen.

Plötzlich ist Toby weggelaufen. Ich habe sofort begonnen, ihn überall zu suchen. Eine Stunde lang habe ich alles versucht. Ich habe wirklich geglaubt, ich habe Toby verloren. Darum habe ich die Polizei angerufen und der Polizist hat meine Daten aufgeschrieben. Dann bin ich traurig zurückgegangen.

Als ich zu Hause angekommen bin, hat Toby vor der Tür auf mich gewartet."

Verbos con prefijo acentuado: Verbos separables

T 6 Complete con el participio II del texto.

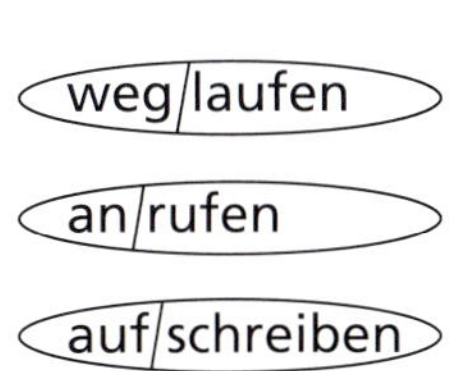

1	2		
Toby	ist		*weggelaufen* .
Lukas	hat	die Polizei	....
Der Polizist	hat	die Daten	....
	Auxiliar		**Participio II**

T 7 Complete las formas verbales que faltan (infinitivo o participio II).

Verbo (sin prefijo)	**Verbo separable**
schreiben – geschrieben	→ aufschreiben – aufgeschrieben
gehen –	→ .... – zurückgegangen
.... – gekommen	→ ankommen – ....

R5 Verbos separables: En el participio II **-ge-** se coloca entre el .... y el verbo. **R5**

Verbos con prefíjo no acentuado: Verbos inseparables

T 8 Complete con el participio II.

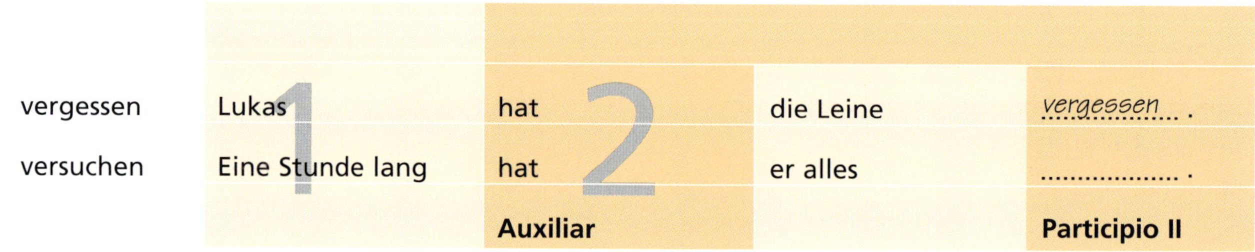

	1	2		
vergessen	Lukas	hat	die Leine	*vergessen* .
versuchen	Eine Stunde lang	hat	er alles	....
		Auxiliar		**Participio II**

T 9 Relacione los infinitivos con los participios y compare con el participio de los verbos inseparables.

1. *D* beginnen
2. .... vergessen
3. .... versuchen
4. .... verlieren

A versucht
B verloren
C vergessen
D begonnen

R6 Los verbos inseparables no tienen -ge- en el participio II. R6

A2 **E 5a** Marque en el texto el participio II de los verbos.
E 5b Anote los infinitivos en la columna correspondiente.

Der Sprachkurs hat am Montag wieder angefangen. Alle haben Geschichten von ihrem Urlaub erzählt. Andrine hat ihre Verwandten in Norwegen besucht. Da hat es ihr sehr gut gefallen. Antoine ist gerade erst aus Marseille zurückgekommen. Er hat viel eingekauft und nach Berlin mitgenommen. In Berlin hat er seine Kollegen eingeladen und sie haben Käse und Wein genossen. Silvia ist nicht weggefahren, sie ist in ein neues Zimmer umgezogen. Milo hat sich für eine Flugreise nach Kreta entschieden. Leider hat er verschlafen und das Flugzeug ist ohne ihn abgeflogen.

Verbos separables	Verbos inseparables
anfangen, ...	....
....	....

A2 **E 6** Complete con el participio II que corresponde.

1. abfahren — Der Zug ist um 17.12 Uhr *abgefahren* .
2. ankommen — Um 20.30 Uhr bin ich ....
3. aussteigen — Ich bin schnell .... , weil der Zug sofort weiterfährt.
4. einkaufen — Am Bahnhof habe ich noch ....
5. umziehen — Zu Hause habe ich mich ....
6. weggehen — Dann bin ich noch ....

E 7 Complete con el participio II.

A2

1. Max hat ein Buch *bestellt* .... (bestellen). 2. Heute hat er ein Paket .... (bekommen). 3. Max hat ein Formular .... (unterschreiben). 4. Er hat das Paket gleich .... (auspacken). Aber es war das falsche Buch. 5. Deshalb hat Max in der Buchhandlung .... (anrufen). 6. Die Dame war sehr nett, sie hat sich .... (entschuldigen). 7. Schon am nächsten Tag hat Max das richtige Buch .... (erhalten).

E 8 Conteste usando el perfecto.

A2

1. Was hat er gesagt?
   ich / es / auch nicht / verstehen — *Ich habe es auch nicht verstanden.*
2. Hast du mein Buch mitgebracht?
   leider nein / ich / es / vergessen — *Leider nein, ich* ....
3. Warum kommst du so spät?
   ich / heute / zu spät / aufstehen — ....
4. Was habt ihr gestern gemacht?
   wir / noch kurz / ausgehen — ....
5. Ist die Arbeit bald fertig?
   wir / doch erst / beginnen — ....
6. Wie war der Film?
   er / mir / sehr gut / gefallen — ....

E 9 Relacione los verbos con la familia de palabras correspondiente. Anote también el participio II.

B1

~~aufgehen~~ • aufstehen • bekommen • entstehen • mitkommen
nachkommen • ~~vergehen~~ • verstehen • ausgehen

1. gehen	2. stehen	3. kommen
aufgehen – aufgegangen	....	....
vergehen –	....	....
....	....	....

2.4.3 Verbos reflexivos

① Aurelia kämmt die Puppe.

③ Peter kämmt den Teddy.

② Aurelia kämmt sich.

④ Peter kämmt sich.

T 1a ¿Qué infinitivo corresponde a qué frase?

kämmen: .... sich kämmen: ....

T 1b Complete la tabla de los pronombres reflexivos. Las frases debajo de los dijbujos le ayudarán.

Nominativo	ich	du	er/es/sie	wir	ihr	sie	Sie
Acusativo	mich	dich	....	uns	euch	sich	sich
Dativo	mir	dir	sich	uns	euch	sich	sich

R 1 El pronombre reflexivo siempre hace referencia al sujeto. En la 3ª persona siempre es " ....". Todas las demás formas son iguales que las formas del pronombre personal. **R 1**

⇨ 5.1 Los pronombres personales, p. 94
5.4 Los pronombres reflexivos, p. 101

1. Aurelia putzt sich die Zähne.
2. Ich fühle mich nicht wohl.
3. Die Kinder haben sich erkältet.
4. Martin kann sich die Vokabeln nicht merken.
5. Ivan hat sich hingelegt.
6. Wir haben uns im Urlaub gut erholt.
7. Das Kind wäscht sich die Hände.
8. Hoffentlich hast du dir nicht das Bein gebrochen!

T 2 Verbo y complemento. ¿A qué modelo pertenecen las frases? Anote.

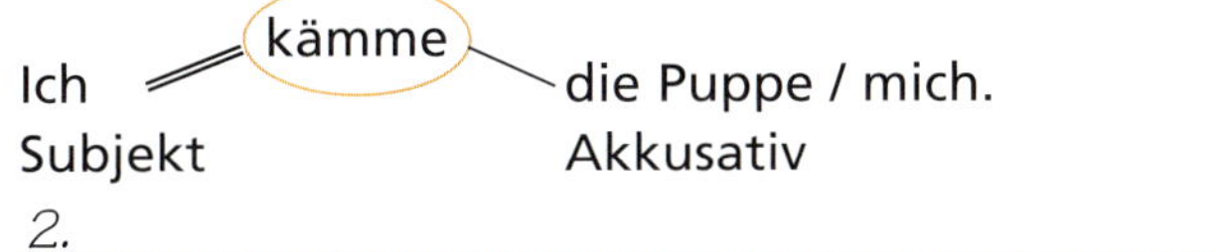

2. ....

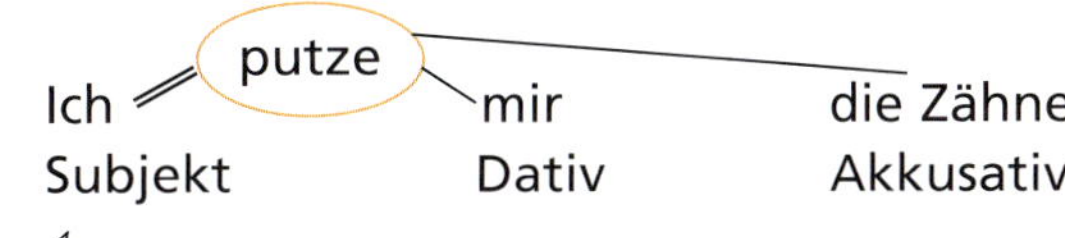

1. ....

R2 Si el verbo tiene un complemento en acusativo, el pronombre reflexivo aparece en ....

El pronombre reflexivo se coloca habitualmente directamente detrás del verbo:
Lilo duscht **sich** am Morgen. Am Morgen duscht **sich** Lilo.
Si el sujeto es un pronombre, se coloca delante del pronombre reflexivo:
Am Morgen duscht sie **sich**.

Verbos recíprocos

El pronombre reflexivo también puede expresar una relación recíproca.

Hans kennt Eli.

Eli kennt Hans.

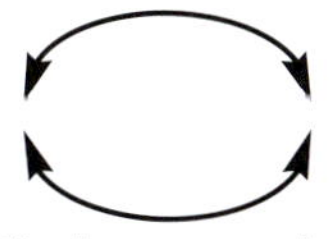

Sie kennen sich.
oder: Sie kennen einander.

Detrás de una preposición hay que añadir "einander".
Hans und Eli sind glücklich **mit**einander.

Verbos

A2 **E 1** Complete con el pronombre reflexivo.

1. Tina hat eine Einladung bekommen. Sie freut *sich* .... sehr.
2. Es war sehr nett bei euch. Ich möchte .... herzlich bedanken.
3. Habt ihr .... im Urlaub gut erholt?
4. Die Kinder sind nass geworden und haben .... erkältet.
5. Was ist passiert? Haben Sie .... verletzt?
6. Komm herein! Ich freue .... sehr, dass du mich besuchst.

B1 **E 2** Complete el verbo reflexivo correspondiente en la forma correcta.

sich erholen ● ~~sich freuen (auf)~~ ● sich interessieren (für) ● sich ausruhen ● sich unterhalten (über)

1. Die Schule ist aus. Die Schüler *freuen sich* .... auf die Ferien.
2. Frau Maurer liest mehrere Zeitungen. Sie .... für Politik.
3. Wir machen hier auf Rügen Urlaub. Wir .... gut.
4. Wenn ich meine Kollegin Anja treffe, ... ich .... mit ihr meistens über Musik
5. Wie bitte, Sie haben heute 14 Stunden gearbeitet? Sie müssen .... morgen ....

B1 **E 3** Escriba exhortaciones.

1. sich beeilen (ihr) — Der Bus fährt gleich. *Beeilt euch!* ....
2. sich setzen (Sie) — Schön, dass Sie da sind. ....
3. sich ausruhen (du) — Du siehst müde aus. ....
4. sich entscheiden (du) — Was willst du jetzt? ....
5. sich entspannen (Sie) — Es tut nicht weh. ....
6. sich verabschieden (ihr) — Kinder, wir müssen gehen. ....

E 4 Pronombres reflexivos en acusativo o en dativo. Complete.

B1

1. Der Abend war sehr schön, wir haben *uns* .... gut unterhalten.
2. Es wird kalt, ich ziehe .... den dicken Mantel an.
3. Schau auf den Fahrplan, die Abfahrtszeiten ändern .... immer wieder.
4. Es tut mir leid, ich habe .... geirrt.
5. Die Gäste waren nicht zufrieden. Sie haben .... über das Hotel beschwert.
6. Diese Hose habe ich .... gestern gekauft.
7. Das war ein gutes Restaurant. Das werde ich .... merken.
8. Kann ich .... im Geschäft umsehen?

E 5 Verbos recíprocos. Complete con el pronombre correspondiente.

A2

1. Das sind meine Freunde Arno und Evi. Wir verstehen *uns* .... gut.
2. Alex und Hans haben zusammen eine Firma. Sie helfen .... , wenn es nötig ist.
3. Rita und Kurt leben schon 25 Jahre zusammen. Sie lieben .... noch wie am Anfang.
4. Frau Neubert und Frau Stana kennen .... schon 20 Jahre.
5. Aber sie siezen .... noch immer.

E 6 ¿Qué hay que tener en cuenta a la hora de estudiar una lengua? Escriba consejos.

B1

1. sich mit Kolleginnen und Kollegen auf Deutsch unterhalten
2. sich an den Computer setzen und mit Lernprogrammen arbeiten
3. sich vorstellen, was Sie in einer bestimmten Situation sagen wollen
4. sich schwierige Wörter mit einem Beispiel merken
5. sich deutschsprachige Filme ansehen
6. ...

1. *Unterhalten Sie sich mit Kolleginnen und Kollegen auf Deutsch.*

E 7 Preposición + "einander". Complete las frases.

B1

1. sprechen mit	Bettina und Angelika *sprechen* .... oft *miteinander* ....
2. sich verlieben in	Rupert und Lili haben sich auf der Party ....
3. da sein für	Mein Freund und ich .... immer ....
4. glücklich sein mit	Lionel und Sarah .... sehr glücklich ....
5. denken an	Meine Freundin und ich .... jeden Tag ....
6. telefonieren mit	Herr und Frau Sommer .... oft ....

2.5 Verbos y complementos

2.5.1 Verbos + complementos

El verbo determina qué partes tiene que tener la frase. Estas partes se llaman complementos (u objetos). Casi todas las frases tienen un sujeto que corresponde con la terminación del verbo. El sujeto siempre aparece en nominativo.

Verbos sin complementos

Die Sonne scheint. Blumen blühen. Die Kinder baden und lachen.
Ein Gewitter kommt. Es blitzt und donnert.

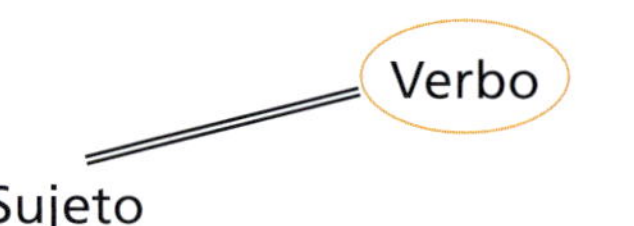

Die Sonne scheint.

⇨ 2.1 Concordancia verbo – sujeto, p. 15

R1 Hay muchos verbos que sólo tienen un sujeto y ningún otro complemento, p. ej. los "verbos del tiempo": Es regnet. Es schneit. **R1**

Verbos + complemento en nominativo

Das ist unser Haus.
Und das sind Mahmut und Inessa.
Mahmut ist der Bruder von Inessa.
Inessa ist meine beste Freundin.
Mahmut will ein berühmter Sportler werden.

Sujeto	Verbo	Complemento Nominativo
Das	ist	unser Haus.

R2 Los verbos "sein" y "werden" así como "bleiben" y "heißen" tienen un nominativo como comlpemento. **R2**

Verbos + complemento en acusativo

Muchos verbos en alemán tienen un complemento en acusativo (Akkusativ-Objekt).

Ich sehe ein weißes Haus. Es hat eine rote Tür und grüne Fenster.
Am Abend lese ich gern die Zeitung oder einen Roman.

Sujeto	Verbo	Complemento Acusativo
Ich	sehe	ein weißes Haus.

Algunos verbos con complemento en acusativo también se pueden usar sin el complemento:
Indira liest ein Buch. – Indira liest.

Verbos + complemento en dativo

Pocos verbos van acompañados sólo por un complemento en dativo (Dativ-Objekt). El dativo representa frecuentemente a una persona y se expresa a menudo con un pronombre.

Das Buch gehört mir.
Deine Freundin hat dir geholfen.
Der Pullover passt ihm gut.
Ich bin heute einem Schulfreund begegnet.

Sujeto	Verbo	Complemento Dativo
Das Buch	gehört	mir.

Verbos + complemento en acusativo y en dativo

Algunos verbos tienen complementos en acusativo y en dativo: El complemento en acusativo nombra la cosa o el objeto de la acción, el complemento en dativo nombra a la persona o el propósito de la acción.

Ich wünsche Ihnen alles Gute!
Der Mann zeigt mir den Weg.
Alena schickt Helen ein SMS.
Jakob hat seiner Frau einen Hund geschenkt.

Sujeto	Verbo	Complemento Dativo	Complemento Acusativo
Ich	wünsche	Ihnen	alles Gute.

Orden de los complementos:

Ich habe **meiner Freundin das Buch** geschenkt.	Los dos complementos son sustantivos: ➢ Dativo delante del acusativo
Ich habe **ihr das Buch** geschenkt. Ich habe **es meiner Freundin** geschenkt.	Uno de los complementos es pronombre, el otro es sustantivo: ➢ Pronombre delante del sustantivo
Ich habe **es ihr** geschenkt.	Los dos complementos son pronombres: ➢ Acusativo delante del dativo

Verbos + complemento con preposición

Marion wohnt in der Schweiz.
Mike kommt aus den USA.
Sandra erzählt von ihrer Reise.
Das Hemd passt nicht zur Hose.

Sujeto	Verbo	Preposición + dativo
Marion	wohnt	in der Schweiz.

Marion fährt in die Schweiz.
Wir haben über den Witz gelacht.
Michael denkt oft an Antonia.
Kinder achten zu wenig auf den Verkehr.

Sujeto	Verbo	Preposición + acusativo
Marion	fährt	in die Schweiz.

Muchos verbos tienen otro complemento aparte del complemento con preposición:
Ich stelle **die Blumen auf den Tisch**. Ich danke **dir für das Geschenk**.

2 Verbos

A1 **E 1a** Marque los verbos en las frases.

E 1b Clasifique los verbos en las columnas. Anote los infinitivos.

Es ist Sonntag. Und es regnet. Viele Leute schlafen noch, aber nicht Herr Zetin. Der Wecker klingelt und Herr Zetin steht auf. Er hat heute Dienst. Herr Zetin arbeitet als Taxifahrer. Um 6 Uhr holt er das Auto. Heute gibt es nur wenige Kunden.

sin complemento	complemento en nominativo	complemento en acusativo
regnen, ...	*sein*	....
....	....	....

A2 **E 2** ¿Qué tipo de complemento es? Subraye y marque con una cruz.

	Nom	Ac	Dat	Prep + Dat	Prep + Ac
1. Das Auto gehört meiner Freundin.			×		
2. Herbert Grönemeyer ist ein bekannter Sänger.					
3. Hans und Eli sehen gerne alte Filme.					
4. Karen schickt ihren Freunden eine E-Mail.					
5. Ich habe mich über das Geschenk gefreut.					
6. Bianca kümmert sich um ihren kleinen Bruder.					
7. Familie Vogel wohnt im Zentrum.					
8. Ich gratuliere dir zu deinem Geburtstag.					

B1 **E 3** Verbos con dativo y/o acusativo. Escriba frases. Tenga en cuenta la posición de los elementos en la frase.

1. Karen / eine Party / machen — *Karen macht eine Party.*
2. sie / ihre Freunde / einladen — *Sie* ....
3. die Gäste / ihr / Blumen / bringen — ....
4. Karen / in einem alten Haus / wohnen — ....
5. sie / es / ihnen / zeigen — ....

B1 **E 4** ¿Qué se corresponde?

1. Herbert Grönemeyer wohnt *C*
2. Metin Altintop kommt ....
3. Marion denkt ....
4. Sabine interessiert sich ....
5. Wir unterhalten uns ....

A an ihre früheren Kolleginnen.
B über unsere Hobbys.
C in Bochum.
D für Bayern München.
E aus Berlin.

2.5.2 Verbos con infinitivo
Verbo + infinitivo

Nehmen Sie doch Platz.	Nein danke, ich bleibe lieber stehen!
Was macht ihr nach der Schule?	Wir gehen Fußball spielen. Kommst du mit?
Warum brauchst du das Auto?	Ich fahre noch schnell einkaufen.
Ist das ein nettes Foto!	Ja, das ist süß, da lernt Ines Ski fahren.
Ist das Essen schon fertig?	Nein! Hilfst du mir kochen?
Wo ist Ihr Auto? Ist es kaputt?	In der Werkstatt, ich lasse es reparieren.
Beeilt euch, es kommt ein Gewitter.	Man hört es schon donnern.
Jetzt warten wir schon 20 Minuten!	Aber ich sehe den Bus kommen.

T 1a Marque los infinitivos en las frases. Subraye las formas del verbo conjugado en la columna de la derecha.

T 1b Verbos con infinitivo sin "zu". Complete el recordatorio.

gehen, fa...................., bl....................

le....................

sehen, hö...................., la....................

he....................

"lernen" también puede aparecer sin el 2° verbo:
Ich lerne Deutsch (sprechen).

"sehen", "hören", "lassen" con complemento en infinitivo no forman el participio II:
Ich habe das Auto reparieren ~~ge~~lassen.

"helfen" también puede usarse con infinitivo + "zu":
Helfen Sie mir, die Arbeit fertig zu machen.

T 2 ¿Qué significado tiene "lassen" en estas frases? Anote.

1. Ich lasse die Kinder oft Computer spielen.
2. Ich lasse den Computer reparieren.
3. Das lässt sich leicht sagen.
4. Ich lasse mir die Zeitung bringen.
5. Ich kann nicht gut schwimmen. Aber das lässt sich ändern.
6. Der Bauer lässt den Hund frei laufen.

lassen = etwas erlauben
1 ....

lassen = etwas nicht selbst tun
....

sich lassen = man kann
....

"lassen" también puede usarse sin infinitivo: Lass das! Lasst mich doch in Ruhe!

⇨ Formas alternativas a la voz pasiva, p. 46

Verbo + "zu" + infinitivo

Hör endlich auf zu lachen!

Versuch doch mal besser aufzupassen.

Ich habe keine Zeit, dir zu helfen!

Es ist wichtig, genau zu arbeiten!

Vergiss nicht, dein Zimmer aufzuräumen!

Denk daran, die Hände zu waschen!

Das ist nicht schwer zu verstehen!

Ich habe keine Lust, so weiterzumachen.

T 3 Marque en las frases los infinitivos con "zu".

R 1 En los verbos separables se coloca "zu" entre el prefijo y el ....
Vergiss nicht, dein Zimmer auf**zu**räumen! Ich versuche zu**zu**hören. R 1

T 4 ¿Después de qué expresiones se usa "zu" + infinitivo? Relacione.

Verbos	Adjetivo + "sein"	Sustantivo + "haben"
aufhören, ...	*es ist wichtig,*	*(keine) Zeit haben,* ....
....	....	....

T 5 Compare las parejas de frases.

Oración subordinada con "dass"		**"zu" + infinitivo**
Ich habe vergessen, dass ich Nathalie anrufe.	→	Ich habe vergessen, Nathalie anzurufen.
Ich habe vergessen, dass Nathalie anruft.	→	- - -
Es ist mir wichtig, dass ich dich treffe.	→	Es ist mir wichtig, dich zu treffen.
Es ist mir wichtig, dass du kommst.	→	- - -

R 2 Cuando la persona que actúa es la misma en la oración principal y en la oración subordinada se suele utilizar "zu" + ... en vez de una oración subordinada con "dass". R 2

⇨ 13.2.1.1 Oraciones subordindas con "dass", p. 183
13.2.1.5 Oraciones subordinadas con "damit", "um ... zu" (final), p. 192

E 1 ¿Qué verbo corresponde? Complete. B 1

bleiben	•	gehen	•	~~helfen~~	•	lassen	•	lernen

1. Die Küche ist bald sauber, ich *helfe* .... dir aufräumen und putzen.
2. Die Straße ist gesperrt, wir müssen das Auto stehen ....
3. Dana macht gern Sport, sie .... besonders gern schwimmen.
4. Der Zug hat Verspätung, wir können noch ruhig sitzen ....
5. André liebt Pferde. Darum möchte er reiten ....

E 2 Escriba frases con "(sich) lassen". B 1

1. Vera geht zum Friseur. – Haare schneiden *Sie lässt sich die Haare schneiden.*
2. Julius ist beim Arzt. – sich untersuchen ....
3. Tobias ist in der Werkstatt. – Auto reparieren ....
4. Herr Lang braucht Hilfe. – Wohnung putzen ....

E 3 Escriba frases con "zu" + infinitivo. B 1

1. Ali hat heute keine Lust, seiner Freundin *zu helfen* .... (helfen)
2. Victoria ist gern pünktlich. Sie versucht, nie zu spät .... (kommen)
3. Helena hat sich entschlossen, eine Stunde früher .... (aufstehen)
4. Sibylle hat vergessen, ihren Sohn .... (anrufen)
5. Anna findet es wichtig, an schönen Tagen die Sonne .... (genießen)

E 4 ¿Infinitivo o infinitivo + "zu"? Complete con "zu" donde sea necesario. B 1

1. Eva hört ihre Freundin *- - -* ...... kommen.
2. Ulli lernt Auto ...... fahren.
3. Alex versucht, oft Deutsch ...... sprechen.
4. Es ist gesund, viel Wasser ...... trinken.
5. Udo geht im Sommer oft ...... schwimmen.
6. Der alte Mann hört auf, Auto ...... fahren.

E 5 ¿Qué oraciones con "dass" también se pueden expresar con infinitivo + "zu"? Marque. B 1

	Infinitivo con "zu" posible	imposible
1. Christian hat entschieden, dass seine Familie nicht nach Moskau zieht.		X
2. Ilona hofft, dass ihre Chefin bald Feierabend macht.		
3. Ich habe versprochen, dass ich heute pünktlich bin.		
4. Frau Ringer hat beschlossen, dass sie mit der Arbeit aufhört.		
5. Judith hat vergessen, dass ihr Onkel sie besucht.		

2.6 Qué podemos hacer con formas verbales

Con un verbo se pueden expresar diferentes perspectivas. El tiempo verbal expresa sobre todo la perspectiva "tiempo".

Expresar lo pasado y lo presente

Esto sucede ahora.
Esto siempre es así.
Esto todavía va a suceder.

Herr Drechsler ist 27 Jahre alt.
Er ist 1,92 Meter groß und hat braune Augen.
Nächstes Jahr heiratet er seine Freundin Tara.

⇨ 2.2.1 Presente, p. 18

Expresar lo pasado

Esto sucedió antes.
Se informa de algo o se cuenta algo oralmente.

Tara Miller ist in den USA aufgewachsen.
Vor einem Jahr hat sie eine Europareise gemacht.

⇨ 2.2.2 Perfecto, p. 23

Esto sucedió antes.
Se cuentan historias habitualmente por escrito.

Es war einmal ein kleines Mädchen, das immer eine rote Kappe trug. Darum hieß es Rotkäppchen.

⇨ 2.2.3 Pretérito, p. 28

Esto sucedió antes que algo que también ya pasó.

Nachdem es die ganze Nacht geschneit hatte, war die Straße am morgen gesperrt.

⇨ 2.2.4 Pluscuamperfecto, p. 32

Expresar pronósticos y suposiciones

Esto sucederá más tarde.
Esto puede pasar.

In 50 Jahren wird es um drei Grad wärmer sein.
Max wird (wohl) wieder zu spät kommen.

⇨ 2.2.5 Futuro I, p. 34

Otras formas verbales importates tienen las siguientes funciones:

Expresar exhortaciones

requerir a alguien

Komm schnell. Pass auf! Helft mir doch!
Helfen Sie mir! Nehmen Sie doch Platz.
Du musst in dieses Konzert gehen. Es ist super.
Sie sollten nicht so viel rauchen, Herr Mair.

⇨ 2.3.1 El imperativo, p. 36
2.4.1 Verbos modales, p. 48

Expresar deseos

desear algo
expresar deseos muy educadamente

Ich möchte einen Tee, bitte.
Ich hätte gern einen Tee mit Zitrone, bitte.
Könnte ich bitte einen Tee haben?

⇨ 2.3.2 El Konjunktiv II, p. 36
2.4.1 Verbos modales, p. 48

Expresar algo no real (irreal)

Wenn Fische sprechen könnten ...
Wenn ich das gewusst hätte.

⇨ 2.3.2 El Konjunktiv II, p. 36

E 1 ¡Qué día! ¿Qué ha pasado? Escriba.

A2

1. abfahren — Der Bus zum Bahnhof *ist*.......... 20 Minuten zu spät *abgefahren*.......... .
2. sein — Deshalb .... der Zug schon weg.
3. kaufen — Frau Putz .... Bücher ...., damit sie etwas zu Lesen hat.
4. vergessen — Im Geschäft .... sie ihre Geldbörse ....
5. anrufen wollen — Als sie im Zug saß, ... sie im Geschäft ....
6. funktionieren — Aber das Mobiltelefon .... nicht ....
7. sehen wollen — Dann .... der Schaffner die Fahrkarte ....
8. erzählen — Frau Putz .... ihre Geschichte dem Schaffner ....
9. aussteigen müssen — Er hat ihr nicht geglaubt. Sie .... am nächsten Bahnhof ....

E 2 ¿Presente, pretérito o perfecto? ¿Qué forma verbal de tiempo corresponde? Complete.

1. gehen — ● Hallo, Wie *geht*.......... es dir *- - -*.......... ?
2. sein — ❍ Nicht gut. Die Nacht .... schlimm ....
3. schlafen — Ich .... schlecht ....
4. werden — ● .... du krank .... ?
5. wissen — ❍ Ich .... es nicht ....
6. fühlen — Aber ich .... mich gestern in der Arbeit nicht gut ....
7. machen — ● Und was .... du jetzt .... ?

E 3 ¿Qué forma verbal de tiempo corresponde? Complete.

1. sein — Dresden *ist*.......... die Hauptstadt des Bundeslandes Sachsen *- - -*.......... .
2. geben — Es .... viele Sehenswürdigkeiten in der Stadt ....
3. wichtig sein — Für die Leute in Dresden .... besonders die Frauenkirche ....
4. zerstört werden — Nachdem das Stadtzentrum 1945 ....,
5. stehen — .... die Ruine der Kirche bis 1994 als Denkmal.
6. errichtet werden — Von 1994 bis 2005 .... die Frauenkirche wieder ....
7. hoffen — Die Dresdner ...., dass ihre Stadt nie mehr zerstört wird.

2 Verbos

B1 **E 4** ¿Qué pasó en las navidades y qué pasó antes? Lea primero el texto completo. Escriba frases con las formas verbales correspondientes.

fahren, holen	Der Vater zum Markt und einen Christbaum.
machen, aufstellen	Die Mutter die Wohnung sauber, der Vater den Baum.
schmücken, warten	Meine große Schwester und ich ihn. Und dann wir in der Küche,
läuten	bis die Glocke. **Jetzt war es soweit.**
sehen	Wir im dunklen Wohnzimmer den hell leuchtenden Baum.
singen, öffnen	Wir ein paar Lieder, zuletzt "Stihille Nacht", und dann wir endlich die
zeigen, bringen	Päckchen. Wir uns, was das Christkind.
sein	Und nächstes Jahr es wieder genau so.
fahren, holen	Der Vater zum Markt und einen Christbaum.

Der Vater war zum Markt gefahren und ...

A2 **E 5** ¿Qué se debe hacer? Escriba exhortaciones.

1. „Kinder, es ist so laut! *Seid* .... bitte leise." (sein)
2. „Herr Güven, ... Sie das für Ihren Kollegen .... , bitte! (können – übersetzen)
3. „Frau Berger, die Treppe ist nass. .... Sie bitte ganz vorsichtig!" (gehen)
4. „Per, schnell! Es eilt! Du .... !" (müssen – weitermachen)
5. „Andrea, es ist schon spät. Du .... jetzt .... !" (müssen – aufstehen)
6. „Frau Fink, ... Sie bitte das Fenster .... !" (können – schließen)
7. „Ali und Katharina, ... mal bitte .... !" (aufpassen)

B1 **E 6** Pronósticos y suposiciones. Escriba las respuestas.

1. Was tust du im Sommer? – viel schwimmen *Ich werde viel schwimmen.*
2. Wo ist Petra? – noch arbeiten ....
3. Wie wird das Wetter? – schön werden sollen ....
4. Wer wird Fußballweltmeister? – ... gewinnen ....
5. Warum ist Max nicht da? – krank sein ....

E 7 ¿Qué corresponde? Exprese sus deseos según la situación.

B1

1. Sie möchten mal kurz telefonieren.
   a Sie sind gerade bei einem Freund. *Kann ich mal kurz telefonieren, bitte.*
   b Sie sind in einem Geschäft und haben viel eingekauft. ……………………
2. Sie möchten einen Capuccino haben.
   a Sie sind in einem Bistro. ……………………
   b Eine Freund bietet Ihnen Kaffee an. ……………………
3. Sie arbeiten in einem Büro.
   a Sie bitten eine Kollegin um Hilfe. ……………………
   b Sie bitten Ihre Chefin um Hilfe. ……………………
4. Sie möchten noch etwas Brot haben, es steht am anderen Ende des Tisches.
   a Sie sitzen mit Kollegen am Tisch. ……………………
   b Sie sind Gast bei Leuten, die Sie kaum kennen. ……………………

E 8 Complete con las formas verbales.

B1

Wie jeden Donnerstag Abend *lief* (1) (laufen) die Fernsehsendung „10 vor 10". Zwei Gäste …………… (2) (erzählen) aus ihrem Leben. Dann …………… (3) (fragen) der Moderator: „Was …………… Sie anders …………… (4) (machen), wenn Sie noch einmal 20 Jahre alt …………… (5) (sein)"? Der erste Gast, eine Politikerin, …………… (6) (sagen): „Ich …………… nichts anders …………… (7) (machen), denn ich …………… (8) (sein) in meinem Leben und in meiner Arbeit sehr erfolgreich." Auch der zweite Gast …………… …………… (9) (gefragt werden), was er in seinem Leben anders …………… …………… (10) (machen). Er …………… (11) (antworten): „ …………… (12) (sehen) Sie, ich …………… (13) (sein) ein guter Sportler, ich …………… (14) (haben) viele Erfolge, und nach meiner Karriere als Sportler …………… ich eine gute Arbeit …………… (15) (finden). Warum …………… (16) (sollen) ich etwas anders …………… (17) (machen), wenn ich noch einmal 20 …………… (18) (sein)?"

3 Sustantivos

3.1 Género del sustantivo

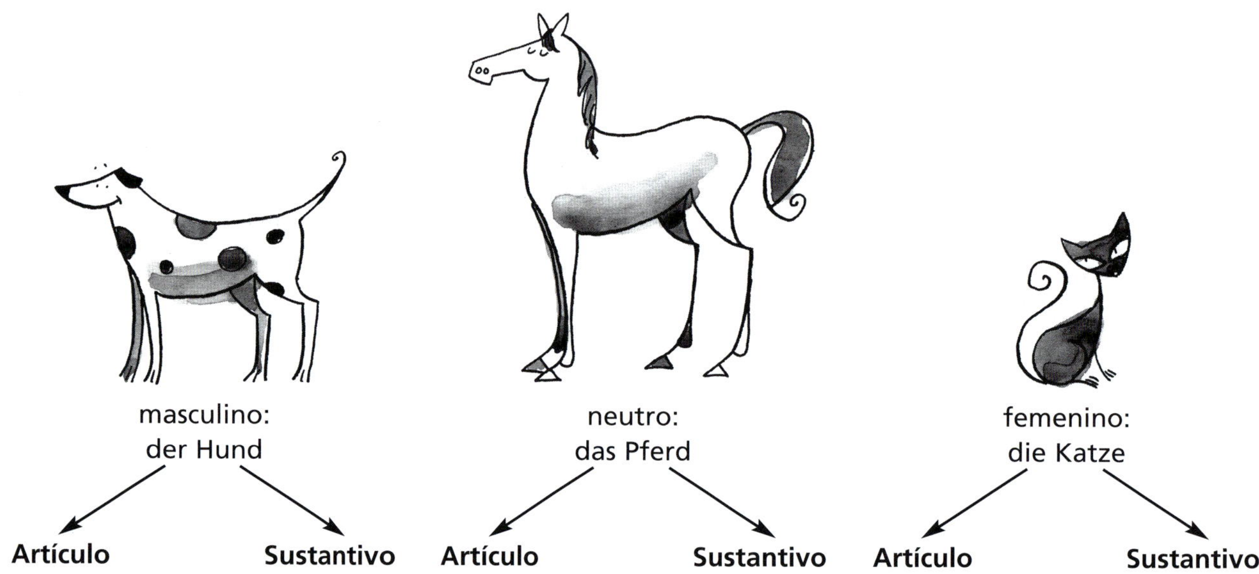

masculino: der Hund		neutro: das Pferd		femenino: die Katze	
Artículo	**Sustantivo**	**Artículo**	**Sustantivo**	**Artículo**	**Sustantivo**

R1 Los sustantivos tienen un género: masculino, neutro o femenino. Se reconoce el género por el artículo: " .... " = masculino, " .... " = neutro, " .... " = femenino. **R1**

⇨ 4 Determinantes, p. 83
15.2 Sustantivos compuestos, p. 213

Memorice los sustantivos siempre con su artículo. Encontrará información sobre el artículo en el diccionario.

◆**Hund** *der*; *-(e)s, -e* **1** ein Tier, das gern bellt, dem Menschen sein Haus bewacht und sehr an ihm hängt

de Langenscheidt Taschenwörterbuch Deutsch als Fremdsprache, 2005

Algunas terminaciones del sustantivo siempre indican el mismo artículo:

masculino	-ling	der Lehr**ling**
	-ismus	der Tour**ismus**
neutro	-chen	das Mäd**chen**
	-lein	das Tisch**lein**
femenino	-heit	die Vergangen**heit**
	-keit	die Möglich**keit**
	-ung	die Veranstalt**ung**
	-schaft	die Land**schaft**
	-ei	die Metzger**ei**
	-ion	die Situat**ion**
	-in (personas)	die Lehrer**in**

E 1a Aquí se esconden nueve sustantivos referidos al tema "Wohnen". Márquelos.

A1

T	ü	r	T	S	t	u	h	l
k	m	m	e	q	W	e	l	k
U	h	r	l	H	o	U	t	v
f	C	d	e	a	h	n	o	c
r	j	s	f	u	n	N	t	T
M	f	c	o	s	u	e	c	i
h	t	R	n	c	n	i	h	s
B	e	t	t	M	g	i	M	c
w	t	S	t	r	a	ß	e	h

E 1b Anote las palabras debajo del artículo correspondiente. Utilice un diccionario si fuera necesario.

A1

der	das	die
....	....	*die Tür*
....	....	....
	....	....
		....

E 2 Anote el artículo de los sustantivos. ¿Cuál de ellos tiene un género diferente? Márquelo con un círculo. El diccionario le ayudará si fuera necesario.

1. *der* Monat – *der* Mann – *das* Meer – *der* Mantel
2. .... Schule – .... Schlüssel – .... Sprache – .... Stunde
3. .... Kino – .... Käse – .... Kind – .... Kilogramm
4. .... Name – .... Nase – .... Nummer – ....Natur
5. .... Salat – .... Schrank – .... Schlüssel – .... Sonne

E 3 Marque las terminaciones y complete con "der", "das", o "die".

1. *die* Freiheit
2. .... Mäuschen
3. .... Bäckerei
4. .... Station
5. .... Reinigung
6. .... Kleinigkeit
7. .... Büchlein
8. .... Kollegin
9. .... Liebling
10. .... Zeitung
11. .... Herrschaft
12. .... Journalismus

3.2 Formas del plural de los sustantivos

ein Hund

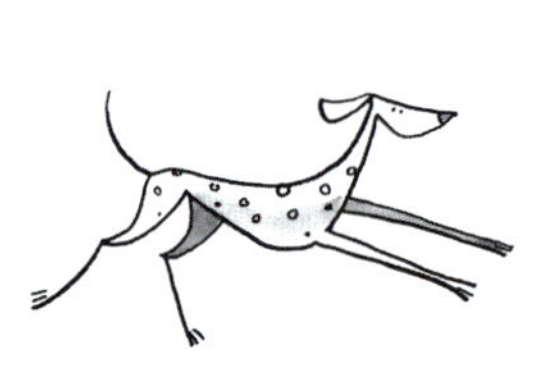

viele Hunde

El plural de los sustantivos se reconoce en las terminaciones del plural y en las formas de plural del artículo.

⇨ 4 Determinantes, p. 83

Memorice los sustantivos siempre junto con el artículo y la forma del plural. En el diccionario encontrará información sobre el plural.

◆**Hund** *der*; *-(e)s, -e* **1** ein Tier, das gern bellt, dem Menschen sein Haus bewacht und sehr an ihm hängt

de Langenscheidt Taschenwörterbuch Deutsch als Fremdsprache, 2005

Terminaciones del plural

No hay reglas exactas respecto a la formación de los plurales, pero existen algunas terminaciones del sustantivo que forman el plural casi siempre igual.

la mayoría de los sustantivos femeninos terminados en -e		**la mayoría de los sustantivos femeninos, sustantivos masculinos de la n-declinación**	
-n	die Tasse, die Tassen die Tomate, die Tomaten	**-(e)n**	die Uhr, die Uhren (!) die Studentin, die Studentinnen der Kollege, die Kollegen
muchos sustantivos monosílabos (m, n, f), todos los sustantivos terminados en -g, -ling, -nis		**muchos sustantivos monosílabos (m, n), todos los sustantivos terminados en -tum**	
(-¨)(s)e	die Hand, die Hände das Ereignis, die Ereignisse	**(-¨)er**	das Bild, die Bilder das Glas, die Gläser
la mayoría de los sustantivos terminados en -er, -el, -en, todos los sustantivos terminados en -chen o -lein		**muchas palabras internacionales, sustantivos terminados en vocal**	
(¨-)	das Fenster, die Fenster der Vater, die Väter	**-s**	das Hotel, die Hotels das Foto, die Fotos

Las terminaciones del plural -e, -er así como plurales sin terminación: Las terminaciones a, o, u se convierten frecuentemente en ä, ö, ü:
der Hof → die Höfe, das Haus → die Häuser, der Apfel → die Äpfel.

Hay palabras que sólo existen en singular o en plural:

Palabras en singular
die Milch, das Fleisch, das Obst, das Gemüse, die Bevölkerung, der Verkehr, das Glück ...

Palabras en plural
die Eltern, die Geschwister, die Ferien, die Möbel, die Lebensmittel, die Kosten ...

E 1 ¿Cómo es el singular?

1. der *Mann* – die Männer
2. die .... – die Adressen
3. das .... – die Hotels
4. das .... – die Häuser
5. die .... – die Frauen
6. der .... – die Tische
7. der .... – die Studenten
8. die .... – die Lehrerinnen

E 2 Así figuran las palabras en el diccionario. Anote el plural.

1. Abfall, der; -¨e *die Abfälle*
2. Teller, der; - ....
3. Fuß, der; -¨e ....
4. Kino, das; -s ....
5. Koffer, der; - ....
6. Auge, das; -n ....
7. Ohr, das; -en ....
8. Kind, das; -er ....

E 3 ¿Estas palabras aparecen en singular o en plural?

	Singular	Plural
1. der Apfel	×	
2. die Mütter		
3. die Messer		
4. der Ball		
5. die Gabel		
6. die Autos		
7. die Mädchen		
8. das Buch		
9. die Löffel		
10. die Ärztin		

E 4 ¿Qué ve en la imagen?

A2

Ich sehe fünf Tomaten, sieben ...

3.3 Casos: La declininación del artículo y del sustantivo

El caso (nominativo, acusativo, dativo o genitivo) aclara las referencias entre los elementos de una frase. Puede ser determinado por tres clases de palabras: Por verbos, por preposiciones y por otros sustantivos.

1. Complementos del verbo

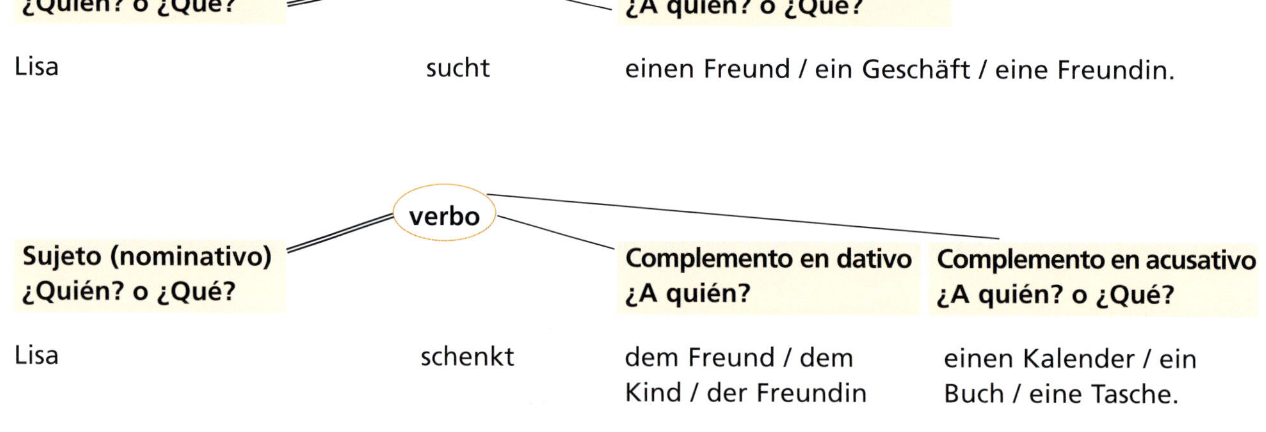

⇨ 2.5.1 Verbo + complemento, p. 64

2. Preposiciones con caso

Lisa hat ein Geschenk **für** ihren Freund.	Preposición con acusativo
Lisa fährt **mit** dem Fahrrad.	Preposición con dativo
Lisa radelt **trotz** des Regens.	Preposición con genitivo

⇨ 8 Preposiciones, p. 130

3. Genitivo en nombres

Con el genitivo en nombres se puede expresar a quién pertenece algo o a qué se refiere una palabra. Especialmente en la lengua hablada se usa a menudo la preposición "von" + dativo en vez del genitivo.

Lisas **Fahrrad** ist schwarz.	=	Das Fahrrad von Lisa ist schwarz.
Sie hat **den Namen** des Geschäfts vergessen.	=	Sie hat den Namen von dem Geschäft vergessen.

Sustantivos 3

Las formas de los casos se reconocen sobre todo en las formas de los determinantes.

⇨ 4 Determinantes, p. 83

	masculino	neutro	femenino	plural
Nominativo	Hier ist **der** Kalender.	Hier ist **das** Buch.	Hier ist **die** Tasche.	Hier sind **die** Bücher.
Acusativo	Sie sucht **den** Kalender.	Sie sucht **das** Buch.	Sie sucht **die** Tasche.	Sie sucht **die** Bücher.
Dativo	Sie hilft **dem** Mann.	Sie hilft **dem** Kind.	Sie hilft **der** Frau.	Sie hilft **den** Leute**n**.
Genitivo	Sie kommt trotz **des** Regen**s**.	Sie kommt trotz **des** Gewitter**s**.	Sie kommt trotz **der** Krankheit.	Sie kommt trotz **der** Probleme.

R 1 En el singular del genitivo los sustantivos masculinos y neutros tienen la terminación .... (o **-es** como en "des Hun**d**es", "des Ta**g**es", "des Hau**s**es").
En el plural del dativo los sustantivos tienen la terminación .... (exepciones: sustantivos con la terminación del plural **-s**: "den Auto**s**").
En todos los demás casos los sustantivos no tienen terminaciones de caso. R 1

das Herz, dem Herz**en**, des Herz**ens**

⇨ N-declinación, p. 81
7.2 Adjetivos delante de un sustantivo, p. 114

Genitivo con nombres propios: Terminación "s": Lisa**s** Fahrrad

3 Sustantivos

A1 **E 1** ¿Qué palabra corresponde?

Post (f) • Buchladen (m) • Ampel (f) • ~~Geschenk (n)~~ • Mann (m) • Buchladen (m)

1. Lisa braucht ein *Geschenk* .
2. Sie sucht einen ....
3. Sie fragt einen ....
4. Sehen Sie die .... ?
5. Da gehen Sie rechts, dort ist die ....
6. Daneben ist ein ....

A2 **E 2** Lisa está en una librería. Subraya el acusativo y marque el [dativo].

1. Lisa ist [im Buchladen]. 2. Sie sucht ein Buch von Martin Suter, aber sie hat den Titel vergessen. 3. Sie fragt eine Verkäuferin. 4. Sie erzählt der Verkäuferin die Geschichte von einem Mann, der alles vergisst. 5. Die Verkäuferin weiß sofort, welches Buch Lisa sucht. 6. „Das Buch heißt ‚Small World'. Es steht hier, bei den Taschenbüchern."

A2 **E 3** En la tienda de ropa Lisa y Anja ven a gente curiosa.

1. Siehst / du / die / Frau / mit / der Hund?
2. Sie / zeigt / der Hund / die Kleider!
3. Der Mann / mit / der Hut / kauft / 30 Paar Socken!
4. Die Frau / an / die Kasse / singt / ein Lied!
5. Der Mann und die Frau / bei / die Mäntel / streiten sich!

1. Siehst du die Frau mit dem Hund?

B1 **E 4** Formule las frases más formales. Utilice el genitivo.

1. Können Sie mir bitte noch die Adresse vom Hotel geben?
2. Haben Sie die Schlüssel vom Büro?
3. Ich brauche noch die Telefonnummer von der Versicherung.
4. Das Motorrad von Holger ist kaputt.
5. Kannst du mir noch mal den Namen von deiner Autowerkstatt sagen?

1. Können Sie mir bitte noch die Adresse des Hotels geben?

Sustantivos

N-declinación

Lukas hat einen netten Kollegen. Heute Abend trifft er sich mit ihm und seinem Nachbarn. Sie gehen zusammen essen. Sein Kollege ist letzte Woche Vater geworden. Er und seine Frau haben einen gesunden Jungen bekommen. Der Name des Jungen ist Paul.

T Complete las formas de la n-declinación.

	masculino	plural
Nominativo	der Kollege	die Kollege**n**
Acusativo	den Kollege.....	die Kollege**n**
Dativo	dem Kollege.....	den Kollege**n**
Genitivo	des Kollege.....	der Kollege**n**

A la n-declinación pertenecen sustantivos masculinos

- con la terminación "-e":
  der Name, der Junge, der Kollege, ...
- algunas denominaciones para personas y animales:
  der Mensch, der Bauer, der Bär, ...
- internacionalismos terminados en "-and", "-ant", "-ent", "-ist", "-at", "-oge":
  der Diplomand, der Praktikant, der Konsument, der Journalist, der Diplomat, der Pädagoge, ...

der Name, des Namen**s**; der Gedanke, des Gedanken**s**

E 5 Complete las palabras de la n-declinación en la forma correcta. B1

1. Familie Bahr hat einen neuen *Nachbarn* .... (Nachbar). 2. Er erzählt viel von seiner Arbeit und von seinen .... (Kollege). 3. Er ist .... (Journalist). 4. Viele Leute kennen seinen .... (Name). 5. Er hat schon viele Interviews mit bekannten Personen gemacht, sogar mit dem .... (Bundespräsident).

E 6 ¿Con o sin terminación? Complete si fuese necesario. B1

1. Lukas und Lisa haben eine Idee *- - -* . Sie wollen mit Toby in den Tierpark....... gehen. An der Leine dürfen Hund....... in den Tierpark.
2. Lisa ist sehr gespannt: Was macht Toby, wenn er einen Affe....... oder eine Giraffe....... sieht? Hat er Angst vor einem Elefant....... ?
3. Lukas ist neugierig, ob es viele andere Hund....... gibt. Hoffentlich bellt Toby nicht oder stört die andere Besucher....... .

3.4 Qué podemos hacer con los sustantivos

Los sustantivos denominan un objeto	der Tisch, das Haus, die Lampe
o	
algo abstracto.	der Hunger, das Gefühl, die Liebe
El género, el número y el caso aclaran referencias.	Ich sehe **den Tisch**. → sehen + acusativo
En el sujeto el número también se manifiesta en la terminación del verbo.	**Der Mann** singt ein Lied. **Die Männer** singen ein Lied.

A2 **E 1** Complete con el sustantivo adecuado.

1. Siehst du die .... ? (Hund – Maus – Pferd)
2. Hast du die .... ? (Buch – Fahrrad – Schlüssel)
3. Gib mir bitte den .... (Stifte – Kugelschreiber – Heft)
4. Kommst du mit der .... ? (Flugzeug – U-Bahn – Auto)
5. Leg das Buch bitte in die .... (Tasche – Tisch – Regal)

A2 **E 2** Fíjese en el caso. ¿Qué elemento no corresponde?

1. Die Katze spielt mit 1 dem Kugelschreiber / 2 den Kindern / 3 der Tasche / 4 die Maus.
2. Hast du 1 der Brille / 2 der Schlüssel / 3 das Buch / 4 die Karten?
3. Hier ist 1 der Schule / 2 das Geschäft / 3 den Bäcker / 4 die Post.
4. Bist du fertig mit 1 der Brief / 2 der Arbeit / 3 dem Buch / 4 den Prospekten?

B1 **E 3** Anote género, número y caso de las palabras marcadas. ¿En qué forma encuentra la palabra marcada en el diccionario?

1. Hast du ein Foto von den Affen gemacht? *masculino, plural, dativo – Affe*
2. Wo sind denn eure Väter? ....
3. Ist das der Stift Ihres Mannes? ....
4. Wie ist der Name Ihres Nachbarn? ....
5. Hast du den Kindern geholfen? ....

Determinantes

Los determinantes se encuentran delante de un sustantivo y se rigen por él en género (masculino, femenino o neutro), número (singular o plural) y caso (nominativo, acusativo, dativo o genitivo).

3 Sustantivos, p. 74

4.1 El artículo determinado e indeterminado

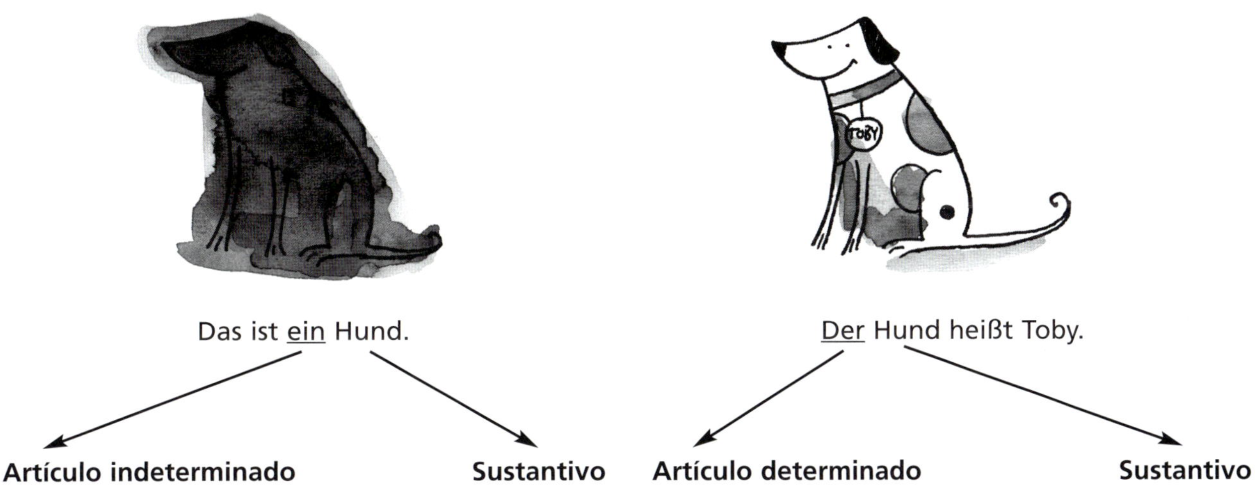

Artículo indeterminado **Sustantivo** **Artículo determinado** **Sustantivo**

T 1 Encuentre los determinantes. Marque con una círculo el (artículo indeterminado) y subraye el artículo determinado.

Wo ist hier (eine) Bushaltestelle?

Ich möchte ein Buch kaufen.

Verkaufen Sie auch Skischuhe?

Haben Sie eine E-Mail-Adresse?

Jedes Land hat eine Hauptstadt.

Fährt der Bus in die Stadt?

Hier ist das neue Buch.

Wo hast du die Skischuhe hingestellt?

Hier ist die E-Mail-Adresse von Paul.

Die Hauptstadt von Deutschland ist Berlin.

R Se utiliza el artículo .... con sustantivos desconocidos o nuevos en el texto.

Se utiliza el artículo .... con sustantivos conocidos generalmente o ya mencionados anteriormente en el texto. **R**

Determinantes

T 2 Complete la tabla con la ayuda de las frases de T 1 (p. 83).

Artículo determinado

	masculino	neutro	femenino	plural
Nominativo	**der** Bus	.... Buch	.... Hauptstadt	**die** Skischuhe
Acusativo	**den** Bus	**das** Buch	**die** Hauptstadt	.... Skischuhe
Dativo	**dem** Bus	**dem** Buch	**der** Hauptstadt	**den** Skischuhen
Genitivo	**des** Busses	**des** Buches	**der** Hauptstadt	**der** Skischuhe

Artículo indeterminado

	masculino	neutro	femenino	plural
Nominativo	ein Bus	ein Buch	ein**e** Hauptstadt	☐ Skischuhe
Acusativo	ein**en** Bus	.... Buch	.... Hauptstadt	☐ Skischuhe
Dativo	ein**em** Bus	ein**em** Buch	ein**er** Hauptstadt	☐ Skischuhen
Genitivo	ein**es** Busses	ein**es** Buches	ein**er** Hauptstadt	☐ Skischuhe

El artículo indeterminado no tiene ninguna forma para el plural. En plural se usa el artículo cero ☐.
El artículo cero además se encuentra:

– delante de nombres y tratamientos	Das ist ☐ Toby. Guten Tag ☐ Herr Bahr.
– delante de ciudades, muchos países	Toby wohnt in ☐ Berlin. Berlin liegt in ☐ Deutschland.
– y continentes	Deutschland liegt in ☐ Europa.
– delante de nacionalidades y profesiones	Lukas ist ☐ Deutscher. Er ist ☐ Programmierer.
– delante de cantidades indeterminadas	Kauf bitte noch ☐ Brot.
– después de indicaciones de cantidades	Kauf bitte zwei Liter ☐ Milch.

⇨ 3.1 Género del sustantivo, p. 74
3.2 Formas del plural de los sustantivos, p. 76
3.3 Casos: La declinación del artículo y del sustantivo, p. 78

Determinantes

4

E 1 ¿Artículo determinado, indeterminado o cero? Complete.

A1

□ • ein • das • die • □ • ~~ein~~ • das • eine

- Entschuldigung, ich suche ...ein... (1) Restaurant. Können Sie mir helfen?
- Ja, natürlich. In der Hauptstraße ist .... (2) gutes Restaurant.
- Ah, danke. Wie heißt .... (3) Restaurant?
- Es heißt „Zum Schloss".
- Entschuldigung! Wo kann ich hier .... (4) Fahrkarten kaufen?
- Sehen Sie .... Schild (5) „Infozentrum"? Dort bekommen Sie alles.
- Vielen Dank. Ich habe noch .... Frage (6): Gibt es hier .... (7) Toiletten?
- .... (8) Toiletten sind im Keller.

E 2 Lisa está de vacaciones. Complete el correo electrónico: ¿Artículo determinado, indeterminado o cero? Fíjese también en el caso (nominativo, acusativo o dativo).

A2

Hallo ....□.... (1) Lukas,

ich bin hier in .... (2) Österreich in St. Johann. Wir haben .... (3) sehr schönes, kleines Appartement gemietet. Die Zimmer haben .... (4) schöne Aussicht. Jeden Morgen sehe ich .... (5) Kirche von St. Johann, ... (6) Berg mit dem Skilift und .... (7) Sonne. Wir gehen jeden Tag Ski fahren. Und das macht .... (8) Hunger! Gestern habe ich am Abend .... (9) Suppe, ... (10) großes Schnitzel, ... (11) Salat und .... (12) Nachspeise gegessen.

Bis bald

Lisa

E 3 Adivinanzas: ¿Qué es? Complete con el artículo.

1. Es ist ...ein... Tier mit vier Beinen. Es lebt auf dem Bauernhof und gibt .... Milch.
2. Es ist .... Pflanze. Man kann .... Teil davon essen. .... Teil, den man essen kann, wächst unter .... Erde.
3. Es ist .... Gebäude. Am Abend kommen viele Menschen zu .... Gebäude. Sie gehen an .... Kasse und kaufen .... Eintrittskarten, dann sehen sie sich .... Film an.

die Kuh; die Kartoffel; das Kino

4.2 El artículo negativo

Das ist **kein** Hund!
Das ist ein Vogel.

Das ist **kein** Huhn!
Das ist ein Pferd.

Das ist **keine** Katze!
Das ist eine Maus.

Das sind **keine** Mäuse!
Das sind Katzen.

R Con el artículo negativo " .... " se niegan sustantivos. **R**

11.1 La negación con "nicht" o con "kein", p. 158

T Las terminaciones del artículo negativo en singular son iguales que las formas del artículo indeterminado. Complete la tabla.

El artículo negativo

	masculino	neutro	femenino	plural
Nominativo	ein Hund .... Hund	ein Pferd .... Pferd	eine Katze .... Katze	☐ Tiere keine Tiere
Acusativo	einen Hund .... Hund	ein Pferd .... Pferd	eine Katze .... Katze	☐ Tiere keine Tiere
Dativo	einem Hund .... Hund	einem Pferd .... Pferd	einer Katze .... Katze	☐ Tieren keinen Tieren
Genitivo	eines Hundes .... Hund	eines Pferdes .... Pferdes	einer Katze .... Katze	☐ Tiere keiner Tiere

4.1 El artículo determinado e indeterminado, p. 83

Determinantes

E 1 Corrija las afirmaciones.

A1

Auto • ~~Gabel~~ • Brief • Uhr • Blumen • Kugelschreiber

1. Das ist ein Löffel. *Nein, das ist kein Löffel, das ist eine Gabel.*

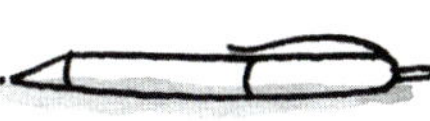

2. Das ist eine Schere. ……………………………………

3. Das ist ein Buch. ……………………………………

4. Das ist eine Kette. ……………………………………

5. Das ist ein Bus. ……………………………………
6. Das sind Bonbons. ……………………………………

E 2 Giros típicos con el artículo negativo. Complete.

A2

1. Kommst du mit ins Kino? – Nein, ich habe *keine* Lust.
2. Kommst du am Wochenende mit zum Wandern? – Nein, tut mir leid, ich habe ………… Zeit.
3. Wir gehen ins Restaurant. Kommst du mit? – Nein, ich kann leider nicht, ich habe ………… Geld.
4. Wann kommst du heute nach Hause? – Ich habe ………… Ahnung.
5. Haben Sie noch Fragen? – Nein, ich habe ………… Fragen mehr.
6. Möchten Sie etwas essen? – Nein, danke. Ich habe ………… Hunger.

E 3 Complete con el artículo negativo y solucione la adivinanza.

A2

1. Es ist ein Tier mit vier Beinen, aber es ist *kein* Hund, ………… Katze und auch ………… Pferd.
2. Man braucht es zum Essen, aber es ist ………… Löffel.
3. Man kann damit Musik hören, aber es ist ………… CD-Player.
4. Man kann es trinken, aber es ist ………… Tee.

M … … … (2)
… *E* … … … … (1, 3)
… … … … *O* … (4)
… … … … … *E* (5)

Palabra clave: … … … … …
1 2 3 4 5

4.3 El artículo posesivo

Hallo Felix,

ich heiße Aki und komme aus Finnland. Ich möchte gerne eine E-Mail-Freundschaft mit Dir beginnen. Deine Adresse habe ich von meiner Lehrerin bekommen.
Ich wohne zusammen mit meiner Familie in Helsinki.
Ich schicke Dir ein Bild von uns. Links bin ich und neben mir ist meine Schwester. Auf dem Sofa sitzen meine Eltern. Hinter meinem Vater versteckt siehst Du auch unsere Katze.
Ihr Name ist Mika.

Ich hoffe, Du schreibst mir bald. Ich freue mich sehr über eine Antwort von Dir.

Herzliche Grüße
Aki

T 1 Clasifique.

Artículo indeterminado	Artículo determinado	Artículo posesivo
eine E-Mail-Freundschaft	*dem Sofa,*	*deine Adresse,* ....
....	....	....
....	....	....
....	....	....

T 2 ¿De quién es? Complete con el pronombre personal.

~~ich~~ • ihr • du • er • wir

ich	meine Katze	....	unsere Katze
....	deine Adresse	ihr	eure Adresse
....	seine Schwester	sie	ihre Katze
es	seine Schwester		
sie	ihre Mutter	Sie	Ihre Adresse

Los artículos posesivos expresan pertenencia. Con los artículos posesivos se puede decir a quién pertenece algo.

⇨ 5.2 Pronombres posesivos, p. 96

T 3 Las terminaciones del artículo negativo son iguales que las formas del artículo indeterminado y del artículo negativo. Complete el cuadro.

Artículo posesivo

	masculino	neutro	femenino	plural
Nominativo	ein Vater mein Vater	ein Sofa mein Sofa	ein**e** Katze mein .... Katze	kein**e** Eltern mein .... Eltern
Acusativo	ein**en** Vater mein .... Vater	ein Sofa mein Sofa	ein**e** Katze mein .... Katze	kein**e** Eltern mein**e** Eltern
Dativo	ein**em** Vater mein .... Vater	ein**em** Sofa mein .... Sofa	ein**er** Katze mein .... Katze	kein**en** Eltern mein**en** Eltern
Genitivo	ein**es** Vaters mein .... Vaters	ein**es** Sofas mein .... Sofas	ein**er** Katze mein .... Katze	kein**er** Eltern mein**er** Eltern

igualmente: dein, sein, ihr, unser, ihr, Ihr
pero: Wo ist **euer** Hund / **euer** Auto / **eu~~e~~re** Katze?
Sucht ihr **eu~~e~~ren** Hund? / **euer** Auto / **eu~~e~~re** Katze?
Kommt ihr mit **eu~~e~~rem** Hund / **eu~~e~~rem** Auto / **eu~~e~~rer** Katze?

4.1 El artículo determinado e indeterminado, p. 83
4.2 El artículo negativo, p. 86

Er sieht ...

eine Katze. → seine Katze.
einen Hund. → seinen Hund.

Sie sieht ...

eine Katze. → ihre Katze.
einen Hund. → ihren Hund

E 1 ¿Qué corresponde? A1

ihre Schlüssel • deine Tasche • sein Hund • unser Haus • ~~meine Katze~~ • sein Hund • euer Telefon • ihre Schlüssel • Ihre Tasche

1. ich *meine Katze*
2. du ....
3. er ....
4. es ....
5. sie ....
6. wir ....
7. ihr ....
8. sie ....
9. Sie ....

4 Determinantes

A1 **E 2a** ¿Qué corresponde con quién?

1. *E* Arzt — A Geld
2. .... Lehrerin — B Hund Toby
3. .... Bäcker — C Kuh
4. .... Lukas — D Brot
5. .... Bauer — E Praxis
6. .... Millionärin — F Schülerinnen

E 2b "sein" o "ihr", "seine" o "ihre"? Escriba frases.

1 Der Arzt: Das ist seine Praxis.

A2 **E 3** Surang tiene que ir al trabajo. Tiene mucha prisa pero hoy se le olvida todo. Complete con los artículos posesivos.

Jetzt muss ich aber los, *mein* (1) Chef ist immer pünktlich. Moment mal, wo ist .... (2) Tasche? Ah, hier. Hab ich jetzt alles? Mal sehen: .... (3) Geld, ... (4) Fahrkarte, ... (5) Schlüssel (Plural), alles da. Ach nein, jetzt hab ich .... (6) Wasserflasche vergessen und .... (7) Buch. Aber jetzt hab ich's, also los!

A2 **E 4** Complete con los artículos posesivos.

1. Ich finde *meine* Tasche nicht. Weißt du, wo sie ist?
2. Los, Toby, hol dir .... Ball!
3. Kinder, wir fahren jetzt. Zieht bitte .... Schuhe an.
4. Entschuldigen Sie, darf ich .... Tasche wegstellen?
5. Wir kommen gleich, wir müssen nur noch .... Sachen packen.

A2 **E 5** La familia Bahr se va de vacaciones. Cada miembro hace su maleta. Escriba frases.

1. Felix: CD-Player, CDs, Sonnenbrille
   Felix nimmt *seinen CD-Player, ...* .... mit.
2. Lisa: Handtasche, Handy, Wecker
   Lisa fährt nicht ohne ....
3. Mutter Rosi: Handtuch, Joggingschuhe, Sonnencreme
   Rosi packt .... ein.
4. Vater Thomas: Sportzeitschrift, Kissen, Fotoapparat
   Thomas fährt nur mit .... weg.

4.4 Otros determinantes

T Complete con los determinantes de los cuadros.

Rosi Bahr hat bald Geburtstag. Ihr Mann sucht mit Lisa im Kaufhaus nach einem Geschenk.

● Du könntest der Mama doch einen Pullover schenken.

❍ Hm, aber was für einen Pullover? Einen sportlichen oder einen eleganten?

● Lieber einen sportlichen. Schau mal, der ist doch schön.

❍ Welchen Pullover meinst du?

preguntar por algo

.... , ...

Artículo interrogativo

Formas como el artículo indeterminado "ein":
was für ein, was für eine
eine Tasche – Was ist das für **eine** Tasche?
El plural de **"was für ein"**: **"was für welche"**.

Formas como el artículo determinado "der, die, das":
welcher, welches, welche
den Pullover – **Welchen** Pullover kaufst du?

R1 Con ".. ?" se pregunta por cosas o personas nuevas o desconocidas o por la naturaleza de cosas y personas. **R1**

R2 Con ".. ?" se pregunta por cosas o personas conocidas o se selecciona algo de un conjunto determinado. **R2**

● Ich meine diesen roten Pulli mit dem schwarzen Muster.

❍ Ich weiß nicht. Ich habe der Mama erst zu Weihnachten einen Pullover geschenkt.

Formas como el artículo "der, das, die": dieser, dieses, diese
den Pullover – Nimmst du diesen Pullover?

determinar algo con exactitud

....

Artículo demostrativo

● Ich kann ihr doch nicht jedes Mal irgendeinen Pullover schenken. Komm, lass uns weitersuchen. Hier gibt es doch bestimmt noch einige schöne Sachen.

❍ Na gut – manche Leute machen auch aus allem ein Problem.

determinar algo vagamente

.... , ... ,
.... , ...

Artículo indefinido

Formas como el artículo indeterminado "ein":
irgendein, irgendeine

einen Pullover – Ich kaufe **irgendeinen** Pullover.
El plural de **"irgendein"**: **"irgendwelche"**.

Formas como el artículo "der, das, die":
mancher, manches, manche;
jeder, jedes, jede; einige
dem Kind – Eis schmeckt **jedem** Kind.
El plural de **"jeder"**: **"alle"**.
"Einige" siempre está en plural.

⇨ 4.1 El artículo determinado e indeterminado, p. 83
5.3 Los pronombres indefinidos, p. 98

4 Determinantes

A2 **Ü 1** ¿Qué corresponde? Compare con el texto.

1. ..B.. Ich will mir diese Jacke kaufen.
2. .... Ich will mir eine Jacke kaufen.
3. .... Ich möchte Lisa ein Buch schenken.
4. .... Ich möchte Lisa dieses Buch schenken.

A Was für ein Buch willst du ihr schenken, einen Roman oder einen Reiseführer?
B Welche Jacke willst du dir kaufen, die rote oder die blaue?
C Was für eine Jacke willst du dir kaufen?
D Welches Buch willst du ihr schenken?

B1 **E 2** ¿Qué determinante corresponde?

einige • jeden • manchen • welche • irgendein • ~~diesem~~ • diese

Ich begrüße Sie zum Seminar „Geschichten erzählen". In ..diesem.. (1) Seminar lernen wir verschiedene Möglichkeiten kennen, wie man eine Geschichte spannend erzählen kann. Wir werden sehen, ... (2) verschiedenen Möglichkeiten es gibt und .... (3) Möglichkeiten auch selbst ausprobieren.
Wir sind neun Teilnehmer und ich habe hier neun Kopien. Es ist also für .... (4) Teilnehmer eine Kopie da.
Haben Sie Lust, dass wir nach dem Seminar alle zusammen essen gehen? In .... (5) Seminargruppen wollen die Leute lieber gleich nach Hause gehen.
Also, ... (6) Teilnehmer wollen essen gehen, genauer gesagt sind es sechs. Ich schlage vor, dass wir dann in das Restaurant gegenüber gehen.
Oh, hier ist noch eine Jacke. .... (7) Seminarteilnehmer hat seine Jacke vergessen!

B1 **E 3** Complete con las terminaciones de los determinantes.

Lisa und Maribel schenken sich jed..es.. (1) Jahr etwas zu Weihnachten. Dies....... (2) Jahr möchte Maribel Lisa gern irgendein....... (3) Tango-CD schenken, aber sie weiß nicht, welch....... (4) CDs Lisa schon hat. Sie ruft Felix an und fragt ihn. Felix sagt ihr, welch....... (5) CDs in Lisas Regal stehen, aber manch....... (6) CDs sind auch im Auto. Er kann ihr also nicht all....... (7) CDs nennen, die Lisa hat. Aber Maribel hat bisher noch jed....... (8) Mal das richtige Geschenk für Lisa gefunden.

4.5 Qué podemos hacer con los determinantes

Nombrar lo nuevo / lo desconocido

Das ist **ein** Geschäft.
Ich bringe **irgendeinen** Wein mit.

⇨ 4.1 El artículo determinado e indeterminado, p. 83
4.4 Otros determinantes: El artículo indefinido, p. 91

Preguntar por lo nuevo / lo desconocido

Was für ein Geschäft ist das?

⇨ 4.4 Otros determinantes: El artículo interrogativo, p. 91

Nombrar lo conocido

Die/Diese Tüte ist zu klein.

⇨ 4.1 El artículo determinado e indeterminado, p. 83
4.4 Otros determinantes: El artículo demostrativo, p. 91

Preguntar por lo conocido

Welches Geschäft meinst du?
Kennst du **dieses** Geschäft?

⇨ 4.4 Otros determinantes, p. 91

Negar cosas

Das ist **keine** Katze.

⇨ 4.2 El artículo negativo, p. 86

Expresar pertenencia

Das ist **meine** Katze.

⇨ 4.3 El artículo posesivo, p. 88

Dar indicaciones de cantidad

Alle Katzen schlafen sehr viel.
Viele Katzen jagen nachts.

⇨ 4.4 Otros determinantes: El artículo indefinido, p. 91

E 1 Complete con los determinantes correspondientes en la forma correcta. B1

ein- • dies- • jed- • irgendwelch- • all- • jed- • ~~manch-~~ • welch- • kein-

Schenken – aber richtig

Manchen (1) Leuten ist es egal, was sie geschenkt bekommen, andere haben ganz spezielle Wünsche und freuen sich nicht über .... (2) Geschenk. Lesen Sie hier Geschenktipps:

- Sie können fast .... (3) Sachen verschenken, die Ihnen selber sehr gut gefallen.
- Verschenken Sie nie .... (4) Dinge, die keinen Nutzen haben und viel Platz wegnehmen (außer jemand hat sich genau das gewünscht).
- Überlegen Sie sich, ... (5) Dinge der Mensch, dem Sie etwas schenken wollen, gerne macht oder gerne hat – egal, ob .... (6) Dinge oder Aktivitäten Ihnen gefallen.
- Verschenken Sie .... (7) gebrauchten oder kaputten Sachen.
- Machen Sie .... (8) Buch mit Geschenkideen, dann müssen Sie nicht .... (9) Mal neu überlegen.

5 Pronombres

5.1 Los pronombres personales

T 1a ¿Qué pronombre personal sustituye a cada nombre de la imagen? Marque.

	Lukas	Toby	Lisa	Felix	Thomas
ich					
er					
sie					
wir					

Los pronombres personales sustituyen a personas o cosas ya mencionadas en el texto o que son conocidos por el contexto.

T 2a Marque los pronombres personales.

Wir besuchen euch morgen.

Ich sehe dich.

Gib mir die Schlüssel.

Wir möchten Sie gerne zum Essen einladen.

Kannst du mich hören?

Petra kann das nicht, hilf ihr bitte!

Ilona, wie geht es dir?

Das ist Sabine, kennst du sie?

Hast du ihn, den Ball?

Schmeckt Ihnen das Essen?

T 2b Complete la tabla.

Nominativo	ich	du	er	es	sie	wir	ihr	sie	Sie
Acusativo	*mich*	....	....	es	....	uns	....	sie	....
Dativo	....	....	ihm	ihm	....	uns	euch	ihnen	....

La posición en la oración

Pronombre + nombre	Kannst du **ihm** das Brot geben?	→	Pronombre delante del nombre
Pronombre + pronombre	Kannst du es **dem Lukas** geben? Kannst du es **ihm** geben?	→	Acusativo delante del **dativo**

⇨ 2.1 Concordancia verbo – sujeto, p. 15
2.5.1 Verbo + complemento, p. 64
14 Los pronombres en el estilo indirecto, p. 206

Pronombres

E 1 ¿Qué pronombre corresponde? Complete.

A1

1. Das ist Petra. Sie .... kommt aus der Schweiz.
2. Das ist Paul. .... kommt aus Österreich.
3. Kennst du Ainagul und Andrej? .... leben in Kirgistan.
4. Marilena und Katharina, wo seid .... ?
5. Guten Tag Frau Wertenschlag. Gehen .... auch zum Bäcker?

E 2 Complete con los pronombres personales en nominativo y acusativo.

○ Entschuldigen Sie .... (1), sind .... (2) Frau Stadelmann?

● Nein, ... (3) bin Frau Jansen. Frau Stadelmann sitzt dort hinten, sehen .... (4) sie?

○ Ja, ... (5) sehe .... (6). Vielen Dank.

○ Guten Tag Frau Stadelmann, ... (7) heiße Thomas Fottner. .... (8) haben gestern wegen dem Auto angerufen.

● Guten Tag, Herr Fottner. .... (9) habe schon alles fertig gemacht. Bitte unterschreiben .... (10) hier.

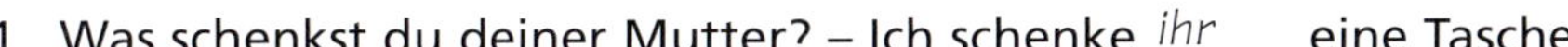

E 3 ¿Quién recibe qué cosa?

A2

1. Was schenkst du deiner Mutter? – Ich schenke ihr .... eine Tasche.
2. Und was schenkst du deinem Vater? – Für .... habe ich ein Buch gekauft.
3. Und was bekommt deine Schwester? – Ich habe zwei DVD-Filme für ....
4. Hast du ein Geschenk für Inge und Hans? – Ja, ich schenke .... eine Flasche Wein.
5. Und mir, was schenkst du mir? – .... schenke ich natürlich auch etwas!

E 4 Complete con los pronombres personales en la forma correcta.

1. Wie geht es (Thomas und Sybille) euch .... ? .... haben uns ja lange nicht mehr gesehen!
2. Ich gehe jetzt einkaufen, kann ich (Lisa und Felix) .... etwas mitbringen?
3. Wann hast du (Hans) .... das letzte Mal gesehen?
4. Warst du zusammen mit (Lukas und Martin) .... im Kino?
5. Kannst du (Maribel) .... bitte sagen, dass sie (ich) .... anrufen soll?
6. Kannst du (Herr und Frau Bahr) .... um acht Uhr abholen?

5.2 Los pronombres posesivos

T 1a Comprare las terminaciones de los pronombres posesivos con las terminaciones del artículo posesivo. Marque a la derecha las terminaciones.

	Artículo posesivo	Pronombre posesivo
der Fisch	Das ist mein Fisch!	Das ist meiner!
das Bild	Das ist mein Bild!	Das ist meins!
	Hast du mein Bild?	Hast du meins?
die Kamera	Das ist meine Kamera!	Das ist meine!
die Fische	Das sind meine Fische!	Das sind meine!

⇨ 4.3 Artículo posesivo, S. 88

Habitualmente se dice "meins", "deins", "seins" ..., pero también se puede decir "meines", deines", "seines"... .

T 1b Complete la tabla.

	masculino	**neutro**	**femenino**	**plural**
Nominativo	*meiner*	....	....	....
Acusativo	meinen	....	meine	meine
Dativo	meinem	meinem	meiner	meinen

igualmente: dein-, sein-, ihr-, unser-, euer-, ihr-, Ihr-
pero: "euer" + terminación → "eur-": Ist das **euerer**? Ich hab meine Schuhe, wo sind **euere**?

Tres formas del singular del pronombre posesivo tienen una terminación diferente a la del artículo posesivo:

Nominativo	masculino	Ist das dein Pullover? – Ist das deiner?
	neutro	Ist das dein T-Shirt? – Ist das deins?
Acusativo	neutro	Hast du dein Kleid? – Hast du deins?

E 1 El pequeño Thomas y la pequeña Tina se pelean por muchas cosas. ¿Qué dicen?

A2

der Ball	*Meiner!*	die Hose	....	der Hut	....
die Puppe	....	die Brille	....	die Karten	....
das Auto	....	die Socken	....	das Buch	....

E 2 ¿Qué pronombre posesivo corresponde?

A2

~~meine~~ • Ihrs • unsers • ihre • deiner • ihrer • seins • seine • eure • deins

1. die Katze (ich) Das ist *meine* .		6. der Schlüssel (sie) Das ist	
2. die Tasche (sie) Das ist		7. das Geld (Sie) Das ist	
3. das Auto (du) Das ist		8. das Spiel (es) Das ist	
4. das Haus (wir) Das ist		9. der Hund (du) Das ist	
5. die Stifte (ihr) Das sind		10. die Jacke (er) Das ist	

E 3 Complete.

B1

1. Ich finde meinen Schlüssel nicht. Hier ist *deiner*......, aber wo ist *m*............ ?
2. Mein Handy ist kaputt, ich kann nicht telefonieren. – Hier, nimm *m*............ .
3. Unser Auto ist in der Werkstatt, können wir mit *I*............ fahren?
4. Entschuldigung, das ist nicht Ihr Koffer, das ist *m*............ !
5. Entschuldigen Sie, ist das Ihr Glas, oder ist das *m*............ ?

E 4 Complete con el pronombre posesivo. Fíjese en las terminaciones.

B1

1. Gestern hab ich dir mein Fotoalbum gezeigt. Kann ich heute *deins*......... (dein Fotoalbum) ansehen? 2. Ich gehe so oft mit deinem Hund spazieren. Kannst du bitte heute mal mit .... (mein Hund) spazieren gehen? 3. Ich habe meinen Teller schon in die Küche gebracht. Bringt ihr .... (eure Teller) bitte auch rüber? 4. Ich habe mein Fahrrad schon geputzt, was ist mit .... (dein Fahrrad)? 5. Danke, dass du meine Jacke gehalten hast. Soll ich kurz .... (deine Jacke) halten?

5.3 Los pronombres indefinidos

"einer", "keiner", "was für einer?", "irgendeiner", "jeder", "mancher", "einige" und "viele"

T 1 Marque los pronombres en los bocadillos.

T 2 Compare y marque a la derecha las diferencias.

	artículo indeterminado "ein" artículo negativo "kein"	pronombre indefinido "einer" pronombre indefinido "keiner"
Nominativo		
masculino	Hier ist ein/kein Geldautomat.	Hier ist einer/keiner.
neutro	Hier ist ein/kein Hotel.	Hier ist eins/keins.
femenino	Hier ist eine/keine Uhr.	Hier ist eine/keine.
plural	Hier sind keine Hunde.	Hier sind keine.
Acusativo		
masculino	Ich habe einen/keinen Computer.	Ich habe einen/keinen.
neutro	Ich habe ein/kein Fahrrad.	Ich habe eins/keins.
femenino	Ich habe eine/keine Zeitung.	Ich habe eine/keine.
plural	Ich habe keine Stifte.	Ich habe keine.

En dativo las formas son como las de los determinantes.

igualmente: "was für einer" Was für einen nimmst du? "irgendeiner" Da muss doch irgendeiner sein.

R

Tres formas del singular del pronombre indefinido "einer", "keiner", "irgendeiner" y "was für einer" tienen otras terminaciones que el artículo indeterminado.

Nominativo masculino Ist das *einer*.......... ? Acusativo masculino Hast du .... ?

neutro Ist das .... ?

R

También los artículos indeterminados "jeder", "mancher", "einige" y "viele", así como el artículo interrogativo "welcher" se puede usar como pronombre. Las formas son las mismas que en los artículos indeterminados: Hier ist für **jedes** (Kind) ein Buch. Waren viele Leute da? – Ja, es waren ziemlich **viele** (Leute).

⇨ 4.1 El artículo indeterminado, p. 83
4.2 El artículo negativo, p. 86
4.4 Otros determinantes, p. 91

"man"

T 3 ¿Cuáles de estas frases tienen el mismo significado?

1. D Hier spricht man Deutsch!
2. ...... Man verwendet das Perfekt, um Vergangenes auszudrücken.
3. ...... Hier kann man Erdbeeren pflücken.
4. ...... Was macht man damit?

A Hier kann jeder Erdbeeren pflücken.
B Was machen die Leute damit?
C Das Perfekt wird verwendet, um Vergangenes auszudrücken.
D Hier wird Deutsch gesprochen.

El pronombre indefinido "man" siempre es sujeto.

⇨ 2.3.3 La voz pasiva, p. 44

"alles", "alle", "etwas", "jemand", "nichts" und "niemand"

Hast du alles?

Hallo, ist da jemand?

Endstation, bitte alle aussteigen.

Ich glaube hier ist niemand.

Ich sehe nichts!

Kannst du etwas sehen?

T 4 ¿A qué hace referencia el pronombre marcado?

personas	cosas / objetos
......	alles, ...

Estos pronombres indefinidos son invariables.
Sólo "jemand" y "niemand" se pueden modificar aunque casi siempre se usan sin modificaciones:
Hast du jemand/jemanden getroffen? – Nein, ich habe niemand/niemanden gesehen.

E 1 Complete las respuestas con "keiner". A2

1. Hast du einen Stuhl für mich? – Tut mir leid, ich habe keinen.
2. Hast du eine Lampe für mich? – Nein, ich habe ....
3. Kannst du mir ein Paar Socken geben? – Tut mir leid, ich habe ....
4. Gibst du mir bitte ein Blatt Papier? – Ich habe leider ....
5. Kann ich bitte einen Kugelschreiber haben? – Tut mir leid, ich habe ....

5 Pronombres

A2 **E 2** ¿"Einer", "keiner" o "was für einer"? Complete.

1. Ich nehme mir ein Bonbon. Magst du auch *eins* ………… ? – Nein, danke. Ich mag ………… .
2. Bringst du mir bitte einen Kuchen mit? – Ja, gerne, ………… magst du?
3. Kann mir bitte mal ………… helfen?
4. Haben Sie vielleicht ein Taschentuch für mich? – Tut mir leid, ich habe ………… .
5. Sie interessieren sich also für ein neues Auto. ………… möchten Sie denn haben?

B1 **E 3** ¿Qué pronombre corresponde?

niemand • jeder • ~~alle~~ • alle • jemand • alles • jemand • jeder

Ich wohne in einem großen Mietshaus in der Stadt. Es hat einen schönen Hof, den *alle* ………… (1) benutzen können. Im Sommer ist immer ………… (2) unten und hängt Wäsche auf oder spielt mit den Kindern. Es gibt einen großen Fahrradkeller für ………… (3) und auch eine Waschküche, die ………… (4) benutzen kann. Aber nachts, sonntags und an Feiertagen darf ………… (5) die Waschküche benutzen, dann ist der Strom dort abgestellt. Es gibt einen Kalender, in den sich ………… (6) einträgt, der waschen will. Manchmal gibt es Ärger, wenn sich ………… (7) nicht in den Kalender eingetragen hat – aber eigentlich funktioniert das ………… (8) sehr gut.

B1 **E 4** Escriba frases con "man".

1. Hier wird auch samstags gearbeitet.
2. In diesem Atelier kann jeder dem Künstler bei der Arbeit zusehen.
3. Dort kann das Gepäck abgegeben werden.
4. Hier wird englisch, deutsch und spanisch gesprochen.
5. Mit diesem Gerät kann jeder ganz einfach Gemüse hacken.

1. Hier arbeitet man auch samstags.

E 5 Complete los dichos.

viele • etwas • ~~nichts~~ • etwas • einige

1. Dumm geboren und *nichts* ………… dazu gelernt.
2. Nur wer ………… macht, kann auch ………… falsch machen.
3. Wenige wissen Vieles, ………… wissen Weniges, aber ………… wissen alles besser.

5.4 Los pronombres reflexivos

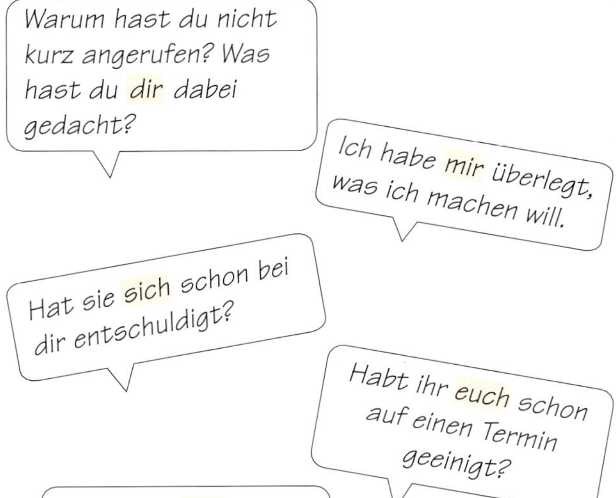

de NICHTLUSTIG 2 © CARLSEN Verlag GmbH, Hamburg 2004

T Complete la tabla.

Nominativo	ich	du	er	es	sie	wir	ihr	sie	Sie
Acusativo	mich	dich		....		....	....	....	sich
Dativo	....	*dir*		sich		uns	euch	sich	sich

R El pronombre reflexivo tiene la misma forma que el pronombre personal. Sólo en la 3ª persona y en el tratamiento de cortesía siempre es " .... ".

El pronombre reflexivo también puede expresar una relación recíproca.
Sie lernen **sich** kennen. = Sie lernen **einander** kennen.

⇨ 2.4.3 Verbos reflexivos, p. 60

Oración con un complemento:	Ich ziehe **mich** an.	→	Pronombre reflexivo en acusativo
Oración con dos complementos:	Ich ziehe **mir** die Schuhe an.	→	Pronombre reflexivo en dativo

5 Pronombres

A1 E 1 ¿Qué corresponde?

1. Ich sehe E
2. Du siehst ....
3. Er wäscht ....
4. Setzen Sie ....
5. Wir sehen ....
6. Habt ihr ....

A sich bitte hier hin.
B sich die Haare.
C euch gestern gesehen?
D uns morgen.
E mich im Spiegel.
F dich auf dem Foto.

A2 E 2 Complete con el pronombre reflexivo.

● Weißt du noch, wie wir uns (1) kennengelernt haben?
❍ Natürlich. Ich war spät dran und ich musste .... (2) beeilen. Ich bin zum Bus gelaufen. Und in diesem Bus haben wir .... (3) kennengelernt.
● Ja, du hast .... (4) auf den Platz neben mir gesetzt. Dann haben wir .... (5) angesehen und ich habe .... (6) sofort in dich verliebt!
❍ Ja. Aber jetzt muss ich leider los, wann sehen wir .... (7) wieder?
● Morgen. Ich freue .... (8) sehr auf dich.

B1 E 3 Escriba las frases correctamente.

1. die Schuhe / zieh / dir / an / bitte / !
2. die Regel / merken / ich / kann / mir / nicht / .
3. gestern / mich / in den Finger / habe / geschnitten / ich / .
4. du / freust / auch / dich / auf / das Theaterstück / ?

1. Zieh dir bitte die Schuhe an!

B1 E 4 ¿Pronombres reflexivos en acusativo o en dativo? Complete.

❍ Lisa, beeile dich (1) bitte, wir müssen jetzt los.
● Ich komme ja gleich, ich muss .... (2) nur noch die Haare kämmen. Hast du .... (3) schon fertig angezogen?
❍ Ja, schon lange! Soll ich .... (4) noch einmal hinsetzen und Zeitung lesen, oder kommst du jetzt.
● Ich komme doch gleich, jetzt reg .... (5) doch nicht so auf.
❍ Ich rege .... (6) überhaupt nicht auf – ich wollte .... (7) nur erkundigen, wie lange du noch brauchst.
● Ja, ist ja gut. Ich bin ja schon da. – Aber, wie siehst du denn aus? Willst du .... (8) nicht was Schickeres anziehen?

5.5 Los pronombres relativos

Los pronombres relativos introducen oraciones relativas que proporcionan información o explicaciones respecto a un sujeto o a un pronombre.

	masculino	neutro	femenino	plural
Nominativo	der	das	die	die
Acusativo	den	das	die	die
Dativo	dem	dem	der	denen
Genitivo	dessen	dessen	deren	deren

de NICHTLUSTIG 2,
© CARLSEN Verlag GmbH, Hamburg 2004

Los pronombres relativos "was" y "wo" son invariables.

"Was" se refiere a pronombres o a oraciones enteras, "wo" se refiere a indicaciones de lugar.

Das ist alles, **was** ich weiß.

Das ist das Haus, **wo** wir wohnen.

13.2.2 La oración relativa, p. 196

E 1 Complete con el pronombre relativo correspondiente.

A2

1. Hast du das Buch, das .... ich dir geschenkt habe, schon gelesen?
2. Wo sind denn die Zeitschriften, ... ich gestern gekauft habe?
3. Gibst du mir bitte den Stift, ... da auf dem Tisch liegt?
4. Das Mädchen, ... mit dem Hund spielt, wohnt neben mir.
5. Der Computer, ... ich letzte Woche gekauft habe, ist kaputt.

E 2 Complete con el pronombre relativo correspondiente.

B1

❍ Wann gehe wir in den Kinofilm, von dem .... (1) ich dir erzählt habe?

● Meinst du den Film, in .... (2) es um zwei Frauen geht, ... (3) im gleichen Haus wohnen?

❍ Ja, den meine ich. Er läuft heute um acht in dem Kino, in .... (4) wir letztes Mal auch waren. Wir könnten vorher noch in das thailändische Restaurant gehen, ... (5) es so leckeres Essen gibt.

● Ja, gerne, das ist eine gute Idee.

5.6 La forma pronominal "es"

1. Es schneit.
2. Hier gibt es frischen Salat.
3. Guten Morgen, es ist jetzt sieben Uhr.
4. Mach die Tür auf, es hat geklopft.
5. Wir müssen zurück, es wird schon dunkel.
6. Hier gefällt es mir nicht.
7. Wie geht es dir? – Danke, es geht prima.
8. Wie spät ist es?
9. Ich kann jetzt nicht, ich habe es eilig.
10. Bei dir schmeckt es am besten!
11. Wir haben verschlafen! Es ist schon hell draußen.
12. Geh bitte ans Telefon, es klingelt.
13. Heute regnet es bestimmt noch.
14. Hier riecht es so komisch!
15. –15 Grad! Es ist kalt!

T 1a Marque "es" en las frases.
T 1b Relacione.

"es" con verbos del tiempo meteorológico	1, ...	
"es" con verbos que pueden aparecer con un sujeto u objeto indeterminado	**sonidos** 4, ...	**indicaciones de tiempo** 3, ...
giros con "es"	2, 5, ...	

"Es" a menudo se reduce a "'s": Hier **gibt es** Erdbeeren. – Hier **gibt's** Erdbeeren.
Wie **geht es** dir? – Wie **geht's** dir?

En oraciones enunciativas "es" puede ser una palabra comodín y ocupar la 1ª posición. Si hay otra palabra que ocupa la 1ª posición, "es" se omite.

1	2		
Es	sind	viele Leute	gekommen.
Viele Leute	sind		gekommen.

E 1 ¿Qué tiempo hace en ...?

A2

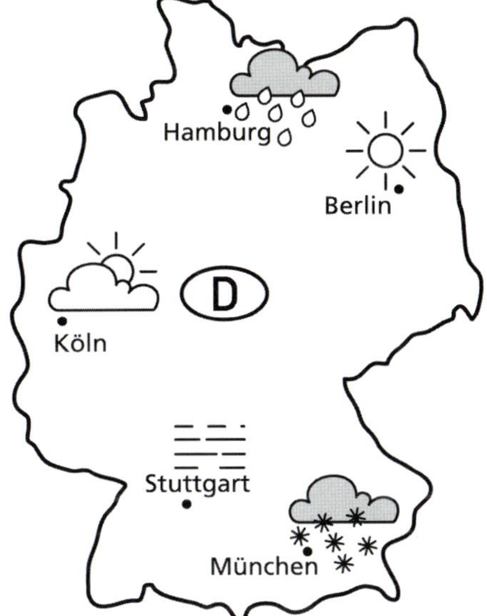

schneien • regnet • neblig sein
sonnig • heiter sein

In Hamburg regnet es.

E 2 Complete con "es" o escriba una raya.

B1

1. Das Telefon *- - -* klingelt!
2. Entschuldigung, gibt .... hier eine Post?
3. Ich glaube, heute schneit .... noch.
4. .... hat an der Tür geklopft!
5. Heute scheint .... die Sonne.
6. Lecker, hier riecht .... nach Kuchen!

E 3 Escriba frases.

B1

1. Ich komme nur mit zum Radfahren, wenn *es nicht regnet* .... (nicht regnen)
2. Kommst du noch mit einen Kaffee trinken, oder .... ? (eilig haben)
3. Ist der Herd aus? Hier .... (verbrannt riechen)
4. Du bist ja ganz blass. .... ? (nicht gut gehen)
5. Ich habe meine Uhr vergessen, kannst du mir sagen, ... ? (wie spät sein)

E 4 Reescriba las frases. Ponga en 1ª posición las palabras subrayadas. ¿Qué le ocurre a "es"?

B1

1. Es ist lange her, <u>dass wir uns gesehen haben</u>.
2. Es waren <u>nur wenige Leute</u> in der Vorstellung.
3. Es dauert vier Stunden, <u>mit dem Zug nach Köln zu fahren</u>.
4. Es ist <u>jetzt</u> alles vorbereitet.
5. Es singt heute <u>für Sie</u> Annett Louisan.

1. Dass wir uns gesehen haben, ist lange her.

5.7 Qué podemos hacer con los pronombres

Remitir a personas, cosas y animales	❍ Hast du mir die CD mitgebracht? ● Ja, hier ist **sie**. Ist hier **jemand**? **Sie** mögen **sich**. ⇨ 5.1 Los pronombres personales, p. 94 5.3 Los pronombres indefinidos, p. 98 5.4 Los pronombres reflexivos, p. 101
Negar	● Hast du einen Stift für mich? ❍ Nein, ich habe **keinen**. Hier ist **niemand**. Ich sage **nichts**. ⇨ 5.3 Los pronombres indefinidos, p. 98
Expresar pertenencia	❍ Wem gehört die Tasche? ● Das ist **meine**. ⇨ 5.2 Los pronombres posesivos, p. 96
Preguntar	● Ich suche ein Buch. ❍ **Was für eines** suchen Sie denn? ⇨ 5.3 El pronombre indefinido "Was für einer", p. 98
Expresar algo de forma impersonal	Hier kann **man** Fußball spielen. ⇨ 5.3 El pronombre indefinido " man", p. 98
Describir más específicamente a alguien / algo	Das Buch, **das** ich gelesen habe, ist sehr gut. Das ist alles, **was** ich sagen wollte. ⇨ 5.5 Los pronombres relativos, p. 103
Sustituir al sujeto	**Es** klingelt. ⇨ 5.6 La forma pronominal "es", p. 104

E 1 ¿Es tuyo? Escriba minidiálogos como en el ejemplo.

1. Hier ist eine Tasche. Ist das *deine* ? – Nein, ich habe *keine* .
2. Wo ist mein Mantel? – Ich weiß nicht, ich habe nur .... (ich) gesehen.
3. Wem gehört das Feuerzeug? Ist das .... (Sie)? – Nein, ich habe ....
4. Haben Sie auch einen Hund? – Nein, ich habe ....
5. Entschuldigung, ist das Ihr Schirm? – O ja, vielen Dank, das ist .... (ich).
6. Ist das eure Zeitung? – Nein, das ist nicht .... (wir), wir haben ....

E 2 ¿Pronombre personal o pronombre reflexivo? Complete con "sich", "ihn" o "sie".

Peter trifft sich (1) heute mit Yvonne. Er freut .... (2) auf sie. Sie treffen .... (3) um halb acht Uhr in einem kleinen Café. Jetzt ist es zwanzig vor acht und Yvonne wartet auf Peter. .... (4) schaut aus dem Fenster, aber sie sieht .... (5) nicht. Sie ärgert .... (6). Dann klingelt ihr Handy, es ist Peter: "Wo bist du?" frag er. "Im Café, aber wo bist du?" "Ich bin auch im Café, oben, im ersten Stock." Yvonne sieht nach oben und endlich sehen sie .... (7).

E 3 Sustituya los elementos entre paréntesis por pronombres.

B1

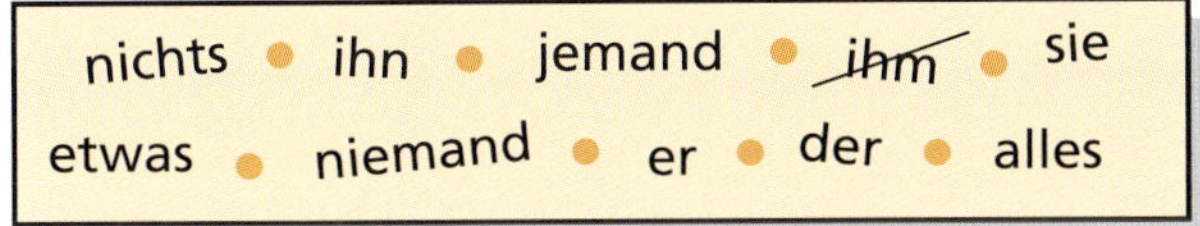
nichts • ihn • jemand • ~~ihm~~ • sie
etwas • niemand • er • der • alles

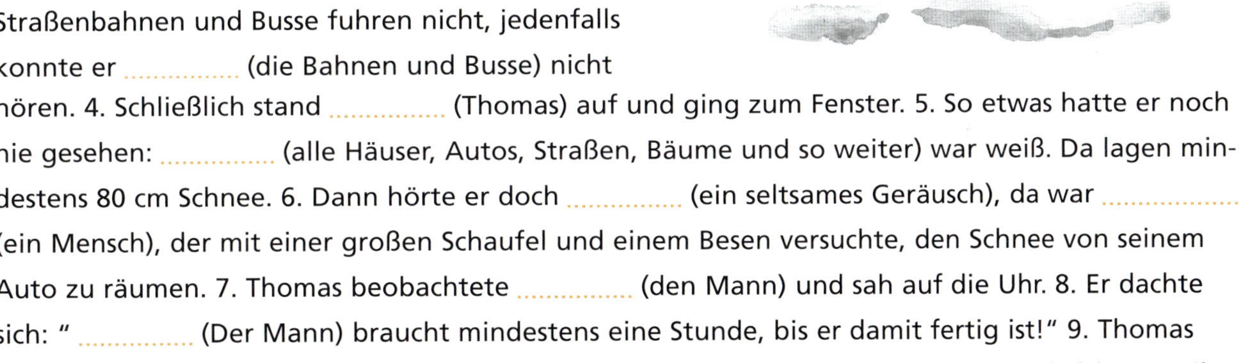

1. Als Thomas am Morgen aufwachte, fiel ihm (Thomas) auf, dass es sehr ruhig war. 2. .... (Kein Mensch) fuhr mit dem Auto. 3. Auch die Straßenbahnen und Busse fuhren nicht, jedenfalls konnte er .... (die Bahnen und Busse) nicht hören. 4. Schließlich stand .... (Thomas) auf und ging zum Fenster. 5. So etwas hatte er noch nie gesehen: .... (alle Häuser, Autos, Straßen, Bäume und so weiter) war weiß. Da lagen mindestens 80 cm Schnee. 6. Dann hörte er doch .... (ein seltsames Geräusch), da war .... (ein Mensch), der mit einer großen Schaufel und einem Besen versuchte, den Schnee von seinem Auto zu räumen. 7. Thomas beobachtete .... (den Mann) und sah auf die Uhr. 8. Er dachte sich: " .... (Der Mann) braucht mindestens eine Stunde, bis er damit fertig ist!" 9. Thomas war froh, dass er Urlaub hatte, er konnte zu Hause bleiben und .... (keine Sache) konnte ihn ärgern, auch der Schnee nicht.

E 4 Complete con pronombres.

Sabine war gerade erst nach Hause gekommen, da klingelte es (1) auch schon an der Tür. Sie öffnete die Tür und war sehr überrascht, als sie eine Frau sah, ... (2) sie sehr an eine Freundin aus der Schulzeit erinnerte. Die Frau sah Sabine neugierig an und sagte dann: "Sabine, bist du das?" "Ruth! Du bist wirklich Ruth?" "Ja. Weißt du noch, wir waren zusammen in der Grundschule." Die beiden begrüßten .... (3) herzlich und setzten .... (4) zusammen in die Küche. .... (5) hatten sich schon seit vielen Jahren nicht mehr gesehen. Ruth erzählte, was .... (6) in diesen Jahren gemacht hat und sie wollte natürlich auch von Sabine wissen, ... (7) diese gemacht hat. Die beiden saßen an diesem Tag lange in der Küche.

6 Palabras interrogativas

6.1 Palabras interrogativas con "w"

Las palabras interrogativas con "w" inician una pregunta. Se encuentran en la 1ª posición de la oración. La mayoría de las palabras interrogativas con "w" son invariables.

T 1a Marque las palabras interrogativas con "w".

1. Wo ist der Bahnhof? – Hier rechts und dann immer geradeaus.
2. Wohin gehen wir? – Wir gehen zum Bahnhof.
3. Wann fährt der Zug? – In einer halben Stunde.
4. Wer von euch kennt den Weg? – Ich!
5. Was ist das dort hinten? – Das ist das Rathaus.
6. Wie kommen wir zum Bahnhof? – Wir gehen zu Fuß.
7. Warum nehmen wir kein Taxi? – Weil der Weg nicht weit ist.
8. Woher kommt der Zug? – Der Zug kommt aus Hamburg.

T 1b Persona, cosa, ...: ¿Por qué se pregunta? Relacione con el número de frase correspondiente.

T 1c Anote las palabras interrogativas con "w" en el cuadro.

Persona	Cosa	Lugar	Tiempo	Causa	Modo
....	....	*1,*	....	....	....
....	....	*wo,*	....	....	....

Pregunta por personas

Nominativo	**Wer** ist das?	Dativo	Mit **wem** telefonierst du?
Acusativo	**Wen** rufst du an?	Genitivo	**Wessen** Sachen sind das?

T 2 Woher – wo – wohin? Escriba las preguntes debajo de los símbolos correspondientes.

Woher kommst du? • Wo bist du? • Wohin gehst du?

? • ....

? → • ....

? • → ....

⇨ 12.2 Oraciones interrogativas, p. 166
13.2.3 La oración subordinada con "ob" o palabra interrogativa con "w", p. 200
4.4 Otros determinantes: Artículo interrogativo, p. 91
5.3 Los pronombres indefinidos, p. 98

Palabras interrogativas 6

E 1 ¿Qué palabra interrogativa con "w" corresponde? A1

wie • wann • wo • wie • ~~wer~~ • warum • was

- ❍ Hallo ich bin Anna, und *wer*...... (1) bist du?
- ● Ich bin Lisa.
- ❍ Ich wohne in dem Haus da drüben, und .... (2) wohnst du?
- ● Ich wohne in dem Haus neben dir.
- ❍ Super. Ich gehe jetzt spielen, ... (3) machst du?
- ● Ich gehe jetzt nach Hause, lernen. .... (4) musst du nach Hause gehen?
- ❍ Um 18 Uhr. Kommst du mal zu mir? Ich habe eine tolle Katze.
- ● Ja, sehr gern. .... (5) heißt deine Katze?
- ❍ Mimi Kühlschrank!
- ● .... (6) bitte? .... (7) heißt deine Katze "Mimi Kühlschrank"???
- ❍ Weil sie immer vor dem Kühlschrank sitzt.

E 2 Pregunte por las partes de la frase subrayadas. Fíjese en el caso. A2

1. Das ist <u>Herr Huber</u>. *Wer ist das?*............................
2. Die Jacke gehört <u>mir</u>. ....
3. Ich rufe <u>Frau Bahr</u> nachher an. ....
4. <u>Paul</u> kommt heute zu Besuch. ....

E 3 ¿Qué palabra interrogativa con "w" corresponde? B1

- ❍ *Wohin* (1) gehst du?
- ● Ich gehe joggen.
- ❍ Du warst doch gestern schon joggen. .... (2) gehst du heute wieder joggen?
- ● Weil ich Lust habe!
- ❍ .... (3) kommst du wieder?
- ● In einer Stunde.

...

- ❍ Ich habe dich überall gesucht. .... (4) warst du?
- ● Joggen, das hab ich dir doch gesagt. .... (5) fragst du?
- ❍ Ich habe mir Sorgen gemacht, du warst fast zwei Stunden weg.

6.2 "wo(r)-" + preposición

- ❍ Oma, ich freu mich sehr über deinen Besuch.
- ● Worüber freust du dich?
- ❍ Über deinen Besuch.
- ● Ja, darüber freu ich mich auch.
- ❍ Wir warten noch auf meine Freundin, sie bringt Kuchen mit.
- ● Auf wen warten wir?
- ❍ Auf Lisa, meine Freundin. Sie bringt Kuchen mit.
- ● Oh, schön. Kuchen, darauf habe ich großen Appetit.
- ❍ Lisa ist sehr stolz auf ihren Schokoladenkuchen.
- ● Worauf ist sie stolz?
- ❍ Auf ihren Kuchen. Sie hat das Rezept selbst erfunden.

T 1a Marque las palabras interrogativas en el texto.

T 1b Complete con las palabras interrogativas del texto.

Frage nach Dingen:

sich **über** den Besuch freuen

.... freust du dich?

auf den Kuchen stolz sein

.... bist du stolz?

Frage nach Personen:

auf eine Freundin warten

.... warten wir?

R1 En frases con verbos o expresiones con preposición se pregunta

– por .... con "wo(r)-" + preposición

– por .... con la preposición + "Wen?" o "Wem?".

R1

T 2a Marque la primera letra de la preposición en las palabras interrogativas.

T 2b Clasifique.

Worauf wartest du?
Worüber lachst du?

Woran denkst du?
Wonach suchst du?

Wozu brauchst du das?
Womit willst du das reparieren?

"wor-" + preposición

worauf ....

"wo-" + preposición

....

....

R2 Preposiciones que empiecen con una vocal o con "Umlaut" (auf, über, ...) → .... + preposición.

R2

igual "da(r)-" + preposición
Wozu brauchst du das? Dazu!
Worauf wartest du? Darauf!

⇨ 8 Preposiciones, p. 130

Palabras interrogativas

E 1 ¿Qué corresponde?

1. Worauf wartest du? B.......
2. Auf wen wartest du? ....
3. Über wen ärgerst du dich? ....
4. Worüber ärgerst du dich? ....

A Ich ärgere mich über meine Arbeit.
B Ich warte auf den Bus.
C Ich warte auf Hans.
D Ich ärgere mich über meine Kollegin.

E 2 Complete con "wo(r)-".

1. Worauf.......... hast du dich in den Ferien am meisten gefreut? – Auf das Meer.
2. .... ärgerst du dich? – Über mein Handy, es funktioniert nicht.
3. .... hast du die Suppe gewürzt? – Mit Ingwer und Chilli.
4. .... hast du ihn erkannt? – An seinem Hut.
5. .... träumst du? – Vom Urlaub.

E 3a Complete los verbos con la preposición correspondiente.
E 3b Complete las preguntas y las respuestas a la derecha.

1. bitten um....... — Worum...... hast du den Kellner gebeten? – .... mehr Brot.
2. einladen .... — .... haben sie uns eingeladen? – .... einem Gartenfest.
3. fragen .... — .... hat dich der Mann gefragt? – .... der Toilette.
4. lachen .... — .... lacht ihr? – .... einen Witz.
5. sich treffen .... — .... triffst du dich heute? – .... einer Schulfreundin.

E 4 La abuela de Lukas no entiende todo. Pregunta muchas veces. Escriba sus preguntas.

Lisa: Ich freue mich sehr darüber, dass wir uns kennenlernen. (1)

Lukas: Du musst lauter reden. Oma ärgert sich immer über Leute, die leise sprechen. (2)

Lisa: Gut. Draußen ist schönes Wetter, ich bin mit dem Fahrrad gekommen. (3)
Ich wollte Ihnen von unserem Urlaub in Irland erzählen. (4)

Lukas: Interessierst du dich für Irland? (5)

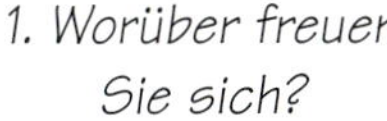

7 Adjetivos

7.1 Adjetivos junto a verbos

- ❍ Lukas! Du musst schnell zu mir kommen.
- ● Was gibt's denn?
- ❍ Der Computer spinnt! Ich werde noch verrückt.
- ● Keine Panik. Vielleicht ist es gar nicht so schlimm.
- ❍ Stundenlang schreibe ich jetzt meine Arbeit und plötzlich ist der Bildschirm dunkel geworden. Du musst mir helfen.
- ● Ja, ja ...

T 1 Subraye el verbo en las frases con el adjetivo marcado.

R 1 Los adjetivos no tienen terminación si acompañan a un .... **R 1**

Adjetivos junto a "sein" y "werden"

T 2 Complete las frases en el paréntesis oracional.

	2		
Vielleicht	*ist*............................	es gar nicht so	*schlimm.*................................
Ich	werde	noch	....
....	ist	der Bildschirm	*dunkel*................................ .
	"sein", "werden"		**Adjetivo**

R 2 Los verbos "sein" y "werden" junto con el .... forman un paréntesis oracional. **R 2**

Adjetivos junto a otros verbos

	2		
Du	*musst*............	.... zu mir	....
....	....	ich jetzt meine Arbeit.	

Los adjetivos que acompañan a un verbo también se pueden denominar adverbios o adverbios modales. En la frase ocupan la misma posición que los adverbios y los complementos circunstanciales:
Du musst **schnell** / **sofort** zu mir kommen. **Stundenlang** / **Seit heute Morgen** schreibe ich meine Arbeit.

⇨ 9 Adverbios, p. 144

Adjetivos 7

T 3 Marque las respuestas en el texto.

Wie fährt das Polizeiauto?	Ein Polizeiauto fährt schnell über einen Platz.
Wie bleibt das Auto stehen?	Plötzlich bleibt es stehen. Zwei Polizisten springen aus dem
Wie ruft der Polizist?	Auto. Einer ruft laut: "Stehen bleiben! Keine Bewegung!"
Wie verhalten sich die Leute?	Alle Leute bleiben erschrocken stehen.

E 1 ¿Cuál es el antónimo?

1. Ist die Stadt groß? (klein) Nein, sie *ist klein* .
2. Ist das Zimmer teuer? (billig) Nein, es ....
3. Ist der Kaffee heiß? (kalt) Nein, er ....
4. Sind die Schuhe neu? (alt) Nein, sie ....
5. Sind die Aufgaben schwer? (leicht) Nein, sie ....

E 2 ¿Qué cambia? Complete con "werden" y un adjetivo adecuado.

~~alt~~ • gesund • gut • hell • schön

1. Nicole hat Geburtstag. Sie *wird* 23 Jahre *alt* .
2. Es ist 5 Uhr morgens. Es ....
3. Heute regnet es, aber morgen .... das Wetter ....
4. Silvia kocht eine Lasagne. Die .... bestimmt ....
5. Die Kinder sind schon drei Tage krank. Bald .... sie ....

E 3a ¿Qué corresponde? Anote.
E 3b Complete las frases con el verbo "sein" y el adjetivo correspondiente.

A1

1. Polen ist	*C*	A	ein bekannter Sportler.	1. Das Land *ist groß* .
2. Die Donau ist	......	B	schöne Städte.	2. Die Donau ....
3. Garfield ist	......	C	ein großes Land.	3. Garfield ....
4. Dirk Nowitzky ist	......	D	eine faule Katze.	4. Dirk Nowitzky ....
5. Wien und Graz sind	......	E	ein langer Fluss.	5. Wien und Graz ....

E 4 Adjetivos junto a verbos: Escriba frases.

1. der Zug / pünktlich / abfahren
2. die Freunde / spät / ankommen
3. Helena / schnell / arbeiten
4. die Sängerin / sehr schön / singen
5. die Eltern / plötzlich / zurückkommen

1. Der Zug fährt pünktlich ab.

7.2 Adjetivos delante de un sustantivo

T 1a Compare los adjetivos delante de un sustantivo. Marque las diferencias.

T 1b Subraye el determinante.

Das ist ein neuer Mantel.
Der neue Mantel ist modern.

Das ist ein altes Kleid.
Das alte Kleid ist schick.

R 1
El adjetivo tiene una terminación, si figura delante de un ....
La terminación depende del determinante.
R 1

⇨ 4 Determinantes, p. 83

Der Wein ist **teuer** – ein **teur**er Wein
Die Farben sind **dunkel** – **dunkl**e Farben
Zitronen sind **sauer** – **saur**e Zitronen
Der Raum ist **hoch** – ein **hoh**er Raum

Terminaciones de los adjetivos después de un artículo determinado

T 2a Marque con una cruz las frases con artículo determinado y marque en las frases la terminación de los adjetivos.

1. Theresa möchte ein neues Kleid kaufen. 2. Sie geht in ein kleines Geschäft. 3. Die nette Verkäuferin zeigt ihr einige Kleider. 4. Das blaue Kleid gefällt Theresa am besten. 5. Aber dann sieht sie einen roten Rock und eine helle Bluse. 6. Die helle Bluse passt gut zu dem roten Rock. 7. Sie probiert den roten Rock und die helle Bluse. 8. Die neuen Sachen stehen ihr gut, besonders die Farbe des langen Rockes.

T 2b Complete la tabla con las terminaciones.

	masculino	neutro	femenino	plural
Nominativo	der lang *e*.... Rock der	das neu..... Kleid das	die hell..... Bluse die	die neu..... Kleider die
Acusativo	den lang**en** Rock den			
Dativo	(mit) dem lang..... Rock dem	(mit) dem neu**en** Kleid dem	(mit) der hell**en** Bluse der	(mit) den neu**en** Kleidern den
Genitivo	(die Farbe) des lang..... Rockes des	(die Farbe) des neu**en** Kleides des	(die Farbe) der hell**en** Bluse der	(die Farbe) der neu**en** Kleider der

Adjetivos

	masculino	neutro	femenino	plural
Nominativo	-e	-e	-e	-en
Acusativo	-en	-e	-e	-en
Dativo	-en	-en	-en	-en
Genitivo	-en	-en	-en	-en

R2 El artículo determinado "der/das/die" siempre tiene una marca de caso. La terminación del adjetivo es .... o **R2**

Los adjetivos tienen también estas terminaciones, si aparecen después de los determinantes **dieser**, **jener**, **mancher**, **alle**.

Terminaciones de los adjetivos después de un artículo indeterminado

T 3 Marque con una cruz las frases con artículo determinado y marque en las frases la terminación de los adjetivos.

~~1.~~ Manfred geht in ein großes Modehaus. 2. Er möchte einen neuen Mantel. 3. Aber die dicken Mäntel gefallen ihm nicht. 4. Er sieht eine warme, graue Jacke. 5. Der Verkäufer zeigt ihm auch ein schickes, blaues Hemd. 6. Er probiert die graue Jacke und das blaue Hemd. 7. Manfred kauft die graue Jacke nicht, sie ist zu teuer. 8. Er kauft dünne, schwarze Socken.

T 4 Complete la tabla con las terminaciones.

	masculino	neutro	femenino	plural
Nominativo	ein neu*er* Mantel (der)	ein schick**es** Hemd (das)	eine warm..... Jacke (die)	☐ dünn..... Socken (die)
Acusativo	einen neu**en** Mantel (den)			
Dativo	(mit) einem neu**en** Mantel (dem)	(mit) einem schick**en** Hemd (dem)	(mit) einer warm**en** Jacke (der)	(mit) ☐ dünn**en** Socken (den)
Genitivo	(die Farbe) eines neu**en** Mantels (des)	(die Farbe) eines schick**en** Hemdes (des)	(die Farbe) einer warm**en** Jacke (der)	(die Farbe) ☐ dünn**er** Socken (der)

R3 Después del artículo indeterminado "ein/ein/eine" el adjetivo tiene las siguientes terminaciones: **R3**

	masculino	neutro	femenino	plural
Nominativo	-er	-es	-e	-e
Acusativo	-en	-es	-e	-e
Dativo	-en	-en	-en	-en
Genitivo	-en	-en	-en	-er

Adjetivos

Los adjetivos también tienen estas terminaciones (véase p. 115) si aparecen después de los determinantes en singular "kein/kein/keine", "mein/mein/meine" e "irgendein/irgendein/irgendeine" y después del plural "irgendwelche". Después de estos determinantes la terminación en plural siempre es **-en** igual que después del artículo determinado:

keine neu**en** Socken, keine neu**en** Hemden

Terminaciones de los adjetivos después del artículo cero

T 5 Frases con artículo cero: Marque las terminaciones del adjetivo.

1. Schicker Wintermantel mit modischem Muster. Sonderpreis!
2. Rotes Kleid mit schmalem Gürtel, aus reiner Wolle. 49,99 €
3. Dunkle Bluse mit Karomuster, Größe 38–42, 39,99 €
4. Schwarze Stiefel aus bestem Leder, mit flachem Absatz. Nur 79,90 €

T 6 Complete la tabla con las terminaciones.

	masculino	neutro	femenino	plural
Nominativo	neu**er** Mantel der	alt..... Kleid das	warm..... Jacke die	dünn..... Socken die
Acusativo	neu**en** Mantel den			
Dativo	(mit) neu..... Mantel dem	(mit) alt..... Kleid dem	(mit) warm..... Jacke der	(mit) dünn**en** Socken den
Genitivo	(trotz) neu**en** Mantels des	(trotz) alt**en** Kleides des	(trotz) warm**er** Jacke der	(trotz) dünn**er** Socken der

R4 Si no aparece ningún artículo, el adjetivo añade la marca de caso. En el gen. sing. masculino y neutro la marca de caso está en el sustantivo. Por lo tanto, la terminación del adjetivo es **-en**. R4

	masculino	neutro	femenino	plural
Nominativo	-er	-es	-e	-e
Acusativo	-en			
Dativo	-em	-em	-er	-en
Genitivo	-en	-en		-er

Adjetivos

Marca de caso y terminación

Guck mal, de[r] Ring!	Siehst du da[s] Kleid?	(der Mann) mit de[m] Hut
Das ist ein schöne[r] Ring.	Ich habe ein neue[s] Kleid.	(ein Mann) mit eine[m] alten Hut
De[r] schöne Ring ist teuer.	Ich trage da[s] neue Kleid oft.	(der Mann) mit de[m] alten Hut
Schöne[r] Ring gefunden.	Neue[s] Kleid – billig!	(Mann) mit alte[m] Hut

E 1 Complete con el adjetivo.

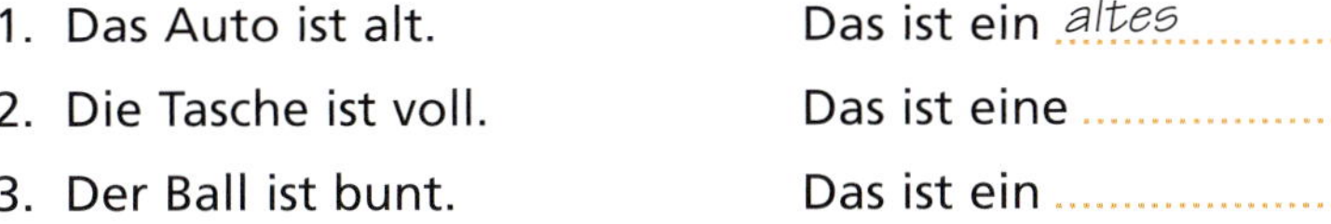

1. Das Auto ist alt. — Das ist ein *altes* Auto.
2. Die Tasche ist voll. — Das ist eine ………………… Tasche.
3. Der Ball ist bunt. — Das ist ein ………………… Ball.
4. Die Schuhe sind grau. — Das sind ………………… Schuhe.
5. Das Kind ist klein. — Das ist ein ………………… Kind.
6. Der Tisch ist rund. — Das ist ein ………………… Tisch.
7. Die Häuser sind neu. — Das sind ………………… Häuser.

E 2 ¿Qué pertenece a quién? Complete con las terminaciones de los adjetivos.

1. Welches Auto gehört Ihnen, das rot*e* oder das schwarz….. ?
2. Welcher Mantel gehört dir, der hell….. oder der dunkl….. ?
3. Welche Schuhe gehören Ihnen, die braun….. oder die schwarz….. ?
4. Welche Tasche gehört dir, die groß….. oder die klein….. ?
5. Welcher Rock gefällt dir besser, der lang….. oder der kurz….. ?

E 3a ¿Existe una marca de caso en el determinante? En caso afirmativo, márquela.
E 3b Complete con las terminaciones de los adjetivos.

1. Ich sehe einen groß*en* Baum.
2. Er steht auf einer grün………. Wiese.
3. Der Baum hat hellgrün………. Blätter.
4. Auf der Wiese gibt es bunt………. Blumen.
5. Auf der klein………. Wiese spielen Kinder.
6. Hinter der klein………. Wiese steht ein Haus.
7. Das Haus hat weiß………. Wände.
8. Und es hat ein rot………. Dach.
9. In diesem klein………. Haus wohnt Simon.
10. Simon ist ein alt………. Mann.

E 4 ¿Qué les gusta a las personas? Complete con los adjetivos correspondientes.

A2

1. Sibylle isst gern *frischen* Salat. (frisch)
2. Lutz trinkt gern ein ………………… Bier. (kühl)
3. Heiner mag gern ………………… Tee. (kalt)
4. Natasha genießt ………………… Desserts. (süß)
5. Aylin mag ………………… Zitronen. (sauer)
6. Kathrin isst oft ………………… Gemüse. (roh)

7 Adjetivos

A2 **E 5** Complete las frases.

1. kalt – heiß	„Warum trinkst du kalten Tee?" – „Heißer (Tee) schmeckt mit nicht."
2. sauer – süß	„Warum isst du .... Äpfel?" – „............... (Äpfel) schmecken mir nicht."
3. lang – kurz	„Warum trägst du .... Hosen?" – „............... (Hosen) mag ich nicht."
4. alt – neu	„Warum hast du ein .... Auto?" – „Ein .... (Auto) ist zu teuer."
5. klein – groß	„Warum nimmst du ein .... Hotel?" – „............... (Hotels) mag ich nicht."
6. dick – dünn	„Warum trägst du .... Socken?" – „............... (Socken) sind mir zu kalt."
7. weit – eng	„Warum trägst du .... Hosen?" – „............... (Hosen) stehen mir nicht."

B1 **E 6** Una historia de suspense. Complete con el adjetivo con o sin terminación.

Am Rand der kleinen (1) Stadt, da ist ein .... (2) Wald.	klein, dunkel
Und in dem .... (3) Wald steht ein .... (4) Haus.	dunkel, alt
Das Haus ist .... (5). Eine .... (6) Treppe	schief, steil
führt in den .... (7) Keller. Es riecht .... (8),	kalt, schrecklich
man hört .... (9) Geräusche. Aus einer .... (10) Tür	seltsam, offen
kommt .... (11) Licht. In diesem .... (12) Raum	schwach, klein
steht ein .... (13) Schrank. Eine .... (14) Stimme	groß, tief
ruft .... (15) aus dem .... (16) Schrank:	laut, schwarz
Rette mich, ich mache dich .... (17).	reich

B1 **E 7** Anuncios de periódico. Complete con las terminaciones del adjetivo.

Ruhig.e.... (1) 3-Zimmer-Wohnung in zentral...... (2) Lage, mit groß...... (3) Bad und klein...... (4) Küche, sonnig...... (5) Terrasse, in gut...... (6) Zustand, zu vermieten.

Klein...... (7) Haus mit groß...... (8) Garten in ruhig...... (9) Umgebung von jung...... (10) Ehepaar mit klein...... (11) Kind gesucht.

Groß...... (12) Zimmer mit klein...... (13) Balkon in WG mit nett......(14) Mitbewohnern, in alt...... (15) Haus im Zentrum zu vermieten.

7.3 La gradación de los adjetivos: El comparativo y el superlativo

Kommen Sie näher, meine Damen und Herren, meine Damen.
Hier gibt es das beste Messer, das Sie finden können.
Damit schneiden Sie leichter und bequemer als bisher.
Sie schneiden weiche Tomaten genauso gut wie harten Käse.
Ein besseres Messer werden Sie nirgends finden. Aber passen Sie auf, es ist das schärfste Messer, das Sie je in der Hand hatten.
Aber die größte Sensation ist der Preis!
29,99 € und das gute Stück gehört Ihnen.
Überall anders müssen Sie mehr bezahlen, aber nicht bei mir.
Am besten greifen Sie gleich zu.

T 1a Marque todos los adjetivos en el texto.

T 1b Complete el cuadro con los adjetivos del texto.

T 1c Marque las características del comparativo y del superlativo.

Forma base	Comparativo	Superlativo
Sie schneiden leicht und bequem.	Sie schneiden *leichter* und .... als bisher.	Damit schneiden Sie am leichtesten und am bequemsten.
Das *gute*............ Stück gehört Ihnen.	Ein .... Messer werden Sie nicht finden.	Hier gibt es das .... Messer, das Sie finden können.

R1 El adjetivo dispone de dos formas para la gradación: .... es la marca del comparativo, **-(e)st-** es la marca del **R1**

T 2 Adjetivos junto a verbos o delante de sustantivos: Marque las diferencias.

Haus B ist kleiner als Haus A.	Das Haus C ist am kleinsten.
Haus B ist das kleinere Haus.	Haus C ist das kleinste Haus.

R2 Cuando el adjetivo está junto a un .... el superlativo es **am** .... **-sten**. El adjetivo tiene una terminación de comparativo y superlativo cuando está delante de un sustantivo. **R2**

7 Adjetivos

T 3a Marque el comparativo y el superlativo en las oraciones.

T 3b Clasifique en la tabla los adjetivos marcados. Anote la forma base.

Das neue Restaurant ist teurer als das Gasthaus. Das war der schlechteste Urlaub seit Jahren! Der 21. Dezember ist der kürzeste Tag im Jahr. Das war die kälteste Nacht des Jahres. Jürgen war der intelligenteste Schüler in unserer Klasse. Simon ist älter als Lukas. Kommen Sie näher! Im Sommer sind die Nächte dunkler als im Winter!

klein	kleiner	am kleinsten		
leicht	leichter	am leichtesten	**-est** nach -d, -t, -s, -sch, -z	*schlecht*
sauer	saurer	am sauersten	-er, el	*teuer*
con cambio vocálico: a, o, u → ä, ö, ü (en la mayoría de los adjetivos monosílabos)				
lang	länger	am längsten		
hart	härter	am härtesten	**-est** nach -d, -t, -s, -sch, -z	*alt*
hoch	höher	am höchsten		
groß	größer	am größten		

Comparación irregular

gut	besser	am besten
viel	mehr	am meisten
gern	lieber	am liebsten

Das ist der **späteste** Zug – der letzte Zug
Peter kam **am spätesten** – **zuletzt / als Letzter**.

T 4 ¿Qué se expresa en las comparaciones? Marque.

Haus A	ist	genauso groß	wie Haus B.
Haus A und B	sind	nicht so groß	wie Haus C.
Haus C	ist	größer	als Haus A und B

R3 Una comparación con "genauso" o "so" + forma base continúa con "....................".
Una comparación con comparativo continua con " ....". **R3**

En oraciones comparativas se utilizan "noch" y "viel" con frecuencia antes del comparativo:
Berlin ist groß, aber London ist **noch** größer. Der Zug ist schnell, aber das Flugzeug ist **viel** schneller.

⇨ 13.2.1.6 Oraciones subordinadas con "je ... desto" (comparativo), p. 23

Adjetivos

E 1 Escriba los comparativos y los superlativos.

A2

1. alt älter am ältesten
2. reich ....
3. scharf ....
4. teuer ....
5. lustig ....
6. leise ....
7. nah ....
8. jung ....
9. heiß ....
10. klug ....

E 2 Oraciones comparativas con comparativo. Complete.

A2

1. schnell Mit dem Zug bist du schneller als mit dem Auto.
2. warm In Spanien ist es heute .... in Italien.
3. dunkel Im Sommer sind die Nächte .... im Winter.
4. schön Ich arbeite gern, aber Urlaub ist einfach .... Arbeit.
5. hoch Der Mont Blanc ist um 330 Meter .... das Matterhorn.
6. lang Die Donau ist um die Hälfte .... als der Rhein.

E 3 Oraciones comparativas: Complete las frases con "so … wie" o comparativo + "als".

A2

1. Peter ist sechs Jahre alt, Ivo auch. Peter ist so alt wie Ivo.
2. Eva ist acht Jahre alt, Peter ist sechs. Eva ist .... Peter.
3. Rotwein schmeckt mir gut, Bier nicht so. Rotwein schmeckt mir .... Bier.
4. Jazz finde ich schön, Rockmusik auch. Jazz finde ich .... Rockmusik.
5. Das Motorrad fährt schnell, das Auto nicht. Das Motorrad fährt .... das Auto.
6. Fisch kostet viel, Kartoffeln kosten wenig. Fisch kostet .... Kartoffeln.

E 4 Escriba exhortaciones con comparativo.

B1

fruh • geduldig • langsam • ~~laut~~ • schnell • viel

1. Sie sprechen so leise. Sprechen Sie bitte ein bisschen lauter.
2. Du arbeitest so langsam. Arbeite doch ....
3. Du bist immer so ungeduldig. ....
4. Ihr helft mir viel zu wenig. ....
5. Du gehst zu spät schlafen. ....
6. Du fährst sehr schnell. ....

B1 E 5 Complete con los superlativos.

1. alt	der *älteste*	Mann der Welt		6. gut	die *besten*	Äpfel im Laden
2. teuer	das	Hotel der Stadt		7. nah	die	Verwandten
3. lustig	der	Film im Kino		8. kurz	die	Tage des Jahres
4. heiß	der	Tag des Monats		9. härt	die	Steine
5. kalt	der	Ort in Bayern		10. hoch	die	Berge der Alpen

B1 E 6 Preguntas con superlativo: Escriba.

1. gut spielen – welcher Fußballer — *Welcher Fußballer spielt am besten?*
2. lang schlafen – welches Tier — ....
3. schnell laufen – welche Sportlerin — ....
4. laut klingen – welches Instrument — ....
5. hart sein – welches Material — ....
6. scharf schmecken – welche Speise — ....

B1 E 7 Compare: Comparativo y superlativo.

	3.	2.	1.
1. schnell	die Maus	der Hund	der Gepard
2. hoch	das Haus	die Kirche	der Turm
3. groß	der Hund	das Pferd	der Elefant
4. gut	Arbeit	Freizeit	Urlaub

1. *Der Hund ist schneller als die Maus.*
Der Gepard ist am schnellsten.

7.4 Participios como adjetivos

T 1a ¿En qué palabras se encuentran los siguientes verbos: "bestellen", "blühen", "decken", "singen"? Márquelas.

Frau Bahr genießt den schönen Tag und ist glücklich. Vor dem Fenster steht ein blühender Baum, auf dem singende Vögel sitzen.

Herr Bahr sitzt am gedeckten Tisch und ärgert sich. Das bestellte Essen ist noch immer nicht da. Er ruft den Chef!

T 1b Anote la forma forma base de los participios marcados.

ein blühender Baum	*blühend*	am gedeckten Tisch	*gedeckt*
singende Vögel	....	das bestellte Essen	....

R 1 El participio I se forma con el infinitivo + terminación .... El **participio I** y el **participio II** se pueden usar como .... **R 1**

T 2 Participio I: ¿Qué significado es correcto? Marque con una cruz.

1. ein blühender Baum — a ein Baum, der gerade blüht — b ein Baum, der geblüht hat
2. singende Vögel — a Vögel, die gesungen haben — b Vögel, die jetzt singen

R 2 El participio I describe algo que está ocurriendo paralelamente. **R 2**

Algunos participios I se pueden usar también con "sein" u otro verbo. En este caso **no tiene terminación**: Das Buch ist sehr **spannend**. Das Kind hat mich **lächelnd** angesehen.

T 3 Participio II: ¿Qué significado es correcto? Marque con una cruz.

1. der gedeckte Tisch — a jemand deckt den Tisch — b der Tisch ist gedeckt worden
2. das bestellte Essen — a jemand hat das Essen bestellt — b jemand bestellt gerade Essen

R 3 El participio II indica que algo ya ha sucedido. Como adjetivo tiene frecuentemente un significado de pasiva. **R 3**

El participio II se pueden usar también con "sein" u otros verbo. En este caso **no tiene terminación**: Der Tisch ist schön **gedeckt**. Sie hat **gequält** gelächelt.

⇨ 2.2.2 El pretérito perfecto, p. 23

7 Adjetivos

B1 **E 1** Complete con el participio correspondiente. Fíjese en la terminación.

blühend	spielend	lachend	~~passend~~	schmeckend

1. Die Hose passt genau. Jetzt brauche ich nur noch eine *passende* .... Jacke dazu.
2. In diesem Garten gibt es den ganzen Sommer .... Rosen.
3. Das war ein tolles Fest! Sehen Sie nur die .... Gesichter der Kinder!
4. Ich habe selten so gut .... Fisch gegessen.
5. Im Zoo haben mir die .... Affenkinder am besten gefallen.

B1 **E 2** ¿Qué significa esto? Utilice el participio I.

1. Wasser, das kocht — *kochendes Wasser* ....
2. ein Kind, das schläft — ein ....
3. Hunde, die spielen — ....
4. ein Mann, der lacht — ein ....
5. Leute, die meckern — ....
6. Fische, die fliegen — ....

B1 **E 3** ¿Qué hay que saber en los parques naturales? Use el participio II como adjetivo.

1. Parken Sie nur auf den *gekennzeichneten* .... Flächen (, die gekennzeichnet sind).
2. Bitte bleiben Sie auf den .... Wegen (, die markiert sind).
3. Betreten Sie keine .... Gebiete (, die gesperrt sind).
4. Pflücken Sie keine .... Pflanzen (, die geschützt sind).
5. Lassen Sie keine .... Sachen (, die Sie mitgebracht haben,) liegen.

B1 **E 4** Una cena romántica: Utilice el participio I o II.

Das war ein romantisches Abendessen. Auf dem schön *gedeckten* .... (decken; 1) Tisch standen wunderbare Blumen und eine .... (brennen; 2) Kerze. Nach fein .... (schneiden; 3) Schinken mit Melone wurde die lecker .... (aussehen; 4) Hauptspeise serviert. Es gab .... (grillen; 5) Hähnchen mit Gemüse. Und dann kam die Nachspeise. Es gab frischen Apfelstrudel mit .... (dampfen; 6) Vanillesauce.

7.5 Adjetivos y participios como sustantivos

- Hast du schon das Neueste gehört? Der Dumme da drüben wird der neue Vorsitzende des Fußballclubs.
- Oje, das auch noch. Warum haben die keinen Besseren gefunden?
- Ein Kluger will doch den Job gar nicht haben.

T 1 ¿Qué forma de las palabras "dumm", "gut", "neu", "klug", "vorsitzen" encuentra en el texto? Márquela.

R 1 Los adjetivos y participios también se pueden utilizar como sustantivos. En este caso se escriben con .... R 1

T 2 Compare las terminaciones.

Adjetivo delante del sustantivo	Adjetivo como sustantivo
Das ist mein deutscher Freund Richard.	Richard ist Deutscher.
Die ankommenden Passagiere bitte zur Info kommen.	Die Ankommenden bitte zur Info.
Im Verein gibt es viele verletzte Spieler.	Wir haben im Moment viele Verletzte.

R 2 Los adjetivos y participios como sustantivos tienen las .... terminaciones que los adjetivos delante del sustantivo. R 2

T 3 Señale la marca de caso.

	masculino	femenino	plural
Nominativo	der Bekannte ein Bekannter	die Bekannte eine Bekannte	die Bekannten ☐ Bekannte
Acusativo	den Bekannten einen Bekannten		
Dativo	dem Bekannten einem Bekannten	der Bekannten einer Bekannten	den Bekannten ☐ Bekannten
Genitivo	des Bekannten eines Bekannten		der Bekannten ☐ Bekannter

También se pueden formar sustantivos neutros. Habitualmente se usan en singular:
Was gibt es **Neues?** Hast du schon **das Neueste** gehört?

7 Adjetivos

B1 E 1 Adjetivo como sustantivo: Complete con la forma correspondiente.

1. der/die Deutsche — Frau Elsahavy ist *Deutsche* .... Sie lebt in Köln.
2. der/die Kranke — Meistens freuen sich .... über Besuch.
3. der/die Bekannte — Helmut besucht einen guten .... in Sofia.
4. der/die Verwandte — Weißt du nicht, Hans ist ein .... von Angelika.
5. der/die Schuldige — Nach dem Unfall sucht die Polizei den ....

B1 E 2 Complete con los adjetivos en la forma correspondiente.

~~angestellt~~ • arbeitslos • minderjährig • reich • verwandt

1. Wer in einer Firma eine Stelle hat, ist ein *Angestellter* ....
2. Der Eintritt für .... (Personen unter 18 Jahren) ist verboten.
3. Leute, die sehr viel Geld verdienen oder haben, nennt man ....
4. Viele verlieren den Job. Die Statistik zeigt, dass es immer mehr .... gibt.
5. Dagmar wohnt in den USA. Sie sieht ihre .... in Europa nur selten.

B1 E 3 Utilice el adjetivo en superlativo.

1. gut — Sie bleiben ein paar Tage im Bett. Das ist das *Beste* ....
2. groß — Peter, hilf mir mal! Du bist der ....
3. einfach — Wir rufen schnell den Pizza-Service. Das ist das ....
4. schlimm — Bei dem Unwetter ist mein Auto kaputtgegangen. Das ist das ....
5. nett — Das freut mich riesig. Du bist die .... von allen.

B1 E 4 Complete con los participios como sustantivos.

~~anwesend~~ • betrunken • reisend • verletzt • verliebt

1. Der Moderator begrüßt die *Anwesenden* .... und stellt das Programm vor.
2. Nach dem Unfall kümmert sich der Notarzt um die ....
3. Immer wieder passieren Autounfälle, an denen .... schuld sind.
4. Achtung, Achtung, ... nach Berlin: Der Zug fährt heute auf Gleis 17 ab.
5. Eine romantisch Reise nach Venedig ist der Traum von vielen ....

7.6 Adjetivo + complemento con preposición

Sport ist gut für die Gesundheit.
Elfi ist gespannt auf die Reise.
Max ist froh über die Ferien.

Sujeto		**Preposición + Acusativo**
Sport	ist gut	für die Gesundheit.

Marisa ist fertig mit der Arbeit.
Das freut mich, das ist lieb von dir.
Metin ist sehr nett zu seiner Schwester.

Sujeto		**Preposición + Dativo**
Marisa	ist fertig	mit der Arbeit.

Algunos adjetivos pueden acompañarse de complementos con diferentes preposiciones:
Sport ist **gut für** die Gesundheit. Heißer Tee ist **gut gegen** Erkältungen.
Dein Anruf freut mich, das ist **nett von** dir. Du bist immer so **nett zu** mir.

E 1 ¿Qué corresponde? Relacione.

B1

1. Der Vater ist stolz ...C...
2. Elena ist gespannt ......
3. Fremdsprachen sind nützlich ......
4. Eva musste warten, sie war wütend ......
5. Die Fans waren sehr traurig ......
6. Der Chef brüllt, das ist ganz typisch ......

A für meinen Beruf: Ich reise sehr viel.
B über die Niederlage ihrer Mannschaft.
C auf seinen Sohn.
D für ihn, wenn er schlechte Laune hat.
E über die Verspätung ihres Zuges.
F auf den neuen Film „München".

E 2 "an", "mit", "von" o "zu": Complete con la preposición correspondiente.

B1

1. Claudia ist gut befreundet ...mit... Agnes.
2. Max liest die Zeitung und sieht Nachrichten. Er ist sehr .... Politik interessiert.
3. „Danke für deinen Besuch. Das ist sehr lieb .... dir."
4. Lena macht die Arbeit keinen Spaß, der Chef ist nie zufrieden .... (7) ihr.
5. Die neue Chefin ist prima. Sie ist immer nett .... (5) uns, auch wenn sie gestresst ist.
6. Ich bin einverstanden .... (2) dem, was du da vorhast.

E 3 Preposición con artículo o pronombre. Complete las frases.

B1

1. Der Typ da nervt mich immer, ich bin so wütend ...auf ihn... .
2. Wann sehe ich deine neue Freundin? Ich bin sehr neugierig ....
3. Abdu ist so glücklich .... neue Stelle. Er hat so lange Arbeit gesucht.
4. Serpil hat so viel gelernt. Das muss genug sein .... Prüfung.
5. Endlich Wochenende! Cornelia ist sehr froh .... freien Tage.

7.7 Qué podemos hacer con los adjetivos

Describir características	Das Haus ist **rot**. Das **rote** Haus steht auf dem Hügel. Siehst du das Haus **mit dunklen Fenstern**? ⇨ 7.1 Adjetivos junto a verbos, p. 112 7.2 Adjetivos delante de un sustantivo, p. 114
Describir acontecimientos más específicamente	Das Auto fährt **schnell**. Das Auto fährt **mit hoher Geschwindigkeit**. ⇨ 7.1 Adjetivos junto a verbos, p. 112
Expresar comparaciones	Der neue Computer ist **schneller als** der alte. Der alte Computer ist nicht **so schnell wie** der neue. Dieses Lied gefällt mir **am besten**. Die Donau ist **der längste** Fluss in Europa. **Je schneller** ein Auto fährt, **desto mehr** Benzin braucht es. ⇨ 7.3 La gradación de los adjetivos, p. 119
Nombrar personas o algo abstracto	Joe ist **Selbstständiger**, er hat eine kleine Firma. In dem Geschäft habe ich etwas sehr **Schönes** gesehen. Hast du schon das **Neueste** gehört? Harald Schmidt ist einfach der **Beste** von allen. ⇨ 7.5 Adjetivos y participios como sustantivos, p. 125

A2

E 1 "Was war denn Besonderes im Koffer?" Describa el contenido. Complete las frases.

1 Pullover rot, 1 Pullover grau
1 Hose – Loch, groß
1 Gürtel – Leder, rot
3 T-Shirts – weiß
1 Tüte mit Wäsche – schmutzig
Fotos – im Urlaub gemacht

1. Im Koffer sind *ein roter und ein grauer Pullover* .
2. Ich habe auch eine Hose, die .... hat.
3. Und da ist ein Gürtel aus ....
4. Ich hatte auch .... im Koffer.
5. Außerdem eine Tüte mit Wäsche. Die Wäsche ist ....
6. Und da sind .... Fotos drin.

E 2 "¿Qué ocurre aquí?" Complete con los adjetivos en la forma adecuada.

A2

Die beiden Mädchen rennen sehr schnell (1; schnell) durch das .... (2; groß) Zimmer. Die .... (3; klein) Sophie ist .... (4; langsam) als Laura, ihre .... (5; groß) Schwester. Sophie ist zwar .... (6; klein), dafür kann sie .... (7; laut) schreien als ihre Schwester. Heute kocht Maxi. Er steht schon .... (8; lange) am Herd, aber das Essen ist immer noch nicht .... (9; fertig). Sophie und Laura haben schon .... (10; groß) Hunger.

E 3 Complete las comparaciones con las palabras correspondientes.

B1

1. Fahr mit dem Zug, das ist bequemer als mit dem Auto.
2. In Berlin ist das Wetter heute nicht .... schön .... in München.
3. Enzo liebt Filme, aber „La Strada" hat ihm .... besten gefallen.
4. Das war .... langweiligste Buch, das Manuela je gelesen hatte.
5. In Berlin leben mehr Leute .... in München.
6. Max ist nicht .... groß .... sein Freund Jonas.

E 4 Charlas en una fiesta. Complete con los adjetivos en la forma adecuada.

B1

- ○ Kennst du den Kleinen (1; klein), der mit Christa spricht?
- ● Ich glaube, das ist ein .... (2; alt) Freund von ihr.
- ○ Und wer ist der .... (3; grauhaarig) mit dem .... (4; hell) Sakko?
- ● Das ist mein .... (5; neu) Chef! Er ist recht .... (6; nett).
- ○ Und wer ist die .... (7; groß) neben ihm, mit dem .... (8; rot) Rock?
- ● Das ist eine .... (9; verwandt) von ihm, die jetzt auch bei uns arbeitet.
- ○ Was gibt es sonst noch .... (10; neu) in der Firma?
- ● Nichts .... (11; wichtig). Oder doch, wir arbeiten jetzt .... (12; lange) als früher.

8 Preposiciones

- Wo wohnst du?
- **In** der Mehringstraße. Und du?
- Ich wohne **bei** der Universität, **in** der Tucholskystraße. Wohnst du allein?
- Nein, ich wohne **mit** meiner Freundin zusammen. Wir haben eine schöne alte Wohnung gefunden. Kommst du mal **zu** uns?
- Ja gern. Wie komme ich **zu** euch?
- Du fährst einfach **mit** dem Bus Nr. 4, und **an** der Haltestelle Ossietzkystraße steigst du aus. Da gibt es das Cafe „Soyfer". Ich wohne **hinter** dem Café, **in** der zweiten Etage. Du musst einfach **durch** den Hof gehen. Der Eingang ist **auf** der linken Seite.

R Las preposiciones están .... de un sustantivo (con o sin determinante) o .... de un pronombre. El determinante o el pronombre indican un caso. **R**

Las preposiciones rigen el caso que sigue.

con dativo **o** acusativo	con dativo	con acusativo	con genitivo
in, auf, an, über, unter, neben, zwischen, vor, hinter	aus, von, nach, zu, bei, mit, seit	durch, für, gegen, bis, um, ohne	wegen, trotz, während, statt, innerhalb, außerhalb

Kevin wohnt im Zentrum, beim Stephansplatz. Er geht zu Fuß zur Arbeit, vom Stephansplatz bis zum Büro braucht er nur 5 Minuten.

Ursula lebt am Stadtrand. Sie fährt mit dem Bus ins Zentrum. Heute muss sie aufs Arbeitsamt.

T Las siguientes preposiciones se pueden contraer con el artículo: Complete con la ayuda de los textos.

Dativo				Acusativo	
an dem	⇨ *am*			an das	⇨ ans
in dem	⇨			in das	⇨ ....
bei dem	⇨			auf das	⇨ ....
von dem	⇨			durch das	⇨ durchs
zu dem	⇨	zu der	⇨	für das	⇨ fürs

Preposiciones 8

Eva geht **zum** Arzt. – Eva geht zu **dem** Arzt, bei dem ihre Freundin arbeitet.
La segunda frase se refiere a un médico concreto, por lo tanto el artículo está acentuado y no se contrae con la preposición.
Las formas "aufs", "durchs", "fürs" normalmente sólo se usan en la lengua hablada.

E 1a ¿Dónde se esconden las preposiciones? Márquelas.

E 1b Marque el fin de las oraciones.

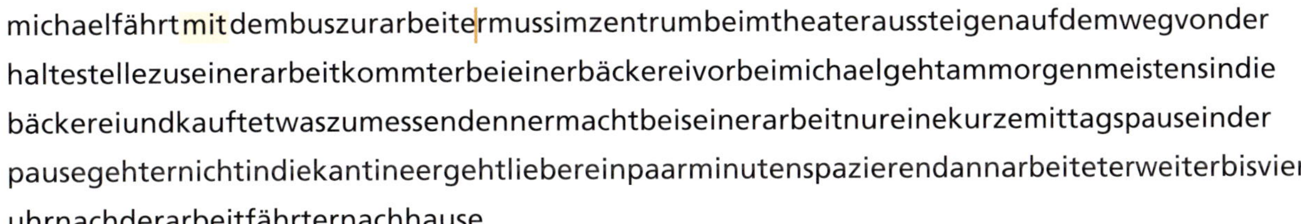

michaelfährtmitdembuszurarbeitermussimzentrumbeimtheateraussteigenaufdemwegvonder
haltestellezuseinerarbeitkommterbeieinerbäckereivorbeimichaelgehtammorgenmeistensindie
bäckereiundkauftetwaszumessendennermachtbeiseinerarbeitnureinekurzemittagspauseinder
pausegehternichtindiekantineergehtliebereinpaarminutenspazierendannarbeiteterweiterbisvier
uhrnachderarbeitfährternachhause

E 2 Anote la contracción de artículo y preposición correspondiente.

1. Ich wohne (bei dem) beim .... Stadtpark.
2. Silvia fährt (zu der) .... Arbeit.
3. Eva geht (zu dem) .... Arzt.
4. Der Brief ist (von dem) .... Vater.
5. (An dem) .... Abend kommt Besuch.
6. Max geht (an das) .... Telefon.
7. Die Post liegt (in dem) .... Zentrum.
8. Ines geht (in das) .... Theater.
9. Max geht (auf das) .... Gymnasium.

8 Preposiciones

8.1 Preposiciones con dativo o acusativo ("Wechselpräpositionen")

Du musst deinen Schlüssel finden!
Such ihn überall! Wo kann er sein?

1. Ist er auf dem Schreibtisch?
2. Liegt er in der Schublade?
3. Hängt er vielleicht an der Wand!
4 Steckt er zwischen den Büchern?
5. Liegt er neben den CDs?
6. Such unter dem Bett!
7. Hängt er nicht über dem Computer?
8. Hast du vor der Tür geschaut?
9. Liegt er vielleicht hinter dem Regal?

T 1a ¿Dónde hay que buscar? Relacione los dibujos.

T 1b Marque la preposición y el determinante. ¿Qué caso aparece después de la preposición?

R1 Las preposiciones "in", "an", "auf", "neben", "zwischen", "über", "unter", "vor", "hinter" rigen .... ● cuando contestan a la pregunta "Wo?". **R1**

T 2 Complete los verbos.

Wo ist das?
Diese Verben geben an, **wo** etwas ist:
sein
liegen, sitzen, stehen,
hängen
stecken
bleiben

1. Der Pass i.............. in der Schublade.
2. Das Buch l.............. unter dem Tisch.
3. Die Lampe st.............. auf dem Boden.
4. Das Bild h.............. an der Wand.
5. Das Kind s.............. auf dem Sofa.
6. Der Pass st.............. zwischen den Büchern.
7. Martina b.............. in der Schule.

"Hängen" y "stecken" pueden contestar tanto a la pregunta "Wo?" como a "Wohin?"
Wo hängt der Schlüssel? – **Wohin hängst du** den Schlüssel?
Wo steckt der Pass? – **Wohin steckst du** den Pass?

T 3a ¿Dónde hay que poner las cosas? Relacione los dibujos.

T 3b Marque la preposición y el determinante. ¿Qué caso figura despúes de la preposición?

Papa und Mama kommen! Wir müssen aufräumen. Schnell!

1. Leg die Kamera auf den Schrank!
2. Wirf die Zigaretten in den Müll!
3. Häng die Jacke an die Garderobe!
4 Steck die CDs zwischen die Bücher!
5. Leg die Zeitung neben den Fernseher!
6. Schieb die Kiste unter das Bett!
7. Häng das Bild über den Fernseher!
8. Der Hund muss wieder vor die Tür!
9. Stell das Fahrrad hinter die Tür!

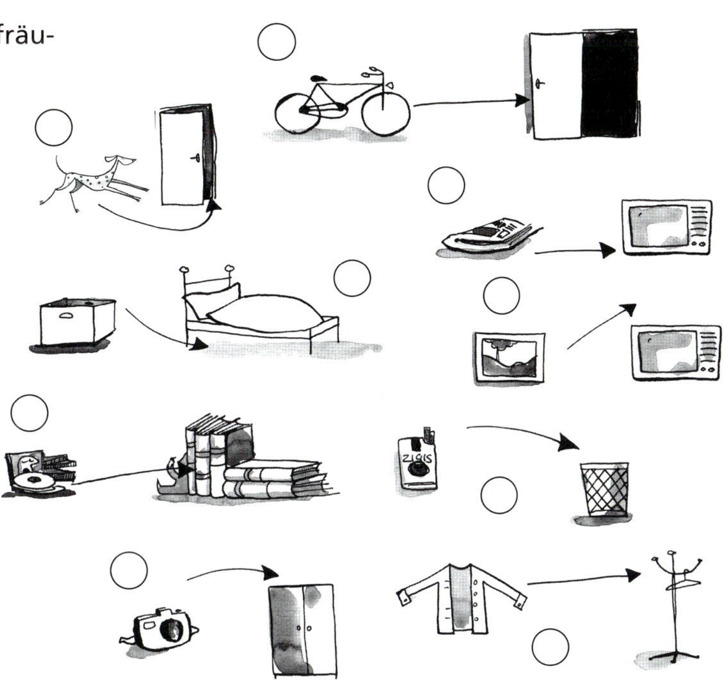

R2 Las preposiciones "in", "an", "auf", "neben", "zwischen", "über", "unter", "vor", "hinter" rigen .... → cuando contestan a la pregunta "Wohin?". R2

T 4 Complete con los Verbos.

Wohin?
(sich) legen
(sich) setzen
(sich) stellen
hängen
stecken

1. Die Katze l............. sich auf den Teppich.
2. S............. Sie sich doch auf den Stuhl, bitte.
3. Eva st............. die Blumen auf den Tisch.
4. Elia h............. die Jacke an die Garderobe.
5. Andrea st............. Kaugummis in den Mund.

Los verbos "hängen" y "stecken" también se pueden usar si la pregunta es "Wo?"

8 Preposiciones

A2 **E 1a** "Wo?" o "Wohin? Anote el pronombre interrogativo correspondiente.
E 1b Caso del determinante: Marque (acusativo) o subraye (dativo).

1. Simon geht in die Schule. *Wohin?*
2. Er sitzt neben seinem Freund Mustafa. *Wo?*
3. Sie sitzen in der ersten Reihe. ....
4. Die Lehrerin kommt in die Klasse. ....
5. Ina setzt sich auf ihren Platz. ....
6. Die Lehrerin steht vor der Tafel. ....
7. Sie stellt ihre Tasche auf den Boden. ....
8. An der Wand hängen Bilder. ....
9. Vor dem Fenster stehen ein paar Bäume. ....

A2 **E 2** Una cena con los invitados. ¿Qué corresponde? Anote.

1. Ich hänge Ihren Mantel *E*
2. Gehen Sie bitte weiter ....
3. Setzen Sie sich doch bitte ....
4. Nehmen Sie sich, Getränke stehen ....
5. Mein Freund kocht, er ist ....
6. Das Essen ist fertig, wir setzen uns ....

A auf dem Tisch.
B in der Küche.
C an den Tisch.
D auf das Sofa.
E an die Garderobe.
F ins Wohnzimmer.

A2 **E 3** Complete con las preposiciones correspondientes.

an • auf • auf • hinter • ~~in~~ • neben
über • unter • vor • zwischen

In .... (1) der Ecke steht ein Tisch. .... (2) dem Tisch hängt ein Spiegel. Rechts .... (3) dem Tisch steht ein Stuhl. .... (4) dem Tisch liegt ein Hund, ... (5) dem Stuhl sitzt eine Katze. Links vom Tisch hängt ein Mantel .... (6) der Wand. .... dem (7) Tisch steht links ein Drucker, rechts liegen Bücher. .... (8) den Büchern und dem Drucker steht ein Computer. .... (9) dem Computer sieht man ein Regal. .... (10) dem Tisch liegt ein Teppich auf dem Boden.

E 4 ¿Dónde es esto? Complete las frases.

A2

1. Große, bunte Häuser stehen *an einem Fluss* .... (an / ein Fluss).
2. .... und .... (zwischen / der Fluss – die Häuser) gibt es Bäume.
3. Man kann .... (hinter / Bäume) hohe Berge sehen.
4. Oben .... (auf / Berge) gibt es Schnee, alles ist weiß.
5. .... (vor / Häuser) ist eine Straße.
6. .... (auf / die Straße) parken viele Autos.
7. Das Haus links ist am größten. .... (an / die Wand) sieht man ein Bild.

E 5 ¿Dónde hay que poner estas cosas? Complete con la preposición y el determinante en la forma adecuada.

A2

1. Das Bett stellen wir *vor das* .... (das) Fenster.
2. Das Nachkästchen kommt rechts .... (das) Bett.
3. Den Teppich legen wir .... (die) Mitte.
4. Die Kommode stellen wir links .... (die) Wand.
5. Die Lampe stellen wir .... (das) Nachtkästchen.
6. Das Bild hängen wir .... (die) Lampe.

E 6 "Wo?" o "Wohin?". Complete con el determinante en la forma correspondiente.

A2

1. Anna lebt auf *einem* .... (ein) Bauernhof.
2. Der Bauernhof liegt in .... (ein) Dorf.
3. Ihre Kinder gehen in .... (die) Schule.
4. Sie fahren am Morgen in .... (die) Stadt.
5. Vor .... (das) Haus steht eine Bank.
6. Unter .... (die) Bank schläft der Hund.
7. Die Oma setzt sich auf .... (die) Bank.
8. Neben .... (das) Haus steht ein Baum.

E 7 Escriba oraciones.

A2

1. Eva / die CD / auf / der Tisch / legen — *Eva legt die CD auf den Tisch.*
2. ein Auto / vor / die Tür / stehen ....
3. Ali / auf / das Land / ziehen ....
4. die Kinder / in / das Haus / spielen ....
5. die Katze / auf / das Sofa / liegen ....
6. Arno / die Ski / in / der Keller / stellen ....
7. Lena / an / der Hauptplatz / aussteigen ....

8.2 Preposiciones con dativo

T 1a ¿Qué significan los ejemplos? A veces hay varias posibilidades. Marque con una cruz.
T 1b Marque el determinante, el pronombre o la terminación del adjetivo.

		"Lugar"	"Tiempo"	otros
ab	Achtung Autofahrer! **Ab** der Rheinbrücke gibt es Stau.	X		
	Ab nächster Woche habe ich Urlaub.		X	
aus	Anna kommt **aus** Österreich, ihr Mann **aus** der Schweiz.	X		
	Helen kommt gerade **aus** der Küche.	X		
	Die Möbel sind **aus** hellem Holz.			
außer	Niemand hat mich am Wochenende angerufen **außer** dir.			
bei	Elisabeth bleibt noch zwei Tage **bei** ihrer Schwester.			
	Jussuf hört **bei** der Arbeit immer Musik.			
	Bei schönem Wetter sitzt die Oma immer vor dem Haus.			
mit	Stefan fährt **mit** seiner Frau nach Venedig.			
	Carola fährt immer **mit** dem Fahrrad zur Arbeit.			
nach	Henry geht **nach** der Arbeit ins Fitnessstudio.			
	Die Arbeit läuft genau **nach** dem Plan des Chefs.			
	Maurice fährt im Sommer **nach** Schweden.			
seit	Serpil lebt **seit** 18 Jahren in Berlin.			
von	Das ist ein alter Wein **von** 1994!			
	Der Zug **von** München nach Berlin hat Verspätung.			
	Ein Freund **von** mir lebt in Kanada.			
zu	Ich muss noch schnell **zur** Post gehen.			
	Wir fahren am Wochenende **zu** unseren Freunden.			
	Ich wünsche dir alles Gute **zum** Geburtstag.			

R Las preposiciones "ab", "aus", "außer", "bei", "mit", "nach", "seit", "von", "zu" rigen siempre .... **R**

Indicación del destino: "Wohin?"

Nombres de lugares sin artículo: "nach"
Max fährt **nach** Österreich.
Metin reist **nach** Deutschland.
Das Schiff fährt **nach** Hamburg.

Nombres de lugares con artículo: "in" + ac.
Sandra fährt **in die** Schweiz.
Metin reist **in die** Bundesrepublik Deutschland.
Das Schiff fährt **in die** Hafenstadt Hamburg.

Preposiciones

E 1 ¿Qué preposición concuerda? Escriba.

A2

ab • bei • mit • nach • seit • von • ~~zu~~

Markus fährt am Wochenende *zu* (1) seiner Freundin Ulla. Sie holt ihn .... (2) der Haltestelle ab. Sie haben sich .... (3) einer Woche nicht mehr gesehen. Ulla geht .... (4) Markus in ein Café. Sie unterhalten sich. .... (5) einer Stunde gehen sie nach Hause. Markus bleibt zwei Tage .... (6) Ulla. .... (7) Montag muss er wieder arbeiten.

E 2 Conteste. ¿Qué preposición corresponde? Anote.

- ● Frau Graf, woher kommen Sie?
- ❍ *Aus* (1) der Schweiz, ... (2) Basel.
- ● Was machen Sie beruflich?
- ❍ Ich arbeite .... (3) Novartis, einer Chemiefirma.
- ● Wie lange sind Sie bei Novarits?
- ❍ Schon lange! Ich bin .... (4) 1996 .... (5) dieser Firma.
- ● Was sind Ihre Hobbys?
- ❍ .... (6) der Arbeit bin ich am liebsten faul. Oder ich gehe .... (7) meinem Hund spazieren.
- ● Was machen Sie am Sonntag?
- ❍ Da fahre ich .... (8) Freunden .... (9) Frankreich. Es sind ja nur 10 km bis .... (10) Grenze.

E 3 ¿Qué preposición es adecuada? Márquela con una cruz.

1. Maia kommt um 16 Uhr ☐ ab ☐ seit ☒ von der Arbeit nach Hause.
2. Christian geht ☐ mit ☐ bei ☐ nach seinem Hund spazieren.
3. Lore kommt gerade ☐ von ☐ aus ☐ außer ihren Eltern, sie hat einen Besuch gemacht.
4. Die Kinder gehen stundenlang nicht ☐ von ☐ aus ☐ ab dem Wasser, sie schwimmen so gern.
5 Der Zug ☐ bei ☐ zu ☐ aus Paris hat heute Verspätung.
6. Frau Ostermann kommt ☐ ab ☐ bei ☐ aus der Stadt, sie hat eingekauft.

E 4 Indicar el camino: Preposiciones con dativo y preposiciones con dativo o acusativo. Escriba indicaciones.

1. mit / die U-Bahn / zu / der Karlsplatz / fahren
2. dort / in / die Linie 4 / umsteigen
3. an / die Friedensbrücke / aussteigen
4. dann / über / die Brücke / gehen
5. nach / die Brücke / rechts / gehen
6. bei / die Ampel / über / die Straße / gehen
7. in / der vierten Stock / gehen
8. an / die Tür / läuten

1. Fahr mit der U-Bahn zum Karlsplatz!

A1 8.3 Preposiciones con acusativo

T 1a ¿Qué significan los ejemplos? A veces hay varias posibilidades. Marque con una cruz.

T 1b Marque el determinante o el pronombre después de la preposición.

		"Lugar"	"Tiempo"	otros
bis	Der Zug fährt **bis** Hamburg.	×		
	Tschüs, **bis** Sonntag!		×	
durch	Peter geht **durch** die Tür.			
	Ich gehe jeden Morgen **durch** den Stadtpark.			
	Die Häuser wurden **durch** das Feuer zerstört.			
für	„Wer bekommt das Schnitzel?" – „Das ist **für** mich."			
	Elia macht **für** drei Wochen einen Sprachkurs.			
	Viel frische Luft ist gut **für** dich.			
	Ich bin **für** den Vorschlag, der gefällt mir.			
gegen	Das Auto fährt **gegen** den Baum.			
	Ich bin **gegen** diese Politik.			
	Kommen Sie morgen **gegen** 10 Uhr.			
ohne	Peter kann **ohne** Brille nicht gut sehen.			
um	Das Auto fährt sehr schnell **um** die Kurve.			
	Wenn es kalt ist, sitzen wir **um** den Ofen.			
	Der Zug fährt **um** 8.25 Uhr.			
	Haare schneiden kostet **um** die 20 Euro.			

R Las preposiciones "bis", "durch", "für", "gegen", "ohne" rigen siempre .... **R**

"bis" sólo se usa sin determinante. Con determinante se utiliza "bis zu":
Der Zug fährt **bis** Hamburg. – Der Zug fährt **bis zum** Bahnhof Hamburg Altona.
Tschüs, **bis** Sonntag! – Tschüs, **bis zum** Wochenende.

"um" + hora es una indicacion exacta, "um" + número o complemento temporal es aproximado.
Der Zug fährt um 8.25 Uhr.
Das Haus wurde um 1950 gebaut. (= unos años antes o más tarde)
Haare schneiden kostet um die 20 Euro. (= unos euros más o menos)

Preposiciones 8

E 1 ¿Qué preposición corresponde? Complete.

A2

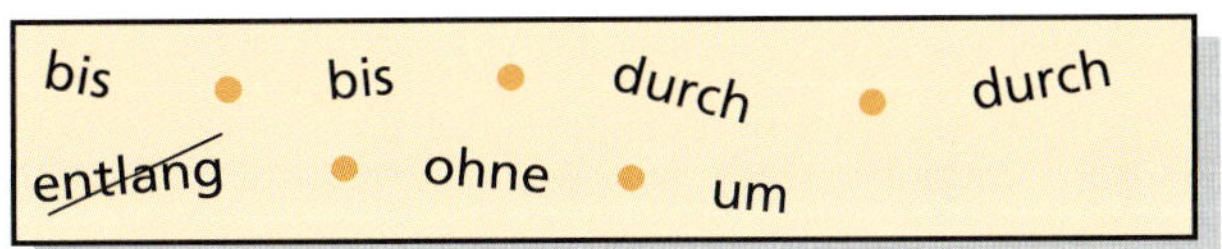

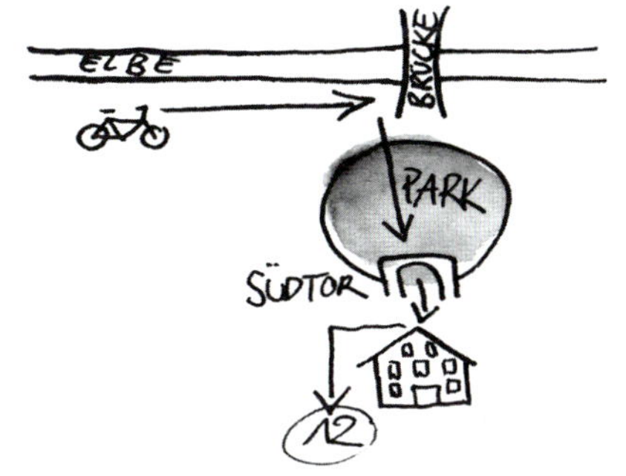

Du fährst mit dem Fahrrad die Elbe *entlang* (1), ... (2) zur blauen Brücke. Da ist ein kleiner Park. Fahr .... (3) den Park, zum Ausgang „Südtor". Fahr .... (4) das Tor, dann stehst du vor einem großen Haus. Fahr .... (5) die Ecke, ... (6) zur Hausnummer 12. Dann komm rauf, aber bitte .... (7) Fahrrad.

E 2 ¿"Um", "bis", o "gegen"? Complete.

A2

- ● Hallo Sara. Kommst du mit ins Kino? Wir gehen in „Sommer vorm Balkon" im Metropol.
- ❍ Wann geht ihr? Ich muss heute *bis* (1) sieben arbeiten.
- ● Wir gehen .... (2) viertel nach neun. Der Film dauert .... (3) elf.
- ❍ Ja, das geht gut, da bin ich .... (4) halb zwölf zu Hause.

E 3 ¿"Für", "gegen", u "ohne"? Complete las frases.

A2

1. mein Freund	Guck mal, das habe ich *für meinen Freund* gekauft.
2. die Prüfung	Barbara hat viel .... gelernt.
3. Zucker	Für mich einen Kaffee bitte, aber ....
4. der Schlüssel	Ich bin .... aus der Wohnung gegangen.
5. die Tür	„Was ist passiert?" – „Ich bin .... gerannt."

E 4 Complementos temporales: ¿Qué preposición corresponde? Fíjese en el caso.

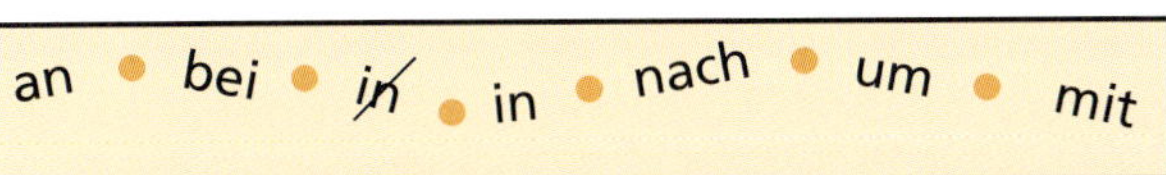

Der Tag fängt ja gut an. Sabine hat *in der* (1) (die) Nacht schlecht geschlafen. Aber der Wecker läutet .... (2) (der) Morgen wie immer, ... (3) halb 7 Uhr muss sie aufstehen. Sie geht schnell ins Bad und duscht sich. .... (4) (das) Duschen fühlt sie sich besser und macht sich ein Frühstück. Aber als sie gerade .... (5) (das) Frühstück angefangen hat, läutet das Telefon. Sabine muss schon .... (6) 20 Minuten in der Firma sein. Sie mag es nicht, wenn sie .... (7) (das) Essen keine Zeit hat und trinkt nur schnell ihren Kaffee.

8.4 Preposiciones con genitivo

T 1a Lengua hablada o lengua escrita: ¿Qué corresponde? Anote.

T 1b Compare estas expresiones con las preposiciones "statt", "trotz", "während", "wegen". Marque las diferencias en las frases de la columna derecha.

1. ..B.. „Du kannst doch nicht während dem Essen einfach aufstehen und weggehen."
2. ...... „Wir hatten trotz dem schlechten Wetter einen schönen Urlaub."
3. ...... „Ich kann wegen dem Fieber nicht in die Schule gehen."
4. ...... „Ich nehme das Menü. Aber ich habe noch eine Frage: Kann ich statt dem Nachtisch Käse haben?"

A Meine Tochter kann heute nicht zum Unterricht kommen, da sie wegen hohen Fiebers zu Hause bleiben muss.

B Es ist sehr unhöflich, während des Essens aufzustehen und wegzugehen.

C Wählen Sie bei unseren Menüs: Fragen Sie unser Personal, wenn Sie zum Beispiel statt des Nachtisches Käse wollen.

D Die Reise war für alle trotz des schlechten Wetters ein wunderbares Erlebnis.

R Las preposiciones "(an)statt", "trotz", "während", "wegen" se usan en la lengua hablada habitualmente con .... , en la lengua escrita sin embargo se usan con .... **R**

Después de estas preposiciones los pronombres siempre aparecen en dativo:
Wegen dir bin ich zu spät gekommen. Mein Bruder ist **statt mir** einkaufen gegangen.

B1 **E 1** Expresiones con preposición o con oración subordinada: ¿Qué corresponde?

1. ..D.. Wegen einer Verletzung muss Mario ins Krankenhaus.
2. ..... Statt eines Spielplatzes für die Kinder haben sie eine Garage gebaut.
3. ..... Während des Essens hat immer wieder das Handy geläutet.
4. ..... Trotz komischer Geräusche seines Wagens fuhr der Autofahrer weiter.

A Bei uns haben sie eine Garage für die Autos gebaut, statt einen Spielplatz für die Kinder zu machen.

B Während wir gegessen haben, hat immer wieder das Handy geläutet.

C Obwohl der Wagen komische Geräusche machte, ist der Fahrer weiter gefahren.

D Mario muss ins Krankenhaus, weil er sich verletzt hat.

B1 **E 2** Escriba oraciones con "wegen", "trotz", o "während".

1. der Regen – Frau Moser geht spazieren
2. die Krankheit – Monika arbeitet wie immer
3. Schmerzen – Herr Kirch geht zum Arzt
4. die Pause – Max isst ein Brot
5. das heiße Klima – man muss viel trinken
6. der Flug – man darf nicht telefonieren

1. Trotz des Regens geht Frau Moser spazieren.

8.5 Qué podemos hacer con las preposiciones

Indicar una dirección: "Wohin?" (destino)

nach	Evelyn und ihr Freund Janne fahren nach Zürich.
in	Der Bus fährt in die Stadtmitte.
zu	Mia geht am Abend zu einer Freundin.
auf	Jan geht auf die Post und kauft Briefmarken.
an	Mona fährt an den Bodensee.
bis	Ina fährt mit dem Auto bis Konstanz.
bis zu	Mona nimmt den Bus bis zur Endstation.

Indicar la dirección de procedencia: "Woher?"

aus	Evelyn kommt aus Köln, Janne aus Helsinki.
von	Janne kommt gerade von der Arbeit.

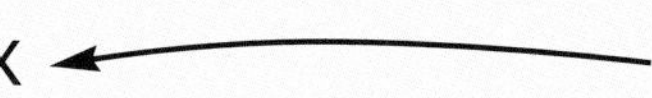

Indicar un lugar: "Wo?"

in	Evelyn und Janne treffen sich im Café „Brückel".
bei	Das Café liegt gleich beim Theater.
an	Viele Leute machen am Meer Urlaub.
auf	Janne kauft gern auf dem Markt ein.
über	Über dem Sofa hängen Bilder an der Wand.
neben	Neben dem Sofa steht ein Tischchen.
zwischen	Zwischen dem Sofa und der Wand steht eine Lampe.

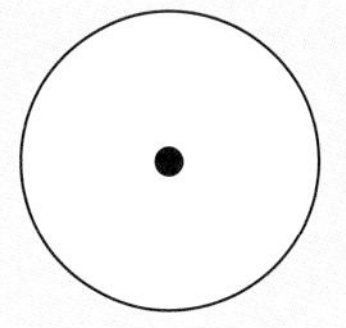

Indicar el tiempo: "Wann?"

an	Am Montag hat es geregnet.
in	Im Sommer fährt Lisa gern mit dem Rad.
um	Um halb neun fängt der Film an.

Dar indicaciones de tiempo: Orden de sucesión

vor	Vor einer Prüfung ist Alex sehr nervös.
bei	Bei der Prüfung ist er am Anfang noch sehr gestresst.
während	Während der Prüfung geht es ihm immer besser.
nach	Nach der Prüfung ist Alex total entspannt.

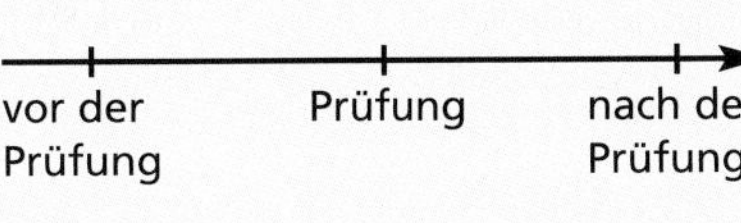

Duración de tiempo: "Von wann?", "Wie lange?", "Bis wann?"

von … bis	Von Montag bis Freitag geht Claudia ins Büro.
seit	Sie arbeitet seit 2001 bei der gleichen Firma.
seit	Seit sechs Jahren hat sie sehr viel Stress.
bis … zu	Bis zu ihrem Urlaub sind es nur noch ein paar Tage.
ab	Ab nächstem Montag hat sie zwei Wochen frei.

	Mo	Di	Mi	Do	Fr
9:00					
10:00					
11:00					

8 Preposiciones

Dar razones: "Warum?"

wegen	Wegen Urlaubs ist das Geschäft geschlossen.
aus	Aus Enttäuschung hat sich das Paar getrennt.
vor	Denis hat vor Angst nicht geschlafen.
durch	Viele Arbeiten werden durch Maschinen erledigt.
trotz	Trotz seiner Zahnschmerzen geht er nicht zum Zahnarzt.

Sehr geehrte Kunden!
Wegen Urlaubs ist das Geschäft geschlossen.
Ab 18. Juli sind wir wieder für Sie da.
Vielen Dank für Ihr Verständnis!

Indicar la finalidad: "Wofür?" "Wozu?"

für	Ich wünsche dir viel Glück für die Prüfung.
zu	Wir gratulieren zum Geburtstag.

Herzlichen Glückwunsch!

Indicar el modo: "Wie?" "Womit?" / "Mit wem?"

mit	Ayse kommt mit ihrem Freund zu Besuch.
	Mit sechs Jahren gehen Kinder in die Schule.
ohne	Herr und Frau Mair fahren ohne ihre Kinder weg.
in	„Ärzte ohne Grenzen" helfen Menschen in Not.

"Nicht mit dir, aber auch nicht ohne dich!"

A2 **E 1** ¿Qué corresponde? Anote.

1. Karl arbeitet immer in der Nacht, *E*
2. Karl sagt, er ist nie müde ......
3. Irina ist schon lange in Deutschland, ...
4. In Irinas Firma gibt es eine Vorschrift, ...
5. Petar ist schon sehr lange Koch, ...
6. Dora gefällt ihr Arbeitsplatz sehr gut, ...

A man darf während der Arbeit nicht rauchen.
B sie möchte bis zur Rente dort bleiben.
C er hat vor 40 Jahren die Lehre gemacht.
D bei der Arbeit, aber dafür nach der Arbeit.
E von zehn bis in der Früh um sechs.
F seit sieben Jahren lebt sie in Krefeld.

A2 **E 2** Complete con la preposicion y el determinante en la forma correspondiente.

1. Anna lebt *in einer* (eine) Kleinstadt.
2. Dort lebt sie .... (ihre) Familie.
3. Das Haus liegt .... (der) Stadtrand.
4. Sie fährt mit dem Auto .... (die) Arbeit.
5. Sie muss quer .... (die) Stadt fahren.
6. Anna braucht 10 Minuten .... (die) Firma.
7. Sie stellt das Auto .... (der) Parkplatz.
8. .... (der) Parkplatz gibt es Bäume.
9. Bei Sonne stellt sie ihr Auto .... (ein) Baum.

E 3 ¿Qué preposición corresponde? Márquela con una cruz.

A2

1. Der Sprachkurs fängt ☐ bei ☐ seit ☒ um 11.30 Uhr an.
2. Der Kurs findet ☐ seit ☐ vor ☐ zu einer Woche statt.
3. Die Studenten arbeiten gern ☐ mit ☐ aus ☐ von ihrer Lehrerin.
4. Sie haben ☐ in ☐ für ☐ auf drei Wochen eine Prüfung.
5. Sie lernen viel ☐ um ☐ für ☐ an die Prüfung.
6. Nora möchte ☐ nach ☐ auf ☐ seit dem Kurs eine Reise machen.

E 4 ¿Qué respuesta corresponde con las preguntas? Anote.

B1

A für meine Schwester • B trotz ihrer Eltern • C für neue Kleider • D aus Liebe
E für meine Arbeit • F ohne einen Freund • G wegen seiner Grippe • H aus Plastik
I durch Zufall • ~~J mit dem Bus~~ • K vor großen Hunden • L zum Geburtstag

1. Wie fahren Sie zur Arbeit? J......
2. Für wen ist das Geschenk? ....
3. Wozu kann man dir gratulieren? ....
4. Warum ist Maria von München nach Athen gezogen? ....
5. Warum muss Max zum Arzt? ....
6. Woraus ist das gemacht? ....
7. Wovor hast du Angst? ....
8. Wofür brauchst du das Geld? ....

E 5 Complete con la preposición adecuada y en caso necesario con el determinante.

B1

Arno, Eva und Klaus packen die Sachen (1) ins......... Auto (das). Sie fahren (2) .... Frankreich in Urlaub. Sie fahren sehr früh (3) .... Frankfurt weg. Sie fahren von Frankfurt (4) .... Lyon nach Avignon. In der Nähe (5) .... Avignon fahren sie (6) .... ein...... Campingplatz (der).

Sie packen alle Sachen (7) .... Auto (das). Die nächsten zwei Wochen schlafen sie (8) .... Zelt (das). Das Zelt steht (9) .... ein...... Baum (der). So können sie bequem (10) .... Schatten (der) sitzen.

Ein paar Mal fahren sie auch (11) .... Meer (das), vor allem (12) .... Klaus, weil er so gern (13) .... Meer (das) schwimmt. (14) .... zwei Wochen ist der Urlaub vorbei.

9 Adverbios

Lukas und Toby gehen gern spazieren.

Morgens gehen sie im Park spazieren.

Toby kennt den Weg: er rennt geradeaus.

T 1 Complete el paréntesis oracional con los adverbios del texto.

1	2		
	Paréntesis oracional		
Lukas und Toby	gehen	gern.........	spazieren.
....	gehen	sie im Park.	spazieren.
Er	rennt	....	
		Campo interior	

R Los adverbios son invariables. No se declinan y sólo muy pocos adverbios admiten gradación. En la oración están habitualmente en el .... o en la .... posición. **R**

Los siguientes adverbios admiten gradación:

gern	lieber	am liebsten
oft	öfter	am öftesten / am häufigsten
bald	eher	am ehesten

⇨ 7.3 La gradación de los adjetivos: El comparativo y el superlativo, p. 119

T 2 Complete el cuadro con los adverbios del texto.

Vorgestern wollte ich zum ersten Mal bei einer Frau privaten Deutschunterricht nehmen und ich war auf dem Weg dorthin. Ich war noch nie in dieser Gegend, deswegen habe ich mich verlaufen. Ein Mann hat mir den Weg erklärt: „Gehen Sie die erste Straße links, dann die zweite rechts, dann ..." Ich habe noch lange gesucht, aber ich habe die Wohnung nicht gefunden. Bei mir zu Hause war dann eine Nachricht auf dem Anrufbeantworter: Es war die Lehrerin, sie hatte ein Problem mit ihrem Auto und musste leider die Unterrichtsstunde absagen. Jetzt haben wir einen neuen Termin ausgemacht. Ich habe gerade auf dem Stadtplan nachgesehen, wo die Wohnung ist. Hoffentlich finde ich sie morgen ...

temporal (Wann? Wie lange?)	**local** (Wo? Wohin? Woher?)	**causal** (Warum?)	**modal** (Wie?)
vorgestern,	*dorthin,*	*deswegen*	....
....	....	....	....
....	....	....	....

Entre los adverbios también figuran los adverbios conjuncionales (daher, deshalb, deswegen, trotzdem) y los adverbios preposicionales (damit, dafür, darüber ...).
Ich habe mich sehr **darüber** geärgert, dass ich die Wohnung nicht gefunden habe.

⇨ 13.1.2 Adverbios conjuncionales, p. 178
6.2 "wo(r)-" + preposición, p. 110

También se puede decir así:

Adverbio
Wir waren **vorgestern** schwimmen.
Lukas und Toby sind oft **hier**.
Das Wetter ist schlecht, **deswegen** gehen sie nur kurz spazieren.

Complemento circunstancial
Wir waren **am Dienstag** schwimmen.
Lukas und Toby sind oft **im Park**.
Wegen dem schlechten Wetter gehen sie nur kurz spazieren.

Varios adverbios en una frase

Los adverbios locales habitualmente están al final del campo interior. El orden de los otros adverbios es relativamente libre: Ich kann **deswegen heute gerne zum Bahnhof** fahren.

Posición acentuada para adverbios y complementos
- al final del campo interior (adverbios locales y complementos aun cuando son acentuados están normalmente al final del campo interior): Ich kann **deswegen gerne <u>heute</u> zum Bahnhof** fahren.
- en la primera posición: **<u>Deswegen</u>** kann ich **heute gerne zum Bahnhof** fahren.

Adverbios en oraciones con "nicht"
Los adverbios temporales y causales en el campo interior suelen estar delante de la negación:
Ich kann **heute trotzdem** <u>nicht</u> kommen.
Los adverbios modales y locales se colocan detrás de la negación:
Ich mache das <u>nicht</u> **gern**. Du sollst <u>nicht</u> **rechts** fahren!

⇨ 11.1 La negación con "nicht" o con "kein", p. 158

9 Adverbios

A2 E 1 En este texto se encuentran siete adverbios. Márquelos.

Bald sind wir da! Ich freue mich schon auf das Meer. Gestern waren wir alle in der Arbeit und in der Schule, heute Morgen sind wir losgefahren und in einer Stunde sind wir da. Auf der langen Autofahrt haben wir viele kurze Pausen gemacht und mittags sind wir Essen gegangen.

A2 E 2 Reescriba estas frases. Comience la frase con el adverbio subrayado.

1. Ich kann heute nicht arbeiten.
2. Wir kommen euch gerne besuchen.
3. Wir haben morgen eine wichtige Besprechung.
4. Er isst morgens am liebsten ein Müsli.
5. Sie ist immer fröhlich.

1. Heute kann ich nicht arbeiten.

B1 E 3 Complete con los adverbios. Hay varias posibilidades.

1. Ich habe einen Termin beim Zahnarzt. (morgen, leider)
2. Er geht spazieren. (draußen, gerne)
3. Sie geht ins Kino. (abends, oft)
4. Er ist müde. (immer, morgens)
5. Sie geht schwimmen. (oft, dienstags, allein)
6. Ich habe gewartet. (heute, lange)

1. Ich habe morgen leider einen Termin beim Zahnarzt. / Leider habe ich …

B1 E 4 Escriba en forma negativa las frases con "nicht".

1. Das machen wir gerne.
2. Der Koffer ist hier oben.
3. Sie werden morgen kommen.
4. Er kann nachmittags schlafen.
5. Sie hat früher in Paris gewohnt.
6. Da vorne kannst du links fahren.

1. Das machen wir nicht gerne.

9.1 Adverbios temporales

T 1 ¿Qué relación temporal expresa el adverbio? Márquela con una cruz.

	Momento (wann?)	Frecuencia (wie oft?)	Secuencia (was, wann?)	Repetición (immer wieder)
1. Wir essen jetzt.	×			
2. Wir sehen uns oft.				
3. Sehen wir uns morgen?				
4. Mittags geht sie spazieren.				
5. Ich komme heute später.				
6. Danach komme ich zu Ihnen.				
8. Damals hatte ich wenig Zeit.				
9. Manchmal geht er joggen.				
10. Kannst du das zuerst machen?				

mittags = oft am Mittag   igual: **Horas del día:** morgens, vormittags, mittags, nachmittags, abends, nachts
Días de la semana: montags, dienstags, mittwochs, ... und werktags, feiertags

T 2a Anote los adverbios en la escala temporal.

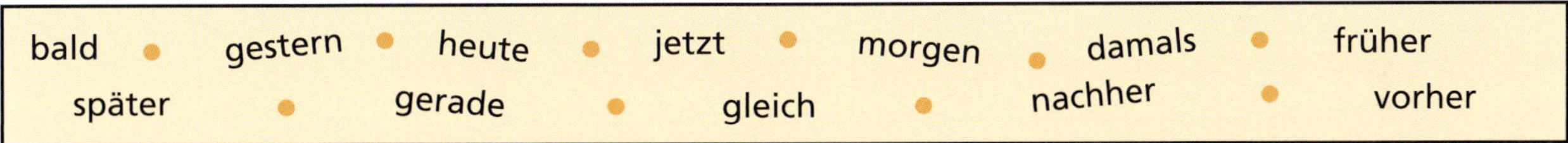

Pasado		Presente	Futuro	
hace mucho	hace poco	ahora		
d ______	v ______	g ______	g ______	m ______
f ______	g ________	j _____	n ________	b ____
		h _____	s ______	

T 2b Frecuencia: Complete con "manchmal", "meistens", "oft", y " selten" en el cuadro.

immer .... nie

Secuencia: Zuerst – dann – danach – zuletzt
Zuerst ging er ans Meer, dann ...

⇨ 8.5 Qué podemos hacer con las preposiciones, p. 141
El adverbio conjuncional "dann", p. 178
16.2 Coherencia del texto: Indicaciones de tiempo y lugar, p. 217

9 Adverbios

A2 **E 1** ¿Cómo se puede expresar diferente? Utilice adverbios

1. Sie steht jeden Morgen um 7.30 Uhr auf.
2. Nur an den Sonntagen kann sie länger schlafen.
3. Jeden Mittag geht sie in den Park und isst etwas.
4. Am Abend sieht sie oft fern.
5. An den Montagen geht sie meistens mit einer Freundin schwimmen.

1. Sie steht morgens um …

 **E 2** Escriba frases. Comience con los elementos subrayados.

1. wir / wiedersehen / uns / bald / müssen / .
2. sie / morgen / zur Post / gehen / .
3. ich / anrufen / dich / später / .
4. er / zu Hause sein / abends / diese Woche / .
5. ich / kommen / nach Hause / heute / später / .

1. Wir müssen uns bald …

B1 **E 3** ¿Qué adverbio encaja?

1. Ich bin kein Vegetarier, aber ich esse _[1] _ _ _ _ _ Fleisch.
2. Wir lieben die Berge! Wir fahren _ _ _ _[5] _ in die Berge.
3. Wann merkst du dir das endlich? Ich habe dir das schon so _[2] _ _ gesagt.
4. Ich bin überhaupt nicht sportlich. Ich mache _[3] _ _ Sport.
5. Mir gefällt es gut hier, aber _ _ _[4] _ _ _ _ _ möchte ich woanders wohnen.

manchmal • selten • nie • oft • immer

Palabra clave: _ _ _ _ _

B1 **E 4** Complete los diálogos con los adverbios adecuados. Puede haber varias posibilidades.

bald • nachher • gestern • jetzt • gleich • gerade • jetzt • später • morgen

● Komm mal schnell!
○ Ich kann *jetzt* (1) nicht.
Ich koche .... (2).

▲ Bist du endlich fertig?
◗ .... (3)! Ich brauche noch eine Minute.

● Hoffentlich sehen wir uns .... (4) wieder!
○ Ja, hast du .... (5) Zeit?

◗ Wir machen eine telefonische Umfrage.
▲ Tut mir leid. Ich habe .... (6) keine Zeit.
◗ Kann ich .... (7) noch einmal anrufen?

● Sollen wir noch zusammen abwaschen?
◗ Nein, nein. Ich mache das .... (8).

▲ Was hast du .... (9) gemacht?
◗ Nichts. Ich war zu Hause.

9.2 Adverbios locales

T 1 Escriba los adverbios o las preposiciones con adverbio en el cuadro.

Wo?	Wohin?	Woher?
hier oben,	*dahin,*	*von draußen,*

T 2 Complete el cuadro de T 1 con los siguientes adverbios o preposiciones con adverbio.

nach oben • geradeaus • von links • links • von rechts • dort • draußen
drinnen • heim • hin • her • hinten • innen • unten • vorn(e) • zurück
nach rechts • drüben • entlang • hierhin • rauf • raus • rein
runter • von drinnen • von hinten • von vorn(e) • nach links

En la lengua hablada habitualmente se dice "rauf", "raus", "rein" y "runter" en vez de "herauf" o "hinauf", "heraus" o "hinaus ", etc.

9 Adverbios

A menudo se usan dos adverbios locales en una frase.
Die Schlüssel liegen **hier hinten**. Sie sind **dort drüben**. Schau mal **unten rechts**.

También se puede decir así:

Adverbio	Adjetivo	Preposición
Es ist die Tür da **hinten**.	Es ist die **hintere** Tür.	Es ist die Tür **hinter** dem Durchgang.
Besteck ist in der Schublade **oben**.	Besteck ist in der **oberen** Schublade.	Besteck ist in der Schublade **über** den Töpfen.

Indicar una dirección

Wohin?

nach + adverbio local
Wir gehen **nach draußen**.

Woher?

von + adverbio local
Wir kommen **von draußen**.

X ←————————

Adverbios locales que se refieren a un sustantivo se colocan directamente detrás del sustantivo:
Siehst du das Auto dahinten?
Esto también es así cuando el sustantivo se encuentra en la primera posición:
Der Hund **draußen** bellt schon den ganzen Tag.

A1 **E 1** "Rechts", "links" o "geradeaus": Complete la indicación del camino al hotel.

Zum Hotel gehen Sie hier die Straße *links* (1), dann weiter .... (2) bis zur Ampel. An der Ampel gehen Sie dann .... (3) und die zweite Straße wieder .... (4). Da ist dann das Hotel.

E 2 Complete.

A2

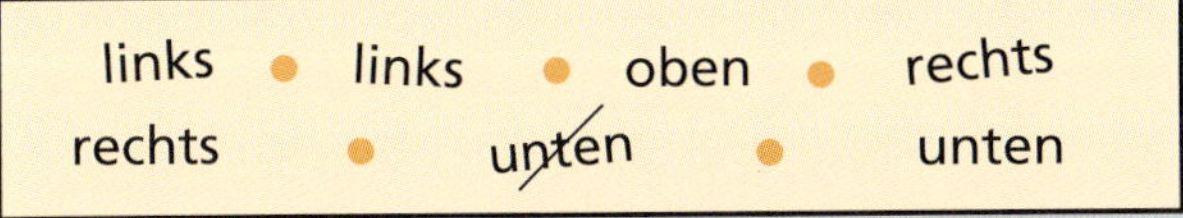

Unten (1) .... (2) ist eine Bäckerei und .... (3) .... (4) ist ein Supermarkt. .... (5) .... (6) ist ein Café und .... (7) ist ein Kino.

E 3 ¿Qué está dónde? Describa.

B1

draußen • überall im Regal
~~rechts auf dem Boden~~ • vorne auf dem Tisch
hinten auf dem Tisch • hinten rechts

1. Vase
2. Zeitschriften
3. Bücher
4. Teller und Gläser
5. Hund
6. Fernseher

1. Die Vase steht rechts auf dem Boden.

E 4 "Wo?", "Wohin?" o "Woher?" – Complete con "(nach/von) draußen", "(nach/von) oben" y "(nach/von) drinnen".

B1

- ❍ Ich gehe *nach draußen* (1) auf den Balkon, komm doch mit!
- ● Nein, ich gehe lieber .... (2) in mein Zimmer. Ich will .... (3) noch ein bisschen fernsehen.
- ❍ Bei dem Wetter darf man doch nicht .... (4) bleiben! Los, komm schon. Wir gehen ein bisschen .... (5).
- ● Du, ich komme gerade .... (6) und ich möchte jetzt wirklich lieber .... (7) bleiben. Warum gehst du nicht alleine .... (8)?

9.3 Qué podemos hacer con los adverbios

Dar indicaciones temporales	**Vorgestern** war das Wetter sehr schön. Ich habe **jetzt** keine Zeit. Wir gehen **morgen** Ski fahren. ⇨ 9.1 Adverbios temporales, p. 147
Indicar una secuencia	**Zuerst** musst du den Deckel abmachen. **Dann** kannst du die Dose öffnen. **Danach** machst du sie bitte wieder zu. Und **zuletzt** stellst du sie bitte in den Kühlschrank. ⇨ 9.1 Adverbios temporales, p. 147
Indicar la frecuencia	Im Bus hört er **immer** Musik. Wir sind **öfter** in diesem Restaurant. Er geht **manchmal** joggen. ⇨ 9.1 Adverbios temporales, p. 147
Indicar la duración	Ich musste auf der Post sehr **lange** warten. ⇨ 9.1 Adverbios temporales, p. 147
Indicar un lugar	Toby ist **draußen**. Frage: Wo? Toby geht <u>nach</u> **draußen**. Frage: Wohin? → "nach" + adverbio local Toby kommt <u>von</u> **draußen**. Frage: Woher? → "von" + adverbio local ⇨ 9.2 Adverbios locales, p. 149
Dar razones	Ich kenne den Weg nicht, **deswegen** brauche ich Hilfe. ⇨ 9 Adverbios, p. 144
Indicar el modo	Ich mache das sehr **gern**. ⇨ 9 Adverbios, p. 144
Unir oraciones	Ich habe wenig Zeit, **trotzdem** komme ich zu deinem Fest. ⇨ 9 Adverbios, p. 144 13.1.2 Adverbios conjuncionales, p. 178
Crear coherencia en un texto	Heute muss ich lange arbeiten. Ich ärgere mich sehr **darüber**. ⇨ 9 Adverbios, p. 144

E 1 Reformule las frases. Utilice adverbios.

1. Gusai ist krank. <u>Wegen seiner Erkältung</u> konnte er gestern nicht zu der Feier kommen.
2. Wenn er gesund ist, geht er wieder <u>jeden Donnerstag</u> joggen.
3. Hoffentlich ist er <u>in wenigen Tagen</u> wieder gesund.
4. Er fährt mit dem Bus <u>zum Arzt</u>.

1. Gusai ist krank. Deswegen konnte er gestern …

E 2 Escriba la receta. Utilice adverbios para indicar la sucesión de pasos a seguir.

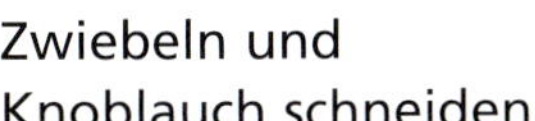

Zwiebeln und Knoblauch schneiden

in Öl anbraten

Tomatenstücke dazu-geben

würzen

Zuerst schneiden Sie die Zwiebeln und … dann/danach … anschließend/danach/dann … zuletzt

E 3 Complete en cada hueco con un adverbio adecuado.

B1

öfter • ~~abends~~ • deswegen • heute • oft • dann • gern • dorthin

Ayla arbeitet in einem Reisebüro und sie sitzt viel am Computer. Wenn sie *abends* (1) nach Hause geht, hat sie sehr .... (2) Rückenschmerzen. .... (3) will sie mehr Sport machen. Sie schwimmt sehr .... (4) und sie überlegt schon seit Tagen, ob sie Mitglied in einem Schwimmclub werden soll. .... (5) Abend geht sie endlich zum Club um sich anzumelden. Als sie am Abend .... (6) kommt, ist niemand da: Der Schwimmclub hat geschlossen! Ayla ärgert sich, aber .... (7) hat sie eine andere Idee: Sie geht ins Schwimmbad und schwimmt einen Kilometer – einfach so, ohne Schwimmclub. Sie nimmt sich fest vor, von jetzt an .... (8) schwimmen zu gehen.

10 Partículas

10.1 Partículas modales

Con las partículas modales enfatizamos enunciados emocionalmente. Las partículas modales se usan sobre todo en la lengua hablada. Una frase también es correcta sin las partículas modales:
Hör **doch** auf!   Hör auf!

T 1a Compare las oraciones y marque las partículas modales en las frases 1 y 2.

1. Stehst du jetzt mal auf?
2. Ich will doch noch schlafen!
3. Stehst du jetzt auf?
4. Ich will noch schlafen!

T 1b ¿Qué perífrasis corresponde a las frases 1 y 2 de T 1a?

Satz 1: ☐ Toby ist ungeduldig. ☐ Toby freut sich.
Satz 2: ☐ Lukas ist ungeduldig. ☐ Lukas ist genervt.

T 2 Complete el cuadro con las partículas correspondientes.

Tschüs! – Ja, tschüs. Ruf mich morgen mal an.
Hast du morgen vielleicht Zeit?

Ich habe aber keinen Hunger!
Ich will dir die Autoschlüssel aber nicht geben!

Blumen, vielen Dank! Das ist aber nett.
Das ist ja toll!

Wo bleibt Paul? – Er hat wohl verschlafen.

Wo bleibst du denn?
Stehst du jetzt mal auf?

Sag doch was. – Ich habe doch was gesagt!

Exhortación (educada) y pregunta:
.... , ...

Énfasis de un enunciado a través de negación: ....

Sorpresa: .... , ...

Suposición: ....

Énfasis de una pregunta, un reproche:
.... , ...

Reproche, justificación: ....

R Las partículas modales habitualmente están en medio de la oración, directamente después del verbo conjugado. Puede haber más de una partícula modal en una frase.
Kannst du mir **dann vielleicht mal** die Zeitung geben? R

El significado de las partículas modales depende mucho del contexto y de la entonación.
Könnten Sie bitte **mal** das Fenster öffnen? (höfliche oder fordernde Frage)

E 1 ¿Qué frase corresponde a qué situación?

1. Sie sind überrascht und freuen sich. ..B..
2. Sie haben eine Vermutung. .....
3. Sie bitten jemand höflich um etwas. .....
4. Sie rechtfertigen sich. .....

A Das habe ich doch schon erledigt.
B Das hätte ich ja nie gedacht!
C Sie steht wohl im Stau.
D Könnten Sie vielleicht zu mir kommen?

B 1

E 2 Complete con las partículas.

B 1

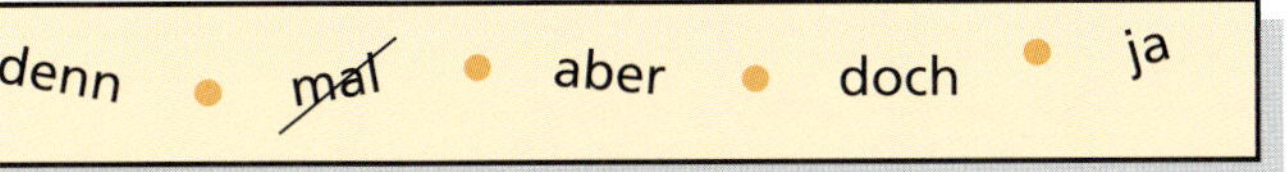

1. Entschuldigung, könnten Sie mir bitte mal...... helfen?
2. Wie bitte? Sie haben kein Zimmer für mich reserviert? Das ist .... nicht in Ordnung!
3. Aua, du bist mir auf den Fuß getreten. Pass .... auf!
4. Das ist sehr schön, dass du mir morgen helfen willst. Hast du .... wirklich Zeit?
5. Und du willst uns wirklich beim Umzug helfen? Das ist .... nett von dir.

de NICHTLUSTIG 2,

E 3 Complete.

B 1

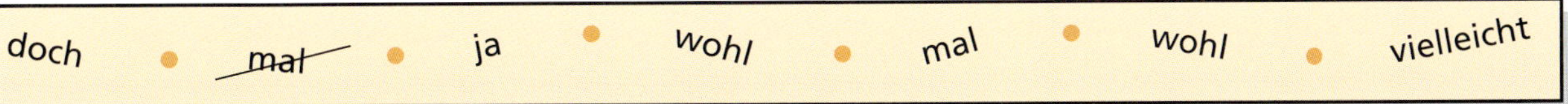

- ● Ich habe vorgestern ein neues Auto gekauft. Rate mal.............................. (1), was gestern war!
- ❍ Du hattest .... (2) Ärger mit dem Auto?
- ● Genau! Ich bin morgens kurz zum Schwimmen gefahren und wollte wieder nach Hause. Ich steige also ins Auto und nichts passiert! Dabei hatte ich .... (3) alles ganz normal ausgeschaltet.
- ❍ Das gibt es .... (4) gar nicht!
- ● Doch! Ich habe dann bei der Servicenummer angerufen und gefragt, ob .... (5) schnell jemand kommen kann. Ich musste ja in die Arbeit.
- ❍ Und, was war kaputt?
- ● Keine Ahnung. Jetzt ist das Auto in der Werkstatt und die werden mich .... (6) bald anrufen. Und rate .... (7), wie viele Kilometer ich insgesamt mit dem Auto gefahren bin: 45!

10.2 Partículas del diálogo

- ● Hast du Hunger?
- ❍ Nein! Ich will nichts essen.
- ● Magst du was trinken?
- ❍ Ja! Einen Tee.
- ● Soll ich das Radio anmachen?
- ❍ Gern. Aber nicht so laut.
- ● Magst du vielleicht doch ein Stück Kuchen?
- ❍ Na ja. Ich weiß nicht.
- ● Also ich bring dir einfach ein Stück.
- ❍ Okay.
- ● Du hast keine Taschentücher mehr.
- ❍ Doch. Hier sind noch welche.

T 1 Marque las partículas del diálogo en las respuestas.

T 2a ¿Qué significado tienen las partículas? Relacione en el cuadro.

T 2b Relacione también las siguientes partículas en el cuadro.

Freust du dich? – Sehr! Ich komme morgen um 8 Uhr. – Gut.
Sind alle da? Dann können wir jetzt anfangen. – Genau! Ich mache heute Lasagne. – Super!

afirmar, asentir:	ja, ..., ..., ..., ..., ...
vacilar, dudar:	....
negar, contradecir:	................, ...

R Las partículas del diálogo son respuestas en la conversación. Si aparecen solas, sustituyen una frase entera.
Hast du Hunger? – **Nein.** / Nein, ich habe keinen Hunger.
Hast du keinen Hunger? **Doch.** / Doch, ich habe Hunger.

⇨ Oraciones interrogativas, respuestas con "doch", p. 167

También "danke" y "bitte" son partículas del diálogo.

- ● Ich bringe dir einen Tee.
- ❍ Danke!
- ● Bitte.

E 1 ¿Qué corresponde?

A2

1. Willst du heute Abend ins Kino gehen? E
2. Ich möchte "Sonnenallee" sehen. ....
3. Kannst du Karten für uns reservieren? ....
4. Dann reserviere ich zwei Kinokarten für uns. ....
5. Dann treffen wir uns um halb acht vor dem Kino? ....
6. Also dann, bis später! ....

A Super, vielen Dank!
B Ja, gern. Da komme ich mit.
C Genau! Bis später!
D Nein. Ich habe gleich einen Termin.
E Na ja, das kommt auf den Film an.
F Gut, ich komme pünktlich.

E 2 Complete.

B1

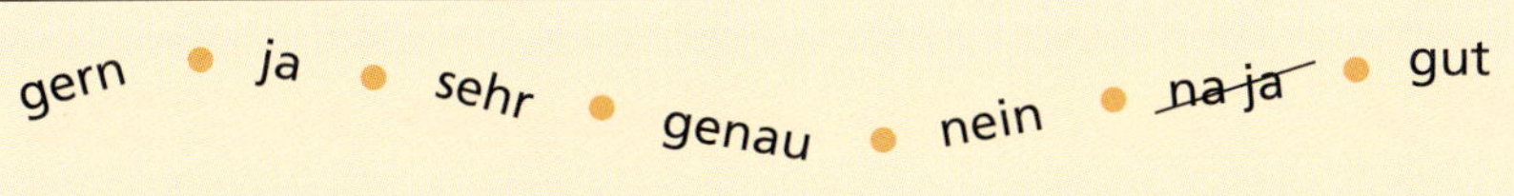

● Hallo Martin, wie war dein Tag?
❍ Na ja (1), es geht so. Ich hab viel zu tun. Und du, hattest du auch viel Arbeit?
● .... (2). Ich hatte heute frei und war baden. Morgen will ich wieder an den See fahren. Kommst du mit?
❍ .... (3)! Ich hab noch nichts vor und baden gehen wollte ich schon letztes Wochenende. Du willst bestimmt mit dem Fahrrad fahren, oder?
● Ja, ... (4). Ich komm um 9 Uhr zu dir, okay?
❍ .... (5), dann bis morgen um neun.
● Freust du dich?
❍ .... (6), ... (7)!

de NICHTLUSTIG 2,

E 3 ¿Qué partícula del diálogo no corresponde? Táchela. También pueden ser dos partículas.

B1

1. Schmeckt dir der Tee?	Ja!	Sehr!	~~Doch!~~
2. Kannst du heute nicht kommen?	Doch!	Ja!	Super!
3. Gehen wir tanzen?	Okay!	Doch!	Gern!
4. Wir sollten jetzt losfahren.	Genau!	Gut!	Doch!

11 La negación

11.1 La negación con "nicht" o con "kein"

T 1 Marque todas las frases que aparecen en forma negativa.

Ich habe keine Lust mitzukommen.
Er hat heute Zeit.
Sie kommt heute sicher nicht.
Ich esse kein Fleisch.
Das ist Herr Wertenschlag.
Ich habe keine Ahnung.
Ich nehme eine Pizza.
Wir können leider nicht schwimmen.
Ich habe gestern Abend nicht angerufen.

R 1 Con "nicht" se niegan oraciones enteras o palabras, "kein" sólo aparece delante de sustantivos. R 1

⇨ 4.2 El artículo negativo, p. 86

La posición de "nicht": La negación de una oracion entera

T 2 Escriba las frases de T 1 en el cuadro.

1	2		
Sie	kommt	heute sicher nicht.	
Wir	....	....	schwimmen.
Ich	....	....	....

R 2 Cuando "nicht" niega toda la oración, aparece lo más al final posible; al final de la oración o delante de la segunda parte del paréntesis oracional. R 2

La posición de "nicht": La negación de una parte de la oración

T 3 ¿Qué continuación corresponde?

1. Sie kommt heute **nicht**. C
2. Sie kommt **nicht** heute. ....
3. Ich habe **nicht** angerufen. ....
4. **Nicht** ich habe angerufen. ....

A Ich habe gestern überhaupt nicht telefoniert.
B Das muss jemand anders gewesen sein.
C Sie hat keine Zeit.
D Sie kommt morgen.

R 1 Cuando "nicht" niega parte de una oración aparece directamente .... de esta parte. R 1

La negación de partes de la oración con "nicht" continua frecuentemente con "sondern"
Nicht ich habe angerufen, **sondern** mein Bruder.

La negación 11

E 1 ¿"Nicht" o "kein"? Ponga las frases en la forma negativa. A1

1. Ich gehe heute arbeiten. *Ich gehe heute nicht arbeiten.*
2. Es regnet. ....
3. Er hat eine Katze. ....
4. Das Wetter ist schön. ....
5. Ich habe Durst. ....

E 2 En el hotel: ¿Nicht" o "kein"? Complete. A2

● Guten Tag. Ich hätte gern ein Einzelzimmer für vier Nächte bitte.

❍ Haben Sie das Formular schon ausgefüllt?

● Oh, nein das habe ich noch *nicht* (1) ausgefüllt. Moment. ... Entschuldigung, hier steht: E-Mail-Adresse. Ich habe aber .... (2) E-Mail-Adresse. Was soll ich jetzt machen?

❍ Na, wenn Sie .... (3) E-Mail-Adresse haben, dann können Sie das Feld .... (4) ausfüllen. Das macht nichts.

E 3 ¿La negación de una oración entera o de parte de la oración? Marque con una cruz. A2

	Oración entera	Parte de la oración
1. Er hat nicht gestern angerufen, das war vorgestern.		X
2. Nicht ich habe das gesagt, sondern er.		
3. Er hat nicht geschrieben.		
4. Wir gehen morgen nicht Ski fahren.		
5. Gehen Sie nicht am Sonntag in die Ausstellung, da ist es so voll.		

E 4 Escriba las respuestas. A2

1. Kommst du heute mit ins Kino? – Nein, / nicht / mit / komme / ich
2. Gehst du mit joggen? – Nein, / ich / heute / mag / joggen / nicht
3. Hast du gut geschlafen? – Nein, / nicht / ich / konnte / schlafen
4. Hast du heute einen Vortrag? – Nein, / ich / nicht / habe / einen Vortrag / sondern / mein Kollege

1. Nein, ich komme nicht mit.

11.2 Palabras de negación

Am Wochenende: Ein ganz normales Mittagessen

Katarina:	Mama, die Marilena soll aufhören, die ärgert mich.
Marilena:	Ich hab doch gar nichts gemacht!
Mutter:	Was ist da los? Gebt jetzt bitte beide Ruhe.
Katarina:	Nein, erst wenn mich die Marilena in Ruhe lässt.
Vater:	Was macht sie denn? Ich sehe und höre nichts.
Katarina:	Die schaut mich immer so komisch an.
Marilena:	Ich schau dich gar nicht komisch an!
Katarina:	Die Marilena lässt mich nie in Ruhe, die ärgert mich immer!
Mutter:	Ach komm, hör auf, niemand ärgert dich!

T 1 Marque todas las palabras del texto que niegan algo.

T 2 ¿Qué palabras significan lo contrario?

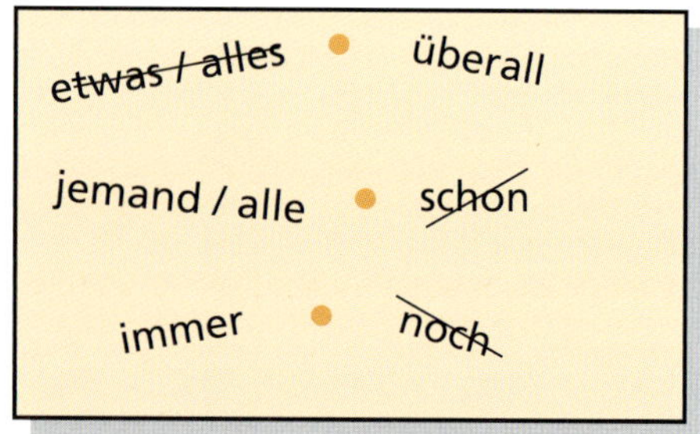

de NICHTLUSTIG 3,

nichts	*etwas / alles*	nirgends	
niemand		nicht mehr	*noch*
nie		noch nicht	*schon*

⇨ Pronombres indefinidos „kein", p. 98

La partícula "gar" acentúa la negación de "nichts" y "nicht" y aparece directamente delante.

Ich habe nichts gemacht.	Ich habe **gar** nichts gemacht.
Ich habe heute nicht gearbeitet.	Ich habe heute **gar** nicht gearbeitet.

La negación

E 1 "Nie", "nichts" o "nicht"? Complete.

B1

Heute ist leider gar *nicht* .... (1) mein Tag: Am Morgen habe ich verschlafen, ich habe .... (2) gehört, keinen Wecker und kein Radio! Dann habe ich auch noch die U-Bahn verpasst. Mein Chef fand das .... (3) lustig. Er war sehr wütend. Ich arbeite jetzt schon drei Jahre für ihn und bin noch .... (4) zu spät gekommen! Das habe ich meinem Chef auch gesagt, aber er meinte nur: „Das interessiert mich .... (5). Heute Morgen war eine sehr wichtige Besprechung und ich habe mich auf Sie verlassen!"

E 2 Escriba lo contrario.

B1

1. Alle haben es gesehen. *Niemand hat es gesehen.*
2. Er hat in der WG immer gekocht. ....
3. Ich habe dir etwas mitgebracht. ....
4. Dieses Buch findet man überall. ....
5. Sie hat alles organisiert. ....

E 3 "Noch nicht", "gar nichts" o "noch nie"

B1

1. Gefällt dir das Buch? – Ich habe es *noch nicht* .... gelesen.
2. Hast du heute schon etwas gegessen? – Nein, ich habe noch .... gegessen.
3. Hast du die Kinokarten reserviert? – Nein, das habe ich .... gemacht.
4. Weißt du, wie man Nudeln selber macht? – Nein, das habe ich .... gemacht.
5. Hast du Tina die Blumen geschenkt? – Nein, damit habe ich .... zu tun.

E 4 Conteste a las preguntas de forma negativa.

nicht mehr • ~~niemand~~ • noch nie • nichts mehr • nirgends • gar nicht

1. Kennst du jemand, der sich gut mit DVD-Rekordern auskennt?
2. Hast du am Wochenende viel gearbeitet?
3. Waren Sie schon einmal in einer Wüste?
4. Mein Auto ist kaputt, kann ich da noch was machen?
5. Kann man hier irgendwo schwimmen gehen?
6. Kannst du heute noch zu mir kommen?

1. Nein, ich kenne leider niemand, der sich gut mit DVD-Rekordern auskennt.

11.3 Negación a través de la formación de palabras

arbeitslos Unfähigkeit misslingen Intoleranz missverstehen Unsicherheit Missverständnis intolerant unsicher unbedeutend immobil unwichtig missverständlich indirekt rücksichtslos kostenlos

T 1a Escriba en cada columna dos ejemplos usando las palabras de arriba.

un-	miss-	in- / im-	-los
....	....	....	....
....	....	....	....

T 1b ¿Qué clases de palabras se pueden negar con estas sílabas? Complete el cuadro.

	Verbo	Sustantivo	Adjetivo
un-	- - -	*Unsicherheit,*	
miss-	*missverstehen,*		
in- / im-	- - -		*intolerant,*
-los	- - -	- - -	*kostenlos,*

Palabras con el sufijo "-los" siempre son adjetivos.
igual: "-frei", "-leer" y "-arm"

koffein**frei** = ohne Koffein inhalts**leer** = ohne Inhalt schadstoff**arm** = mit wenig Schadstoffen

B1 **E 1** Anote el antónimo.

1. untypisch *typisch*
2. misstrauen ....
3. unsympathisch ....
4. inkompetent ....

B1 **E 2** Exprese la forma negativa de las palabras.

1. **un-** sicher, das Wetter, die Ruhe, wichtig
2. **miss-** der Erfolg, verstehen, achten, glücken
3. **in-** die Toleranz, direkt, diskret
4. **-los** die Arbeit, der Respekt, der Sinn

1. unsicher, das Unwetter,

11.4 Qué podemos hacer con la negación

Negar palabras	Ich habe Geld. – Ich habe **kein** Geld. Das Haus ist schön. – Das Haus ist **nicht** schön. Hast du **etwas** gekauft? – Nein, ich habe **nichts** gefunden. Er ist glücklich – Er ist **un**glücklich. ⇨ 11.1 ¿La Negación con "nicht" o con "kein"?, p. 158 11.2 Palabras de negación, p. 162 11.3 Negación a través de la formación de palabras, p. 162
Negar partes de la oración	Das ist ein schöner Tag. – Das ist **kein** schöner Tag. Wir sehen uns heute Abend. – Wir sehen uns **nicht** heute Abend (, sondern morgen Abend). ⇨ 11.1 ¿La Negación con "nicht" o con "kein"?, p. 158
Negar oraciones	Ich schlafe. – Ich schlafe **nicht**. Ich habe gestern viel gemacht. – Ich habe gestern (gar) **nichts** gemacht. ⇨ 11.1 ¿La Negación con "nicht" o con "kein"?, p. 158 11.2 Palabras de negación, p. 162

E 1 Niegue los elementos subrayados. B1

1. Ich hatte heute Glück.
2. Ich habe ein gutes Restaurant gefunden.
3. Dort konnte ich etwas essen.
4. Die Bedienung hat mir die Speisekarte gebracht.
5. Ich war sehr zufrieden.
6. Ich bin lange geblieben.

> *1. Ich hatte heute kein Glück.*

E 2 Contradiga. Insista en lo contrario. B1

1. Unser neuer Nachbar ist sympathisch.
2. Er ist sehr höflich.
3. Er ist sehr hilfsbereit.
4. Er grüßt immer, wenn man ihn trifft.
5. Er fragt mich, wie es mir geht.

> *1. Das denke ich nicht. Ich finde unseren neuen Nachbarn unsympathisch.*

12 Tipos de oraciones y la posición del verbo

12.1 Oraciones enunciativas

Berlin ist die Hauptstadt von Deutschland. Die Stadt hat 3,5 Millionen Einwohner. Sie ist die zweitgrößte Stadt in der EU. Bis 1989 teilte die Mauer die Stadt in Ost- und Westberlin.
In Berlin hat das Finale der Fußball WM 2006 stattgefunden.

T 1a Subraye los verbos del texto y marque los sujetos.

T 1b Complete la tabla con las oraciones. Marque el sujeto.

	Paréntesis oracional		
Berlin	ist	die Hauptstadt von Deutschland.	
....	....	3,5 Millionen Einwohner.	
Sie	....	die zweitgrößte Stadt in der EU.	
Bis 1989	....	die Mauer die Stadt in Ost- und Westberlin.	
In Berlin	....	.... der Fußball WM 2006	stattgefunden.

R 1

En la oración enunciativa el .... conjugado aparece en la posición 2.
El sujeto está antes o .... del verbo conjugado.

En un texto las oraciones enunciativas frecuentemente están enlazadas:
Berlin ist die Hauptstadt von Deutschland **und** hat 3,5 Millionen Einwohner.

13.1 Oración principal con oración principal, p. 173

T 2 ¿Qué información está en la primera posición? Relacione las oraciones con los pronombres interrogativos "Wann?", "Wer?/Was?", "Wie?" y "Wo?".

	Paréntesis oracional			
Die Mauer	teilte	die Stadt Berlin in zwei Teile.		Was?
Am 9. November 1989	wurde	die Berliner Mauer	geöffnet.	....
Neugierig und glücklich	fuhren	viele Ostberliner in den Westen.		....
In der ganzen Stadt	feierten	die Menschen.		....

La información que se quiere destacar habitualmente se coloca en la primera posición.
Complementos en dativo o acusativo suelen encontrarse en la primera posición.

Tipos de oraciones y la posición del verbo 12

E 1 Marque el sujeto en las oraciones.

A1

1. Heute ist Donnerstag, der 22. Dezember. 2. In zwei Tagen ist Weihnachten. 3. Viele Leute sind in der Stadt und kaufen Geschenke. 4. Die Geschäfte sind voll. 5. In allen Geschäften hört man Musik: Weihnachtslieder.

E 2a ¿Dónde se coloca el verbo? Dibuje una flecha.
E 2b Escriba oraciones.

1. Ines und Ranko ↓ einen Ausflug. (machen)
2. Sie mit dem Auto nach Seebüll. (fahren)
3. Ihr Freund Pavel auch mit. (kommen)
4. Ranko den Weg nicht. (finden)
5. An einer Ampel Ines einen Mann. (fragen)
6. Der nette Mann ihnen den Weg. (zeigen)

1. Ines und Ranko machen einen Ausflug.

E 3 ¿Qué hizo Felix cuando era niño? Reformule las oraciones.

A2

1. Felix hat gern Fußball gespielt.	Als Kind *hat Felix gern Fußball gespielt.*
2. Er ist in die Schule gegangen.	Mit sechs Jahren ....
3. Er hat neue Freunde getroffen.	Dort ....
4. Er hatte eine nette Lehrerin.	Zuerst ....
5. Er ist in eine andere Schule gekommen.	Mit zehn ....
6. Die Schüler mussten viel lernen.	Da ....

E 4 Escriba un texto y coloque la información subrayada en la primera posición.

1. ich / für ein langes Wochenende / nach Berlin / fahren
2. ich / die Geschichte von Berlin / besonders interessant / finden
3. ich / zuerst / das Mauermuseum / besichtigen
4. ich / dann / zur Museumsinsel / gehen
5. ich / von den langen Wegen / müde werden
6. ich / am Nachmittag / mit dem Bus / eine Stadtrundfahrt / machen

1. Ich bin für ein langes Wochenende nach Berlin gefahren.

12.2 Oraciones interrogativas

T 1a ¿Qué corresponde? Anote la respuesta correspondiente a cada pregunta.

T 1b Marque en ambas columnas el principio de la oración.

In der Grünerstraße.

Ja, ich bin in Berlin geboren.

Am 20.12.1984.

Ja. Ich habe mir ein Sandwich gekauft.

Am liebsten esse ich Fisch.

Nein, ich habe leider schon einen Termin.

1. Wann sind Sie geboren?
   Am 20.12.1984.
2. Wo wohnen Sie?
   ......
3. Was ist dein Lieblingsessen?
   ......
4. Hast du schon gegessen?
   ......
5. Holen Sie mich am Bahnhof ab?
   ......
6. Sind Sie ein Berliner?
   ......

R1 Las preguntas empiezan con una palabra interrogativa con .... Se llaman oraciones interrogativas con partícula. **R1**

R2 Las preguntas empiezan con un .... conjugado. Se llaman oraciones interrogativas sin partícula. **R2**

T 2 Complete la tabla con las oraciones interrogativas con partícula.

Wann kannst du zu mir kommen?
Mit welchem Bus fährst du zur Arbeit?
Wo und wie haben Sie so gut Deutsch gelernt?
Was für eine Farbe hat dein Auto?

1	2	Paréntesis oracional	
Wann	kannst	du zu mir	kommen? ......
Mit welchem Bus	......	du zur Arbeit?	
......	hat	...... ?	
......	......	Sie so gut Deutsch	...... ?
Palabra interrogativa con "w"	**Verbo conjugado**		

R3 El verbo conjugado en las oraciones interrogativas con partícula está en la .... posición. En la primera posición está la **R3**

⇨ 6 Palabras interrogativas, p. 108

T 3a ¿En qué se diferencian las preguntas y las respuestas de las dos columnas? Marque las diferencias.

1. „Können Sie Auto fahren?" – „Ja."
2. „Hast du Geld bei dir?" – „Nein."
3. „Können Sie nicht Auto fahren?" – „Doch."
4. „Hast du kein Geld bei dir?" – „Nein."

T 3b Complete la tabla con los verbos.

Paréntesis oracional		
Haben	Sie schon	gegessen?
Holen	Sie mich am Bahnhof	ab?
…………………	Sie nicht	Auto fahren?
…………………	du kein Geld bei dir?	
Verbo conjugado		**Infinitivo, Participio II, Prefijo**

R4 Las oraciones interrogativas sin partícula forman un paréntesis oracional: El ………………… conjugado está en la primera posición. Si la oración interrogativa sin partícula es negativa, se usa " …………………" (no "ja") para dar una respuesta afirmativa. **R4**

⇨ 10.2 Partículas del diálogo, p. 156

Las oraciones interrogativas sin partícula como oraciones subordinadas se introducen por "ob".
Fährst du auch mit? – Kannst du mir sagen, **ob** du auch mitfährst?

⇨ 13.2.3 Subordinada con "ob" o palabra interrogativa con "w", p. 200

A1

E 1a Escriba preguntas.
E 1b Relacione las preguntas con los apartados del formulario correspondientes.

1. wie / heißen ……… *Wie heißen Sie?*
2. wann / geboren sein ………………………
3. wo / wohnen ………………………
4. was / von Beruf / sein ………………………
5. wo / arbeiten ………………………

Name *1* ………………………	Wohnort ○ ………………………	
Geburtsdatum ○ ………………	Beruf ○ ………………………	Arbeitgeber ○ ………………

12 Tipos de oraciones y la posición del verbo

A2 E 2 En una ciudad desconocida: Escriba preguntas.

1. Entschuldigen Sie, *wie komme ich zum Bahnhof?* .... (wie / zum Bahnhof / kommen)
2. Ich habe eine Frage: .... (wo / das Metropolkino / sein)
3. Entschuldigung, ... (welcher Bus / zum Stadtturm / fahren)
4. Bitte, ... (wann / der Zug nach Kassel / abfahren)
5. Ich habe eine Bitte: .... (wo / parken können)

A2 E 3 Después de las vacaciones la vecina hace muchas preguntas. Escriba.

1. wo / ihr / sein
   Wo wart ihr?
2. wie / die Reise / sein
   ....
3. wie lange / ihr / fahren
   ....
4. was / ihr / den ganzen Tag / machen
   ....
5. was / am schönsten / sein
   ....
6. wann / ihr / zurückgekommen
   ....

A2 E 4a Charla en la comida: Complete las preguntas.
E 4b Relacione las preguntas con las respuestas.

1. *Sind Sie* ...... zum ersten Mal in Bonn? (sein)
2. .... länger in Bonn? (bleiben)
3. .... die Stadt schön? (finden)
4. .... auch Familie? (haben)
5. .... es Ihnen nicht? (schmecken)
6. .... keine Nachspeise? (möcht-)

...... Nein, danke, ich bin satt.
...... Ja, es ist ganz nett hier.
1 ...... Nein, ich komme öfter her.
...... Nein, leider nicht, nur zwei Tage.
...... Doch, es ist sehr gut.
...... Ja, einen Sohn und eine Tochter.

B1 E 5 Una entrevista nunca realizada: ¿Qué preguntas corresponden a las respuestas?

1. *Was essen Sie gern? / Was essen Sie am liebsten? ...* – Gemüse und Fisch, immer wieder.
2. .... – Nein, das suche ich noch.
3. .... – Lehrer!
4. .... – Ja, so oft wie möglich.
5. .... – Tee, viel Tee, und keinen Kaffee.
6. .... – Doch, ich war schon oft in Berlin.

12.3 Oraciones exhortativas

Gib dem Papagei frisches Wasser, Udo!

Und ihr beiden, geht nicht zu spät schlafen!
Und kümmert euch gut um die Katze!

Frau Stern! Bitte räumen Sie die Küche auf!

T 1 Complete las oraciones de la tabla.

0	1		
	Paréntesis oracional		
	Gib	dem Papagei frisches Wasser, Udo!	
Und ihr beiden,	....	nicht zu spät	.... !
Und	....	euch gut um die Katze!	
Frau Stern! Bitte	....	Sie die Küche	.... !
	Verbo en imperativo		**Infinitivo o Prefijo**

R 1 En la oración exhortativa el .... conjugado está en la .... posición. **R 1**

Delante del verbo puede existir una fórmula de tratamiento, un conector o "bitte".
Udo, gib dem Papagei frisches Wasser! **Und** Kümmert euch gut um die Katze!
Frau Stern! Bitte räumen Sie die Küche auf!

T 2 Compare los dos textos. Marque los verbos.

Du musst viel Tee trinken.
Und nimm zweimal einen Löffel Hustensaft.
Wenn es morgen nicht besser ist, gehst du zum Arzt.

Bei Erkältungen:
Viel Tee trinken. Zweimal täglich einen Löffel Hustensaft nehmen. Wenn keine Besserung eintritt zum Arzt gehen.

También existen infinitivos como exhortaciones, sobre todo se encuentran en instrucciones y recetas.

12 Tipos de oraciones y la posición del verbo

A2 E 1 Exhortaciones con imperativo: Complete con el verbo en la forma adecuada.

1. weitergehen – Sie — *Gehen Sie* bitte *weiter* !
2. schließen – du — .... die Tür, bitte!
3. aufmachen – ihr — Bitte .... das Fenster .... !
4. vergessen – Sie — Bitte .... mein Buch nicht!
5. warten – ihr — .... noch kurz, dann bin ich auch fertig!
6. unterschreiben – Sie — .... bitte hier!
7. aufhören – du — Das ist zu laut, ... bitte .... damit!

A2 E 2 Consejos para el invierno: Escriba.

	"du"	"ihr"
1. sich warm anziehen	*Zieh dich warm an!*	*Zieht euch*
2. eine Mütze aufsetzen	....	....
3. sich viel bewegen	....	....
4. täglich spazieren gehen	....	....
5. viel Tee trinken	....	....

A2 E 3 Reformular una receta: Escriba exhortaciones en la forma de cortesía "Sie".

1. Das Gemüse waschen und putzen. — *Waschen und putzen Sie das Gemüse.*
2. Die Zwiebel fein schneiden. — ....
3. Zwiebel kurz in Butter anbraten. — ....
4. Das geschnittene Gemüse dazugeben. — ....
5. Einen ½ Liter klare Suppe aufgießen. — ....
6. Mit Salz, Pfeffer und Thymian würzen. — ....

A2 E 4 Convertir una pregunta en una petición: Escriba exhortaciones.

1. Könnt ihr bitte damit aufhören? — *Bitte hört damit auf!*
2. Kannst du mich am Abend anrufen? — ....
3. Können Sie das wiederholen, bitte? — ....
4. Gibst du mir mal das Brot? — ....
5. Können Sie mich vom Hotel abholen? — ....
6. Können Sie mir eine E-Mail schicken? — ....

12.4 Qué podemos hacer con las oraciones

Describir circunstancias	Diese Hose kostet 49,90 €. Frau Berg ist Ärztin, sie muss oft in der Nacht arbeiten.
Constatar hechos	Deutschland liegt in Europa. Die Berliner Mauer wurde am 9.11.1989 geöffnet.
Describir cosas	Dieses Hotel ist für Leute mit viel Geld.
Evaluar algo	Ich finde Berlin sehr angenehm und schön.

⇨ 12.1 Oraciones enunciativas, p. 164

Expresar intenciones

Oración enunciativa en presente	Ich fahre nach Wien.
Oración enunciativa en presente con complemento temporal	Lukas fliegt morgen nach Japan.
Oración enunciativa en futuro I	Ich werde dich nach deinem Urlaub besuchen.

⇨ 2.2.1 El presente, p. 18
2.2.5 El futuro I, p. 34

Proponer algo

Oración enunciativa en presente	Wir machen die Arbeit am besten gemeinsam fertig.
Oración enunciativa con "können"	Wir können heute einfach zu Hause bleiben und fernsehen.
Oración enunciativa en Konjunktiv II	Wir könnten uns morgen nach der Arbeit treffen.
Oración interrogativa en presente	Gehen wir ins Kino?
Oración interrogativa con "sollen"	Sollen wir mal ins Theater gehen?
Oración interrogativa con "wollen"	Willst du mit uns kommen?
Oración interrogativa en Konjunktiv II	Würdest du einen Kuchen mitbringen?
Oración exhortativa	Mach mal Pause! Sei doch nicht immer so fleißig!

⇨ 2.4.1 Verbos modales, p. 48
2.3.2 El Konjunktiv II, p. 38
2.3.1 El imperativo, p. 36

Prometer algo

Oración enunciativa en presente	Ich gehe einkaufen und bringe die Zeitung mit.
Oración enunciativa en futuro I	Ich werde dir eine E-Mail mit der Adresse schicken.
Oración enunciativa en presente con complemento temporal	Morgen bringe ich dir dein Buch mit.

⇨ 2.2.1 El presente, p. 18
2.2.5 El futuro I, p. 34

Exhortar

Oración exhortativa	Nehmen Sie Platz, bitte!
Oración exhortativa con "wir"	Machen wir Schluss!
Oración enunciativa	Herr Busch, Sie machen jetzt die Arbeit fertig.
Oración enunciativa con "müssen"	Du musst den Bus um 12 Uhr 10 nehmen.
Oración enunciativa con "nicht dürfen"	Du darfst nicht allein in diesen Film gehen.
Oración interrogativa con "können"	Können Sie bitte herkommen?
Oración interrogativa en Konjunktiv II	Würdest du jetzt aufhören?
Oración exhortativa con infinitivo	Die Türen schließen!
Oraciones con "bitte"	Bitte geben Sie mir Ihre Adresse.

⇨ 2.4.1 Verbos modales, p. 48
2.3.2 Konjunktiv II, p. 38
2.3.1 El imperativo, p. 36

12 Tipos de oraciones y la posición del verbo

A1 E 1 ¿Punto? ¿Signo de interrogación? ¿Signo de exclamación? Complete.

1. Waren Sie schon in Berlin ......
2. Was gefällt Ihnen in Berlin am besten ......
3. Ich habe Freunde in Berlin besucht ......
4. Elke wohnt im Zentrum von Berlin ......
5. Der Reichstag ist sehr interessant. Besuchen Sie ihn ......
6. Viele Touristen kaufen „Am Kurfürstendamm" ein ......
7. Welches Museum hast du besucht ......
8. Der Tiergarten ist ein großer Park im Zentrum von Berlin ......
9. Gefällt Ihnen der neue Potsdamer Platz ......

A2 E 2 Escriba exhortaciones.

1. Sie — den Hund – draußen lassen – müssen
2. du — den Hund – vor der Tür – lassen
3. ihr — endlich – herkommen – können
4. Sie — bitte – hier – unterschreiben
5. du — die Arbeit – endlich – fertig machen
6. wir — jetzt – essen – gehen
7. Sie — bitte – langsamer – fahren
8. du — morgen – zum Arzt gehen – müssen

1. Sie müssen den Hund draußen lassen!
2. Lass den Hund …

B1 E 3 ¿Qué está prometiendo? Utilice diferentes posibilidades para formular su respuesta.

1. Hast du die Post schon geholt?	gleich	*Ich hole sie gleich.*
2. Haben Sie das Buch mitgebracht?	morgen	....
3. Ist das Frühstück schon fertig?	fertig machen	....
4. Der Kühlschrank ist fast leer.	einkaufen	....
5. Sie kommen oft zu spät!	pünktlich sein	Ab morgen ....

B1 E 4 Proponer algo: Complete las oraciones.

1. „Lost in Translation" ist ein guter Film. — du – mitkommen – ins Kino
2. Ich war noch nie in diesem Theater. — wir – gemeinsam gehen – sollen
3. Was machen wir morgen Abend? — wir – einen Spaziergang machen – können
4. Haben Sie morgen etwas vor? — Sie – zu uns kommen – können
5. Es ist noch sehr weit. — wir – nicht – eine Pause machen – wollen
6. Der letzte Zug fährt bald. — du – den Zug um 23.20 Uhr – nehmen – müssen

1. Kommst du mit ins Kino? / Komm mit ins Kino.

Unión de oraciones 13

13.1 Oración principal con oración principal

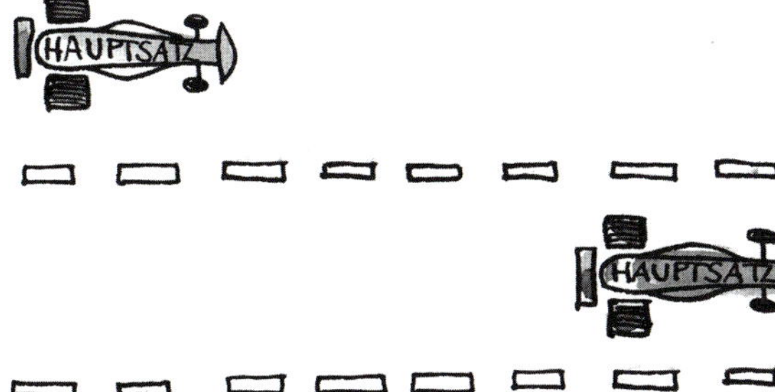

Las oraciones principales pueden aparecer una tras otra sin ningún tipo de conexión:

Lisa bekommt ein neues Handy.
Felix bekommt einen Fotoapparat.

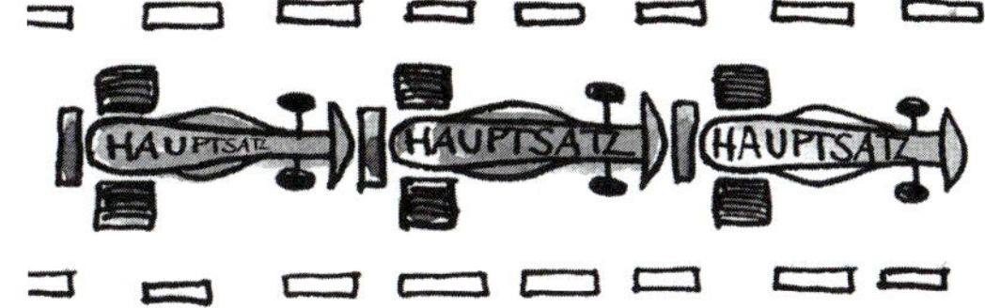

Sin embargo, las oraciones principales también se pueden unir en una oración compleja:

Lisa bekommt ein neues Handy **und** Felix bekommt einen Fotoapparat.

⇨ 12 Tipos de oraciones y la posición del verbo, p. 164

Tipos de uniones entre oraciones principales

Lisa und Felix haben bald Geburtstag [und] ihre Eltern Rosi und Thomas denken über die Geschenke nach. Lisa hat ein Handy, [aber] es ist sehr alt. Sie kann damit im Ausland keine SMS verschicken, deswegen wollen ihre Eltern ihr ein neues Handy schenken. Felix macht sehr gerne Fotos, darum leiht er sich oft die Kamera seines Vaters aus. Rosi fragt: „Sollen wir ihm eine Kamera mit Fotofilm schenken [oder] kaufen wir ihm eine Digitalkamera?" Thomas: „Ich bin für eine Digitalkamera, dann kann er sich die Fotos am Computer ansehen."

T 1a Marque los verbos en las oraciones.

Hay dos tipos de uniones entre oraciones principales:
1. Oración principal 1 + [conjunción] + oración principal 2
2. Oración principal 1 + adverbio conjuncional + oración principal 2

13 Unión de oraciones

T 1b Hay dos tipos de unión entre oraciones principales. Anote un ejemplo del texto de T 1a en cada una de las tablas.

Oración principal 1 + Conjunción + Oración principal 2

Oración principal 1	0	Oración principal 2
Lisa und Felix haben bald Geburtstag	*und*	*ihre Eltern Rosi und Thomas denken über die Geschenke nach.*
....	....	....
....	....	....
	Conjunción	

Oración principal 1 + Oración principal 2 con adverbio conjuncional

Oración principal 1	1	2	Oración principal 2
Sie kann damit im Ausland keine SMS verschicken,	*deswegen*	*wollen*	*ihre Eltern ihr ein neues Handy schenken.*
....	....	....	....
....	....	**Verbo**	....
	Adverbio conjuncional		

R **Unión de oraciones con conjunción:**
La conjunción está en la posición ....

Unión de oraciones con adverbio conjuncional:
El adverbio conjuncional está en la posición ....

R

A2 **E 1a** Marque los verbos, los conjunciones y los adverbios conjuncionales.

1. Ich will ihr ein Handy schenken, dann kann sie uns auch aus England eine SMS schicken.
2. Felix kann sich meine Kamera gern ausleihen, trotzdem möchte ich ihm eine Kamera schenken.
3. Wir kaufen ihm eine Kamera, aber sie darf nicht so teuer sein.
4. Willst du mitkommen oder soll ich allein einkaufen gehen?
5. Ich schau jetzt mal im Internet nach Kameras, dann können wir eine aussuchen.

E 1b Relacione las frases con una de las columnas.

Unión de oraciones con conjunción:
Número de oración: ....

Unión de oraciones con adverbio conjuncional:
Número de oración: *1,* ....

Unión de oraciones 13

13.1.1 Conjunciones

Conjunciones simples

Herr Bahr, welche Medien nutzen Sie am Wochenende?

Am Wochenende höre ich morgens oft Radio und abends sehe ich fern oder leihe mir eine DVD aus. Oft schauen meine Frau und ich abends auch zusammen einen Film, denn zu zweit macht es mehr Spaß. Einen Videorekorder haben wir auch, aber wir brauchen ihn nur noch ganz selten.

T 1 ¿Qué conjunción corresponde?

1. Ich höre morgens oft Radio .... abends sehe ich fern.
2. Abends sehe ich fern .... leihe mir eine DVD aus.
3. Einen Videorekorder haben wir auch, ... wir brauchen ihn nur noch selten.
4. Oft schauen wir zusammen einen Film, ... zu zweit macht es mehr Spaß.

Enumeración: ....

Alternativa: ....

Contraste: ....

Causa: ....

Uniones de frases

Si el sujeto de las dos oraciones es el mismo, se puede omitir en la segunda oración.

Abends sehe **ich** fern oder **ich** leihe mir eine DVD aus.

→ Abends sehe ich fern oder leihe mir eine DVD aus.

Asimismo se puede omitir el verbo, si es igual en las dos oraciones.

Ich habe einen Videorekorder und **ich** habe einen DVD-Player.

→ Ich habe einen Videorekorder und einen DVD-Player.

Delante de las conjunciones "denn" y "aber" siempre aparece una coma.

Er hat viel Geld, aber wenig Zeit.

Er hat wenig Zeit, denn er arbeitet sehr viel.

13 Unión de oraciones

Conjunciones bimembres

Bleiben Sie denn abends immer zu Hause?

Nein, natürlich nicht. Wir bleiben nicht immer zu Hause, sondern wir gehen auch gern ins Kino. Dann machen wir uns einen schönen Abend in der Stadt. Meistens gehen wir entweder vorher essen oder wir trinken nach dem Kino noch etwas in einer Bar. Ich mag eigentlich alle Typen von Filmen. Meine Frau mag weder Action- noch Science-Fiction-Filme. Aber wir beide mögen sowohl Komödien als auch Tragödien oder Dokumentationen.

T 2a ¿Qué corresponde? La entrevista le puede ayudar.

1. nicht (nur) D......
2. entweder ....
3. sowohl ....
4. weder ....

A oder
B noch
C als auch
D sondern (auch)

T 2b ¿Qué perífrasis corresponde?

das eine und das andere

sowohl ... . / ....

das eine oder das andere

....

das eine nicht und das andere auch nicht

....

Con "sowohl .... als auch" y con "weder ... noch" muchas veces se unen partes de la oración:
Ich habe sowohl **Hunger** als auch **Durst**.
Ich habe weder **Hunger** noch **Durst**.

Unión de oraciones 13

E 1 ¿"und", "oder" o "aber"? Complete.

1. Ich heiße Thomas Bahr *und* ich bin der Vater von Lisa und Felix.
2. Früher habe ich in Bonn gelebt, ... jetzt lebe ich in Berlin.
3. Ich habe eine Tochter .... einen Sohn.
4. Meine Tochter heißt Lisa. Sie will in London studieren .... in Dublin.

E 2 Escriba oraciones.

1. ich / telefonieren / nicht / mit dem Handy / aber / ich / schreiben / viele SMS.
2. er / brauchen / den Laptop / in der Arbeit / und / seine Frau / brauchen / ihn / am Wochenende.
3. sie / gehen / oft / ins Internetcafé / denn / sie / schreiben / E-Mails / an ihre Freunde.
4. er / sehen / gern / mit Freunden / Videos / oder / sie / gehen / ins Kino.

1. Ich telefoniere nicht mit dem Handy, aber ich schreibe viele SMS.

E 3 ¿Qué corresponde?

1. Vor dreißig Jahren gab es weder Handys *C*
2. Viele Leute können entweder zu Hause arbeiten ......
3. Bald werden wir nicht mehr über Telefone telefonieren, ...
4. Ich habe ein altes Handy, ...
5. Ich kaufe mir kein neues, ...

A sondern über den Computer.
B aber es funktioniert sehr gut.
C noch E-Mails.
D denn das alte ist noch gut.
E oder in der Firma.

E 4 Una las oraciones con la conjunción adecuada.

sowohl ... als auch • aber • denn • weder ... noch • ~~und~~ • oder

Lukas studiert Informatik *und* (1) er arbeitet als Programmierer bei SOS-Com, ... (2) in seiner Freizeit sitzt er nicht gerne am Computer. In seiner Freizeit trifft er sich lieber mit Freunden .... (3) er geht schwimmen. Er geht gern schwimmen, ... (4) er mag Wasser. Aber er macht auch andere Dinge gern: Er macht .... gern Wanderungen .... (5) Radtouren. Aber er mag keine Ballsportarten: Er spielt .... gern Volleyball .... Fußball.

13.1.2 Adverbios conjuncionales

Zwei geniale Forscher

Hubert M. und Thomas P. sind schon seit vielen Jahren Forscher. Sie wollten unbedingt berühmt werden, deswegen haben sie eine Zeitmaschine erfunden. Sie haben dafür einen alten Kühlschrank umgebaut. Lange hat die Maschine nicht funktioniert, trotzdem haben sie nicht aufgegeben, dann hat es eines Tages geklappt. Leider gibt es mit der Maschine ein Problem: Sie funktioniert nur ohne Zuschauer, sonst wären die beiden Forscher schon lange sehr berühmt. Inzwischen haben sie sich daran gewöhnt, unbekannte Genies zu sein, darum nutzen sie die Zeitmaschine jetzt nur noch privat.

de NICHTWEIHNACHTEN © CARLSEN Verlag GmbH, Hamburg 2005

A 1a Anote los adverbios conjuncionales de las siguientes frases en el cuadro.

1. Der Zeitforscher wusste nicht, was er seinem Kollegen schenken soll, trotzdem hat er schnell ein Geschenk gefunden.
2. Er ist mit der Zeitmaschine in die Zukunft gefahren, deshalb konnte er sehen, was er ihm schenken wird.
3. Dann hat er das Geschenk schnell gekauft.
4. Er ist froh, dass er die Zeitmaschine hat, sonst hätte er kein Geschenk für seinen Kollegen.

Contradicción ....

Causa ....

Orden ....

Necesidad, condición

....

Los adverbios conjuncionales: "darum", "deswegen", "daher" und "deshalb" tienen el mismo significado.

Los adverbios conjuncionales también pueden aparecer en una oración principal sencilla:
Das Wetter war sehr schlecht. Wir sind **trotzdem** zum Wandern gegangen.

Después del adverbio conjuncional "sonst" frecuentemente aparece el Konjunktiv:
Ich wusste nicht, dass du zu Hause bist, **sonst** hätte ich dich angerufen.

Unión de oraciones 

E 1 ¿Qué corresponde?

B1

1. Am Montag ist die Besprechung. Ich muss die Arbeit am Wochenende fertig machen, *C*
2. Ich weiß, dass du viel zu tun hast, ...
3. Ich muss heute Abend arbeiten, ...
4. Geht schon mal ins Café. Ich muss noch telefonieren, ...

A dann komme ich nach.
B trotzdem kannst du mich mal anrufen!
C sonst schaffe ich es nicht mehr rechtzeitig. Am Montag habe ich keine Zeit mehr dafür.
D deshalb kann ich nicht ins Kino mitkommen.

E 2 Felix habla con Lukas sobre sus problemas de estudio. Complete.

B1

sonst • deshalb • dann • sonst • darum • ~~trotzdem~~

○ Ich habe nächste Woche eine wichtige Prüfung in Mathe, *trotzdem* (1) kann ich mich nicht konzentrieren. Ich muss wirklich lernen, ... (2) schaffe ich die Prüfung nicht.

● Mir geht es im Moment so ähnlich, ich muss für die Zwischenprüfung lernen. Ich mache immer irgendwas anderes, ... (3) habe ich noch nichts gelernt. Aber ich muss unbedingt anfangen, ... (4) bestehe ich die Prüfung auch nicht.

○ Vielleicht sollten wir zusammen lernen? Ich fühle mich beim Lernen immer so allein, ... (5) lerne ich lieber gleichzeitig mit jemand anderem.

● Ja, das ist eine gute Idee, ... (6) können wir auch zusammen Pausen machen.

○ Ja, das ist super, so macht das Lernen auch mehr Spaß!

E 3 Una con "trotzdem", "sonst" o "darum".

B1

Ich habe kein Handy,
1. Ich bin gut erreichbar.
2. Du kannst mich im Zug nicht anrufen.
3. Ich telefoniere zu viel.

Ich mache oft Sport,
4. Ich habe selten eine Erkältung.
5. Ich fühle mich heute nicht fit.
6. Ich bekomme schlechte Laune.

1. Ich habe kein Handy, trotzdem bin ich gut erreichbar.

13.2 Oración principal con oración subordinada

Nebensätze gehören zu einem Hauptsatz.

En la lengua hablada las oraciones subordinadas pueden aparecer solas:
- ● Wir müssen in 20 Minuten am Flughafen sein.
- ❍ **Ob wir das noch schaffen?**
- ● Ich glaube nicht.

Oración principal	**Oración subordinada**		
	Paréntesis oracional de la oración subordinada		
Ich weiß nicht,	ob	wir das noch	schaffen.
Wir haben noch 20 Minuten,	bis	wir am Flughafen	sein müssen.
Ich hoffe,	dass	wir noch pünklich	ankommen.
Schau mal auf dein Handy,	ob	Maribel schon	angerufen hat.
	Conector		**Verbo**

R 1
Las oraciones subordinadas empiezan con una ....
En las oraciones subordinadas el verbo conjugado está ....
R 1

El prefijo de los verbos separables se mantiene junto al verbo (como en infinitivo).
Ich warte, bis du anrufst.

⇨ 2.4.2 Verbos con prefijo, p. 54

Orden: Oración principal y oración subordinada

T 1 ¿Dónde está la oración subordinada? Márquela.

	1	2		
	Ich	hole	dich ab,	wenn ich es schaffe.
Wenn ich es schaffe,	hole	ich	dich ab.	

R2 La oración subordinada está delante de la oración principal: En la oración principal el ………………… está en la primera posición directamente después de la coma. **R2**

Tipos de oraciones subordinadas

Lisa und Felix bekommen Besuch von Maribel aus Spanien. Lisa fährt zum Flughafen, weil sie Maribel abholen will. Felix hat gesagt, dass er lieber zu Hause bleibt. Am Flughafen wartet Lisa auf das Flugzeug, das 30 Minuten Verspätung hat. Endlich ist Maribel da.

- ● Hallo Maribel, schön, dass du da bist!
- ❍ Hallo Lisa. Ich freue mich auch! Rate mal, was ich dir mitgebracht habe!
- ● Keine Ahnung.
- ❍ Ich habe dir Olivenöl mitgebracht, wenn du mal wieder kochen willst.
- ● Hm, danke, du weißt doch, dass ich nicht gerne koche …
- ❍ Eben!

T 2a Marque las oraciones subordinadas.

T 2b Existen tres tipos de oraciones subordinadas. Escriba un ejemplo de cada.

con cojunción subordinante (dass, weil, damit, wenn, …)	**con pronombre relativo** (der, das, die)	**con palabra interrogativa con "w" o "ob"** (wie, was, …)
…………………………………	…………………………………	…………………………………
…………………………………	…………………………………	…………………………………
…………………………………	…………………………………	…………………………………

13 Unión de oraciones

A2 E 1 ¿Dónde está el verbo en la oración subordinada?

1. Ich finde es gut, dass (a) du (b) uns (c).	besuchst *c*
2. Wenn (a) ich (b) Zeit (c), komme ich zum Flughafen.	habe ......
3. Das ist der Bus, der (a) zum (b) Flughafen (c).	fährt ......
4. Ich brauche Kleingeld, weil (a) ich (b) eine Fahrkarte (c).	kaufen muss ......
5. Wenn (a) ich (b) dich (c) nicht (d), rufe ich dich auf dem Handy an.	finde ......

A2 E 2 ¿Cuál es la oración pricipal, cuál la subordinada? Marque los verbos y anótelos.

1. Ich **hoffe**, dass wir uns bald wieder **sehen**.
   Hauptsatz *Nebensatz* ....
2. Wenn ich Zeit habe, rufe ich dich an.
   ....
3. Kommst du mit ins Kino, wenn du mit der Arbeit fertig bist?
   ....
4. Wie hieß der Film, den du dir gestern angesehen hast?
   ....
5. Weil ich krank bin, kann ich leider nicht mitkommen.
   ....

B1 E 3 Escriba oraciones.

1. Ich / mich / freuen // weil / ich / heute / nicht / arbeiten müssen.
2. Können / du / mich / anrufen // wenn / du / zu Hause / sein?
3. Dort / sein / die Frau // die / mich / mitgenommen haben.
4. Das / sein / sehr einfach // wenn / du / gut aufpassen.
5. Ich / nicht wissen // ob / ich dich / später / anrufen können.

1. Ich freue mich, weil ich heute nicht arbeiten muss.

B1 E 4 Cambie el orden de las oraciones.

1. Ich nehme eine Tablette, wenn ich Kopfschmerzen habe.
2. Maribel kommt gern nach Deutschland, seit sie dort Freunde hat.
3. Lukas hat sich sehr gefreut, als er den Hund gefunden hat.
4. Ich bleibe einfach hier sitzen, bis du wiederkommst.
5. Ich weiß nicht, was das ist.

1. Wenn ich Kopfschmerzen habe, nehme ich eine Tablette.

13.2.1 Oraciones subordinadas con conjunciones subordinantes

13.2.1.1 Oraciones subordinadas con "dass"

Heute hat Lukas eine Besprechung. Gestern hat sein Chef gesagt, dass er unbedingt pünktlich sein muss. Es ist wichtig, dass Lukas bei der Besprechung um 8 Uhr dabei ist.
Die ganze Nacht hatte Lukas Angst, dass der Wecker nicht klingelt. Am Morgen war er dann sehr müde. Jetzt hat er die U-Bahn verpasst und hofft, dass er trotzdem noch pünktlich in die Arbeit kommt.
Er hat Glück. Um fünf vor acht meint sein Chef: "Ich freue mich sehr, dass Sie hier sind." Lukas lächelt und ist froh, dass er es geschafft hat.

Lukas denkt: Ich komme zu spät zur Besprechung.
Lukas denkt, **dass** er zu spät zur Besprechung kommt.

T 1 Complete. El texto le ayuda.

Oraciones subordinadas con "dass" aparecen después de

Verbos: *denken* ...., ..., ..., ..., wissen, berichten, schreiben ...

Expresiones con adjetivos: .... *sein*, sicher sein, glücklich sein, traurig sein ...

Expresiones impersonales: *es ist* ...., es gefällt mir ...

Sustantivos + "haben": ...., Sorge haben, Glück haben ...

der Ansicht sein, dass ...
der Meinung sein, dass ..

T 2 Compare las parejas de frases.

Oraciones subordinadas con "dass"	**"zu" + infinitivo**
Ich hoffe, dass ich pünktlich bin.	Ich hoffe, pünktlich zu sein.
Ich hoffe, dass er pünktlich ist.	--- --- ---
Es freut mich, dass ich dich sehe.	Es freut mich, dich zu sehen.
Es freut mich, dass du hier bist.	--- --- ---

R Agente en la oración principal = agente en la oración ....
→ Oración subordinada con "dass" o "zu" + infinitivo. **R**

⇨ Verbo + "zu" + Infinitivo, p. 68

13 Unión de oraciones

A2 E 1 Lisa le escribe a Maribel. Una las oraciones.

1. Du kommst uns besuchen. Ich freue mich. — *Ich freue mich, dass du uns besuchen kommst.*
2. Du kommst. Auch Felix freut sich. — ……
3. Am Samstag muss ich arbeiten. Es tut mir leid. — ……
4. Aber Felix hat Zeit. Er kann mit dir in ein Museum gehen. Er ist froh. — *Aber Felix hat Zeit und er ist froh,* ……
5. Am Samstagabend gehen wir zusammen essen. Ich freue mich. — ……
6. Wir sehen uns endlich wieder. Ich bin sehr froh. — ……

A2 E 2 Lisa y Maribel piensan en qué enseñar a Maribel. Escriba oraciones con "dass".

1. Lisa (denken): Maribel geht gerne in ein Museum.
   Lisa denkt, dass Maribel gerne in ein Museum geht.
2. Felix (meinen): Sie interessiert sich für Moderne Kunst.
   Felix ……
3. Lisa (sicher sein): Sie mag auch das Naturkundemuseum sehen.
   Lisa ist ……
4. Felix (sagen): Sie möchte auch auf die Weihnachtsmärkte gehen.
   ……
5. Lisa (glauben): Sie mag Glühwein.
   ……
6. Felix und Lisa (hoffen): Maribel mag deutsches Essen.
   ……

E 3 Combine. Escriba ocho oraciones subordinadas con "dass".

~~hoffen (nicht)~~ – der Meinung sein	das Essen schmeckt dir – du magst Moderne Kunst
sich ärgern – es ist schade	die U-Bahn fährt nicht – der Bus kommt zu spät
sich wundern – denken (nicht)	~~die Besprechung ist interessant~~ – der Termin ist wichtig
sich freuen – es ist schön	alles ist teuer – das Museum hat geschlossen

1. Wir hoffen, dass die Besprechung interessant ist.

E 4a ¿Qué frases se pueden expresar también con oraciones infinitivas con "zu"? Márquelas.

B1

	Infinitivo con "zu" posible	Infinitivo con "zu" imposible
1. Lukas hofft, dass er die U-Bahn nicht verpasst.	X	
2. Aber er hat Pech. Er ärgert sich, dass die U-Bahn weg ist.		
3. Er schafft es trotzdem, dass er pünktlich kommt.		
4. Er hat seinem Chef versprochen, dass er heute das Protokoll schreibt.		
5. Um 19 Uhr ist er froh, dass das Protokoll endlich fertig ist.		

E 4b Escriba las oraciones infinitivas con "zu".

1. Lukas hofft, die U-Bahn nicht zu verpassen.

E 5 Estilo indirecto: Use oraciones subordinadas con "dass". Fíjese en los pronombres.

1. Lukas erzählt: Ich hatte gestern eine wichtige Besprechung. 2. Er berichtet: Mein Chef war auch dabei. 3. Der Chef war der Meinung: Der Termin ist für alle wichtig. 4. Lukas und seine Kollegen waren froh: Sie haben wichtige Informationen bekommen. 5. Nach der Besprechung waren alle zufrieden und sie haben beschlossen: Wir gehen noch etwas essen.

1. Lukas erzählt, dass er am Tag davor eine wichtige Besprechung hatte.

13.2.1.2 Oraciones subordinadas condicionales con "wenn"

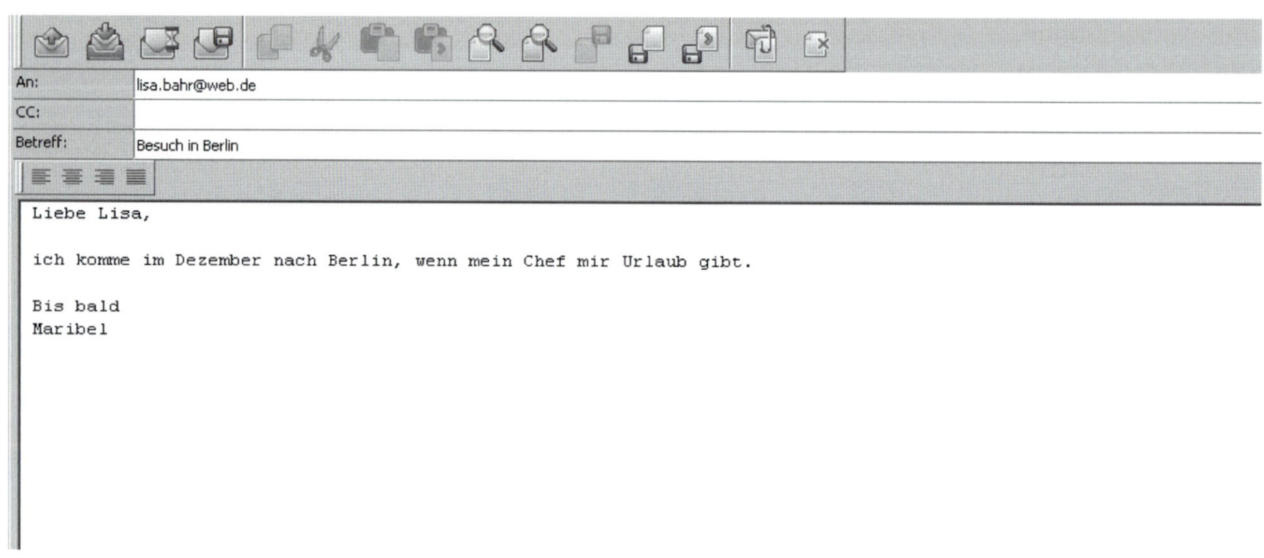
An: lisa.bahr@web.de
CC:
Betreff: Besuch in Berlin

Liebe Lisa,

ich komme im Dezember nach Berlin, wenn mein Chef mir Urlaub gibt.

Bis bald
Maribel

T 1 ¿Qué escribe Maribel? Marque con una cruz.

- [ ] Sie kommt im Dezember nach Berlin.
- [ ] Sie möchte im Dezember nach Berlin kommen. Sie muss aber noch Urlaub bekommen.
- [ ] Sie hat im Dezember sicher Urlaub und kommt deswegen nach Berlin.

T 2 ¿Cuál de las oraciones expresa la condición, cuál la consecuencia?

Wenn mein Chef mir Urlaub gibt,	komme ich im Dezember nach Berlin.
Condición	....
Maribel fährt zu Lisa,	wenn sie frei hat.
....	....

Condición →

wenn ....

Subordinadas condicionales con "wenn" frecuentemente expresan condiciones irreales.
Entonces el verbo aparece en Konjunktiv II:
Wenn ich mehr Zeit **hätte, würde** ich öfter Sport **machen.**

También existen oraciones subordinadas condicionales sin "wenn". Entonces el verbo está en la 1ª posición:
Hätte ich mehr Zeit, würde ich öfter Sport machen.

⇨ 2.3.2 Konjunktiv II, p. 38

Unión de oraciones 13

E 1 ¿Qué corresponde?

1. Ich schlafe lange, *C*
2. Ich fahre in die Berge, ...
3. Ich nehme eine Tablette, ...
4. Ich kaufe frisches Obst und Gemüse, ...

A wenn ich Kopfschmerzen habe.
B wenn ich für Freunde koche.
C wenn ich Zeit habe.
D wenn das Wetter schön ist.

E 2 Maribel reflexiona. Escriba.

1. ich / nach Berlin / fahre – wenn – ich / Urlaub / bekomme
2. wenn – in Berlin / ich / bin – zum Potsdamer Platz / ich / gehe
3. wenn – das Wetter / schlecht / ist – in ein Museum / ich / gehe
4. wenn – Zeit / ich / habe – am Abend / ich / für / Lisa und Felix / koche

1. Ich fahre nach Berlin, wenn ich Urlaub bekomme.

E 3a ¿Cuál de las oraciones expresa la condición?

1. Das Wetter ist schön. Wir gehen spazieren.
2. Ich trinke viel Wasser. Ich habe Kopfschmerzen.
3. Ich habe Zeit. Ich hole dich ab.
4. Ich höre gute Musik. Ich bin traurig.
5. Sie hat heute frei. Sie liest ein Buch.

E 3b Una las oraciones con "wenn".

1. Wenn das Wetter schön ist, gehen wir spazieren.

E 4 ¿Qué pasaría si ...? Escriba frases. Utilice el Konjunktiv II.

1. Peter: viel Geld haben → Weltreise machen
2. Sabine: ein Auto haben → in die Berge fahren
3. Herr Ritter: Urlaub haben → mehr Bücher lesen
4. Frau Rademacher: mehr Zeit haben → öfter ins Kino gehen
5. Herr und Frau Stadelmann: weniger Arbeit haben → mehr miteinander reden

1. Wenn Peter viel Geld hätte, würde er eine Weltreise machen.

13.2.1.3 Oraciones subordinadas temporal

Liebe Nina,

ich bin jetzt schon zehn Tage in Berlin. Seit ich hier bin, spreche ich nur Deutsch. Als ich vor drei Jahren das erste Mal hier war, habe ich kein Wort verstanden. Das ist jetzt ganz anders. Wenn ich morgens zum Bäcker gehe, spreche ich schon Deutsch. Nachdem ich keine Angst mehr hatte, Fehler zu machen, ging es auch viel leichter. Während Lisa und ich Frühstück machen, reden wir natürlich auch die ganze Zeit. Ich hab schon viel gesehen, aber eine Sache fehlt noch: Bevor ich zurückfahre, möchten Lisa und ich unbedingt noch an die Ostsee fahren. Dort wollen wir warten, bis es dunkel wird und wir die Sterne sehen können.

Liebe Grüße und bis bald
Maribel

T Marque las conjunciones subordinantes y complete el cuadro.

Seit ich hier bin, spreche ich nur Deutsch.

Dort wollen wir bleiben, bis es dunkel wird.

Als ich das erste Mal in Deutschland war, habe ich kein Wort verstanden.

(Immer) wenn ich zum Bäcker gehe, spreche ich Deutsch.

Bevor ich zurückfahre, möchten wir noch an die Ostsee fahren.

Nachdem ich keine Angst mehr hatte, ging es viel leichter.

Während Lisa und ich Frühstück machen, reden wir natürlich die ganze Zeit.

Duración
fijándose en el inicio → ....

Duración
fijándose en el final → ....

Un momento / un acontecimiento
en el pasado → ....

Momentos / acontecimientos / estados
que se van repitiendo
(antes, ahora o en el pasado) →
(siempre) ....

Un acontecimiento ocurre
antes que otro → ....

Un acontecimiento ocurre
después de otro → ....

Dos acontecimientos
ocurren a la vez → ....

Unión de oraciones

E 1 Maribel habla de sus viajes y nos aconseja. Complete con "wenn" o "als".

Als .... (1) ich zum ersten Mal eine lange Busfahrt gemacht habe, hatte ich großen Durst und nichts zu trinken dabei. Heute nehme ich immer eine Flasche Wasser mit, ... (2) ich mit dem Bus unterwegs bin. Ich frage immer genau nach, ... (3) ich auf Reisen etwas nicht verstehe. Ich bin einmal mit dem Zug gefahren und in einer falschen Stadt ausgestiegen, ... (4) ich nach Valencia fahren wollte.

E 2 De viaje. Escriba frases con "wenn" y "als".

A2

Wenn ich ...
1. Zug verpassen
2. den Weg nicht wissen
3. etwas nicht verstehen

Als ich ...
4. zum ersten Mal im Ausland sein
5. meine erste Flugreise machen
6. zum ersten Mal ein Hotel suchen

1. Wenn ich einen Zug verpasse, gehe ich zur Information.

4. Als ich zum ersten Mal im Ausland war, war ich sieben Jahre alt.

E 3 ¿"Bis", "seit", "bevor" o "nachdem"? Complete.

- ❍ Ich gehe etwas essen. *Seit* .... (1) ich gefrühstückt habe, habe ich nichts mehr gegessen. Kommst du mit?
- ● Nein! Ich warte hier so lange, ... (2) du wiederkommst.
- ❍ Na toll. Ich gehe jetzt. Und du wirst sehen: .... (3) ich was gegessen habe, geht es mir viel besser. Willst du nicht noch mal nachdenken, ... (4) du „Nein!" sagst?

E 4 ¿"Als", „wenn", „seit", „bevor", „nachdem" o „während"? Complete.

Als .... (1) ich zum ersten Mal in Deutschland war, habe ich nichts verstanden. Das hat mich sehr gestört! .... (2) ich vor vier Jahren dort war, lerne ich Deutsch. Es macht mir Spaß. Und immer .... (3) ich keine Lust habe zu lernen, denke ich an meine Deutschlandreisen. Ich war 2003 zum ersten Mal hier. .... (4) ich am Bahnhof von Berlin ankam, wusste ich nicht wohin. Ich hatte mich überhaupt nicht um ein Hotel gekümmert, ... (5) ich losgefahren war. Aber ich habe schnell Leute kennengelernt und alle haben mir geholfen. Ich bin dann erst mal in eine kleine Pension gegangen. .... (6) ich auf dem Zimmer ein Stück Pizza gegessen habe, habe ich mir den Stadtplan von Berlin angesehen. .... (7) ich die Pizza aufgegessen hatte, bin ich losgegangen und habe Berlin entdeckt.

13.2.1.4 Oraciones subordinadas causales y concesivas

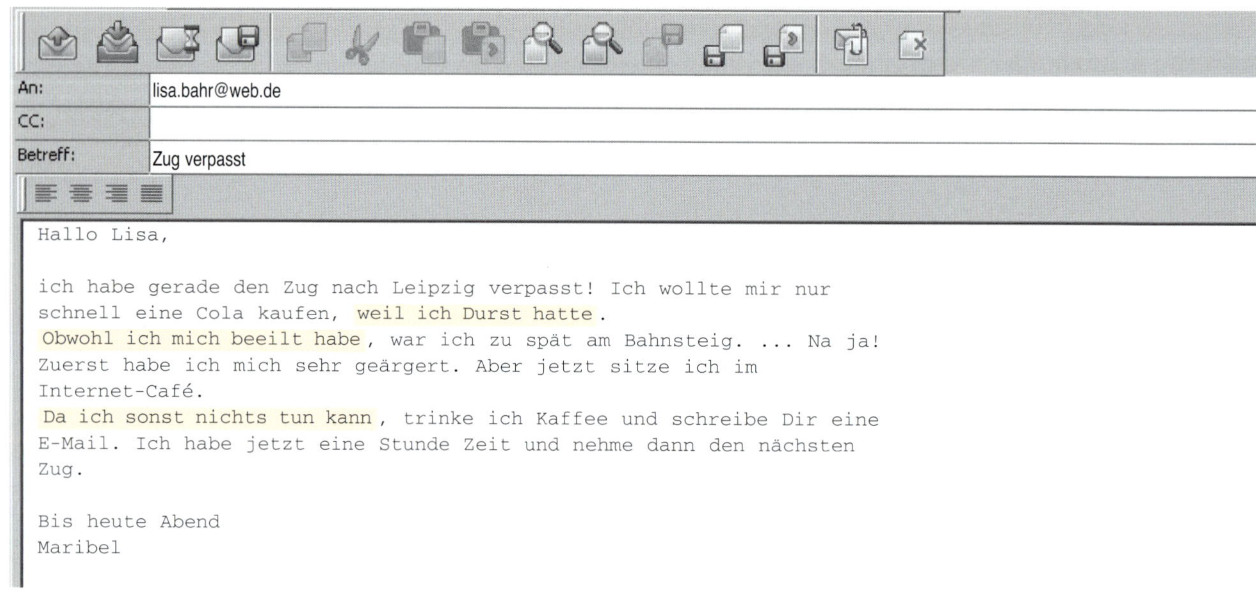

An: lisa.bahr@web.de
CC:
Betreff: Zug verpasst

Hallo Lisa,

ich habe gerade den Zug nach Leipzig verpasst! Ich wollte mir nur schnell eine Cola kaufen, weil ich Durst hatte.
Obwohl ich mich beeilt habe, war ich zu spät am Bahnsteig. ... Na ja! Zuerst habe ich mich sehr geärgert. Aber jetzt sitze ich im Internet-Café.
Da ich sonst nichts tun kann, trinke ich Kaffee und schreibe Dir eine E-Mail. Ich habe jetzt eine Stunde Zeit und nehme dann den nächsten Zug.

Bis heute Abend
Maribel

T 1 ¿Qué significado tienen las siguientes oraciones subordinadas? Anote los números en el cuadro.

T 2 Complete el cuadro con las conjunciones subordinantes.

1. Ich kaufe mir eine Cola, weil ich Durst habe. 2. Obwohl ich mich beeilt habe, war ich zu spät am Bahnsteig. 3. Da ich sonst nichts tun kann, trinke ich Kaffee.

Dar una razón/causa	Indicar una contradicción o algo inesperado
Número de oración: 1.................	Número de oración: ....
Conjunción subordinante: .... o	Conjunción subordinante: ....

Oraciones subordinadas con "da"
- se usan fundamentalmente en la lengua escrita,
- aparecen a menudo delante de la oración principal.

También se puede expresar así:

Oración principal + Oración subordinada
Ich kaufe eine Cola, **weil** ich Durst habe.
Da ich Durst habe, kaufe ich eine Cola.

Ich bin zu spät, **obwohl** ich mich beeilt habe.

Oración principal + Oración principal
Ich kaufe eine Cola, **denn** ich habe Durst.

Ich habe mich beeilt. **Trotzdem** bin ich zu spät.

⇨ 13.1.1 Conjunciones, p. 175
13.1.2 Adverbios conjuncionales, p. 178

Unión de oraciones 13

E 1 Escriba oraciones con "weil".

- Wie war die Zugfahrt?
- Schön. Ich fahre gerne Zug, (ich / dann / können / ein Buch / lesen) (1)
- Na ja. Ich fahre nicht so gerne Zug, (ich / müssen / immer / warten) (2)
- Das stimmt, aber mit dem Auto bin ich auch nicht schneller, (ich / oft / im Stau / stehen) (3)
  Und Zug fahren ist oft lustig, (man / neue Leute / kennenlernen) (4)

> *1. Ich fahre gerne Zug, weil ich dann ein Buch lesen kann.*

E 2 Escriba lo que le ha pasado a Lukas en los últimos días. Una las oraciones. Empiece con "da" o "weil".

1. S-Bahn / haben / am Freitagmorgen / Unfall – ich / zu spät / zum Flughafen / kommen
2. ich / nicht aussteigen / aus der S-Bahn / können – den Flug nach Frankfurt / ich / verpassen
3. ein Vorstellungsgespräch in Frankfurt / ich / um 9 Uhr / verpassen – ich / sein / sehr wütend
4. sein / Reise nach Frankfurt / für mich / sinnlos – ich / Geld für das Ticket / zurückfordern

> *1. Da die S-Bahn am Freitagmorgen einen Unfall hatte, bin ich zu spät zum Flughafen gekommen.*

E 3 El padre de Lukas cuenta su último fin de semana. Escriba oraciones con "obwohl".

1. viel Arbeit haben <-> am Wochenende wegfahren, 2. ein teures Hotel buchen <-> ein kleines Zimmer haben, 3. wenig Zeit haben <-> ein Museum besuchen, 4. nicht viel Geld haben <-> in ein gutes Restaurant gehen, 5. schlechtes Wetter sein <-> ein schönes Wochenende sein

> *1. Obwohl ich viel Arbeit hatte, bin ich letztes Wochenende weggefahren.*

E 4 ¿"Weil" o "obwohl"? Relacione y escriba frases.

Er fährt oft mit dem Fahrrad.

Er ist langsamer als mit der U-Bahn.
Er macht dann ein bisschen Sport.
Er muss durch die Stadt fahren.
Er kann auf der Fahrt nicht Zeitung lesen.
Er wartet nicht gern auf die U-Bahn.

> *Er fährt oft mit dem Fahrrad, obwohl er langsamer ist als mit der U-Bahn.*

13.2.1.5 Oraciones subordinadas con "damit", "um ... zu" (final) y "sodass" (consecutiva)

Felix schläft morgens gern lange. Jetzt hat er einen Radiowecker gekauft, damit er endlich pünktlich aufsteht. Begeistert erzählt er Lisa von seinem neuen Kauf.

❍ Ich habe mir einen Wecker gekauft, um endlich pünktlich aufzustehen. Es ist ein Radiowecker, sodass ich jeden Morgen die Nachrichten hören kann.
● Na ja. Früher hatte ich auch einen Radiowecker. Aber ich habe immer verschlafen. Ich musste den Wecker weit vom Bett wegstellen, sodass ich aufstehen musste, um ihn auszuschalten.
❍ Das glaube ich nicht, ich stehe bestimmt nach den Nachrichten auf.
● Das werden wir ja sehen ... (hihi) und wann soll ich dich morgen wecken?

T 1 Marque las oraciones principales.

T 2 Complete las oraciones y apunte las conjunciones adrcuadas en el cuadro.

Es ist ein Radiowecker,
sodass.................. Felix die Nachrichten ....

Jetzt hat er einen Radiowecker gekauft,
.... er endlich pünktlich ....

Ich habe mir einen Wecker gekauft,
.... endlich pünktlich ....

Expresar las consecuencia →
....

Expresar la finalidad →
.... oder ....

Subordinada consecutiva con "sodass"
Der Wecker steht weit weg, **sodass** ich aufstehen muss.

Oración principal con "so" → subordinada sólo con "dass"
Der Wecker steht **so** weit weg, **dass** ich aufstehen muss.

T 3 Compare las oraciones.

Oración subordinada con "damit"	Oración subordinada con "um ... zu"
Ich stelle den Wecker, damit ich nicht verschlafe.	Ich stelle den Wecker, um nicht zu verschlafen.
Ich stelle den Wecker, damit du nicht verschläfst.	--- --- ---

R Sujetos diferentes en las oraciones principal y subordinada → Subordinda final siempre con ....

⇨ 2.5.2 Verbos con infinitivo, p. 67

Unión de oraciones 13

E 1a ¿Quién lo hace? Relacione las frases.

1. Felix hat einen Radiowecker gekauft ..C....
2. Lisa geht in Felix' Zimmer ....
3. Felix steht auf ....
4. Lisa geht in die Stadt ....

A Felix wecken
B einen zweiten Wecker für Felix kaufen
C nicht mehr verschlafen
D frühstücken

E 1b Escriba frases con "um ... zu".

1. *Felix hat einen Radiowecker gekauft, um nicht mehr zu verschlafen.*

E 2 Una las frases si es posible con "um ... zu", si no lo es con "damit".

1. Lukas braucht keinen Wecker. Er steht früh auf.
2. Er muss jeden Tag früh aufstehen. Er geht mit Toby spazieren.
3. Toby sitzt jeden Morgen neben Lukas' Bett und zieht an der Decke. Lukas wacht auf.
4. Manchmal muss Lukas kalt duschen. Er wird richtig wach.

1. *Lukas braucht keinen Wecker, um früh aufzustehen.*

E 3 Consejos para dormilones. Una las frases con "sodass". Use el imperativo.

1. sofort aufstehen → nicht wieder einschlafen können
2. Wecker so weit weg vom Bett stellen → aufstehen müssen
3. eine Flasche Wasser neben das Bett stellen → morgens gleich einen Schluck trinken können
4. regelmäßig früh aufstehen → sich ans Aufstehen gewöhnen

1. *Stehen Sie sofort auf, sodass Sie nicht wieder einschlafen können.*
2. *Stellen ...*

E 4 Complete con "um ... zu", "damit", "dass" o "sodass".

1. Lisa fährt in die Stadt, ..*um*.............. für Felix einen Wecker .... kaufen. 2. Sie will Felix den Wecker schenken, ... sie ihn nicht jeden Morgen wecken muss. 3. Er soll den Wecker dann so weit vom Bett weg stellen, ... er aufstehen muss, wenn der Wecker klingelt. 4. Hoffentlich steht Felix dann auch schnell auf, ... Lisa nicht auch wach wird.

13.2.1.6 Oraciones subordinadas con "je ... desto" (comparativo)

T 1 Marque los adjetivos en el bocadillo.

R 1 "je ... desto" une dos oraciones. En ambas oraciones los adjetivos están en
- ☐ positivo (forma base).
- ☐ comparativo.
- ☐ superlativo.

R 1

T 2 Escriba la frase del dibujo en el cuadro.

Oración subordinada			Oración principal		
Paréntesis de la oración subordinada					
Je später	....	.... ,	desto	....	.... !
"je" + Adjetivo			**"desto" + Adjetivo**	2	

R 2 Inmediatamente después de "je" y "desto" siempre aparece un .... en comparativo.
En la oración principal el .... está detrás del adjetivo.

R 2

Oraciones con "je ... desto" a menudo son oraciones cortas sin verbo:
Je schneller, desto besser. Je später der Abend, desto schöner die Gäste.

⇨ 7.3 La gradación de los adjetivos, p. 119

Unión de oraciones 13

E 1 ¿Qué corresponde?  B1

1. Je länger ich abends wach bin, *D*......
2. Je früher ich aufstehe, ...
3. Je weniger Sport ich mache, ...
4. Je später der Abend, ...

A desto schneller bin ich abends müde.
B desto fauler werde ich.
C desto schöner die Gäste.
D desto müder bin ich morgens.

E 2 Complete con los adjetivos.  B1

1. Je *länger* .... (lang) ich über den Tag nachdenke, desto .... (schön) wird er.
2. Je .... (alt) ich werde, desto .... (oft) denke ich an die Schulzeit.
3. Je .... (lang) Tanja in Berlin ist, desto .... (gut) gefällt es ihr.
4. Je .... (wenig) Kaffee ich trinke, desto .... (ruhig) werde ich.

E 3 Una las frases.  B1

1. Tina geht abends spät ins Bett. Das Aufstehen ist schwer für sie.
2. Der Wecker klingelt oft. Tina wird wütend.
3. Es ist morgens lange dunkel. Tina bleibt gern im Bett liegen.
4. Tina hat es eilig. Die Straßenbahn fährt langsam.

1. Je später Tina abends ins Bett geht, desto ...

E 4 Escriba oraciones con "je ... desto".  B1

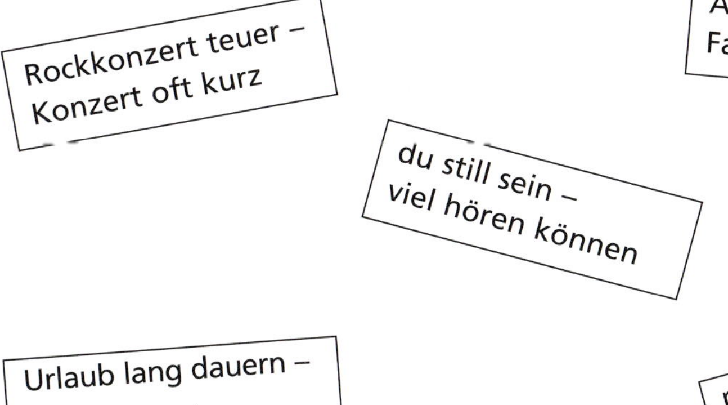

Auto schnell –
Fahrer unsportlich

früh eine Reise buchen – Auswahl groß sein

man steht früh auf –
der Tag ist lang

1. Je teurer ein Rockkonzert ist, desto ...

13.2.2 La oración relativa

Hallo liebe Klassenkollegen,

geht es Euch auch so? Immer öfter denken wir an unsere Zeit in der Schule. Es gibt so viel, was wir nicht (mehr) wissen …

- *Wie hieß noch mal der Junge, der neben Elke saß?*
- *Was macht das Mädchen, das Fußballprofi werden wollte?*
- *Wie sieht heute unsere Freundin Petra aus, die früher so lange Haare hatte?*
- *Sind die Jungs (Felix und Max), die immer so lustig waren, wirklich Komiker geworden?*
- *Und Steffi, deren Eltern immer so tolle Geburtstagsfeste für sie gemacht haben, was macht sie?*
- *…*

Wenn Ihr Antworten auf diese Fragen wollt, dann kommt alle zum Klassentreffen,
*am **Samstag, den 29. Juni, im Biergarten „Zum Ochsen“** neben unserer Schule!*

Bis bald
Thorsten und Monika

Las oraciones relativas proporcionan información o explicaciones acerca de un sustantivo:
Der Junge (welcher?) Der Junge, der neben mir saß.

Pronombres relativos "der", "das", "die"

T 1 Complete con los pronombres relativos del texto.

Referente	Pronombre relativo
Der Junge,	.... neben Elke saß.
Das Mädchen,	.... Fußballprofi werden wollte.
Die Freundin,	.... so lange Haare hatte.
Die Jungs,	.... immer so lustig waren.

R 1 El pronombre relativo tiene el mismo género (der, das, die) y el mismo número (singular/plural) que la .... a la que se refiere. R 1

⇨ 5.5 Los pronombres relativos, p. 103

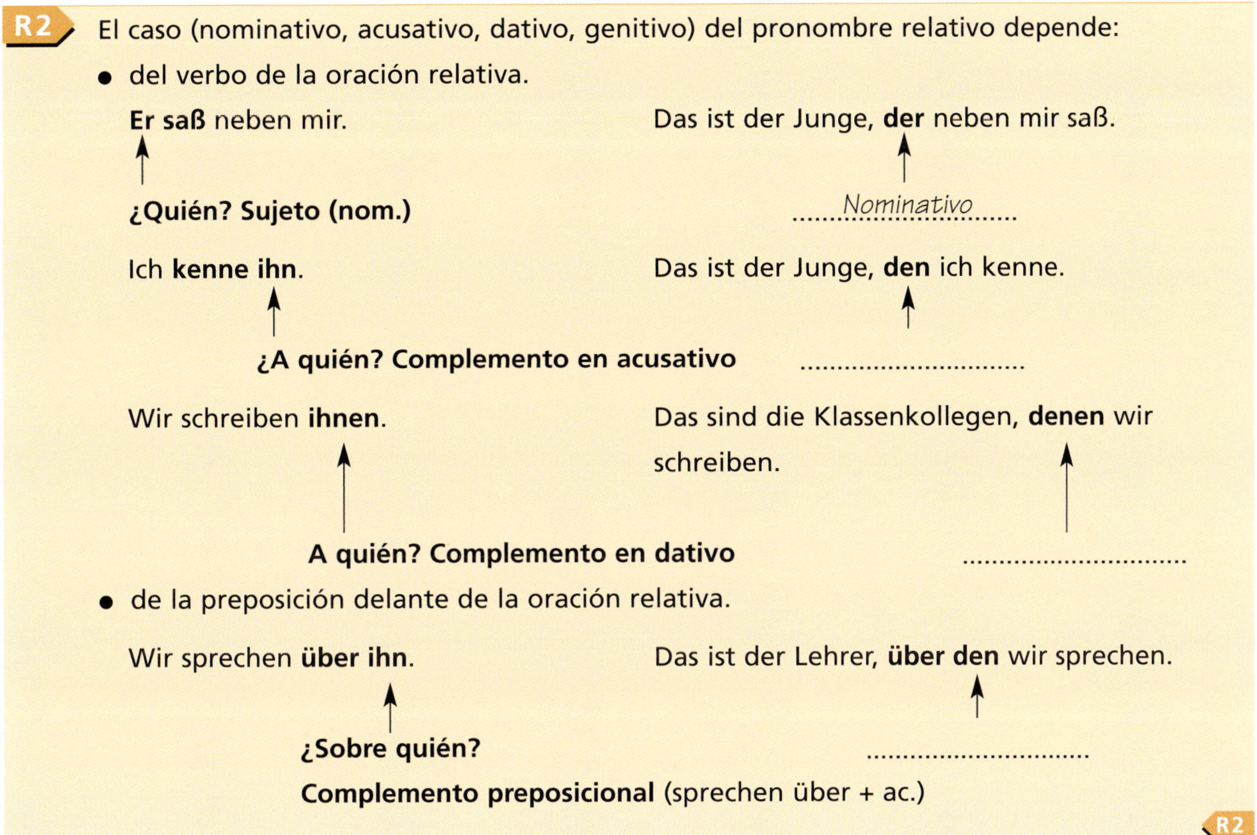

R2 El caso (nominativo, acusativo, dativo, genitivo) del pronombre relativo depende:

- del verbo de la oración relativa.

Er saß neben mir. — Das ist der Junge, **der** neben mir saß.

¿Quién? Sujeto (nom.) — Nominativo

Ich **kenne ihn**. — Das ist der Junge, **den** ich kenne.

¿A quién? Complemento en acusativo — ....

Wir schreiben **ihnen**. — Das sind die Klassenkollegen, **denen** wir schreiben.

A quién? Complemento en dativo — ....

- de la preposición delante de la oración relativa.

Wir sprechen **über ihn**. — Das ist der Lehrer, **über den** wir sprechen.

¿Sobre quién? — ....

Complemento preposicional (sprechen über + ac.)

R2

	masculino	neutro	femenino	plural
Nominativo	der	das	die	die
Acusativo	den	das	die	die
Dativo	dem	dem	der	denen
Genitivo	dessen	dessen	deren	deren

Los pronombres relativos "was" y "wo"

T 2 ¿A qué se refiere "was" y a qué se refiere "wo"? Compare las marcas.

Es gibt so viel, **was** wir nicht (mehr) wissen.

Ich wollte dir sagen, **was** wir gestern gemacht haben.

Das ist alles, **was** ich dir sagen wollte.

Das ist die Bar, **wo** wir uns kennengelernt haben.

R3 El pronombre relativo " .... " es invariable y se refiere a pronombres o a oraciones completas. El pronombre relativo " .... " se refiere a indicaiones de lugar. **R3**

13 Unión de oraciones

A2 **E 1** Thorsten y Monika miran fotos antiguas de la clase. Relacione.

1. Das ist doch das Mädchen, *C*......
2. Und das ist Peter, ...
3. Und schau mal, da ist Gabi, ...
4. Das sind Max und Fritz, ...

A der in Mathe immer so gut war.
B die ihren Hund mal mitgebracht hat.
C das in der 6. Klasse neu bei uns war.
D die immer zusammen waren.

A2 **E 2** Complete con el pronombre relativo.

● Sag mal, wer ist denn das hier?
❍ Das? Das ist doch Thomas, *der*........ (1) mit Petra befreundet war.
● Ach ja. Und das ist Petra, ... (2) im Unterricht immer geredet hat.
❍ Genau. Erinnerst du dich noch an Mathe? Petra hat den Lehrer immer geärgert.
● Ja! Das war der Lehrer, ... (3) Petra nicht gemocht hat. Petra hat die ganze Zeit nicht aufgepasst, aber dann hat sie immer alles gewusst. Wie hieß noch mal der Lehrer?
❍ Metz war sein Name.
● Das war doch der, ... (4) mit der Physiklehrerin verheiratet war.
❍ Ja, die beiden, ... (5) zusammen im Wohnmobil auf dem Schulparkplatz gewohnt haben.

B1 **E 3** Escriba oraciones relativas.

1. Thomas = Junge, war in Petra verliebt
2. Petra = Mädchen, hat immer viel geredet
3. Herr Behrendt = Deutschlehrer, haben wir auf der Klassenfahrt geärgert
4. Herr Weber = Musiklehrer, hatte mal kurz einen Bart
5. Frau Bischof = Chemielehrerin, wir haben sie zu Hause angerufen
6. Herr Grimm und Frau Schmidt = Lehrer, wir waren mit ihnen in Frankreich

1. Thomas ist der Junge, der in Petra verliebt war.

de www.nichtlustig.de © CARLSEN Verlag GmbH, Hamburg 2006

E 4 Thorsten y Monika reciben un correo electrónico. Complete con los pronombres relativos.

B1

was • das • die • die • ~~den~~ • den • wo

Hallo Lukas, hallo Sandra,

das ist ja toll, mit dem Klassentreffen. Aber leider kann ich nicht kommen. Ich bin Ende Juni mit jemandem, *den* (1) Ihr kennt, im Urlaub. Ich war letztes Jahr in dem Lokal, ... (2) wir als Schüler immer waren. Dort arbeitet sogar immer noch der Koch, ... (3) wir von früher kennen. Und plötzlich sehe ich da ein Gesicht, an .... (4) ich mich sofort erinnert habe. Es war Thomas. Wir haben uns sehr gut unterhalten und über die Leute, ... (5) in unserer Klasse waren, geredet. Thomas und ich fahren jetzt zusammen in Urlaub. Wir können also beide nicht zum Klassentreffen kommen. Ja, das war es, ... (6) ich Euch schreiben wollte! Grüßt bitte alle, ... (7) sich an uns erinnern. ☺

Petra (und Thomas)

E 5 La mujer de Thorsten le acompaña al encuentro de ex-alumnos. Hace muchas preguntas. Escriba oraciones relativas.

B1

1. ● Wer ist denn die Frau mit der grünen Jeans?
   ❍ Das ist **Heidi** – **sie** war beim Schüleraustausch nach Amerika dabei.
2. ● Und wer ist die Frau neben der Tür?
   ❍ Die Frau von **Stefan** – ich war **mit ihm** oft beim Sport.
3. ● Und wer ist Stefan?
   ❍ **Der Mann** mit den langen Haaren – **Er** steht gerade beim Kellner.
4. ● Und wer sind die beiden älteren Leute da hinten?
   ❍ Na so was, das sind die Lehrer **Herr und Frau Metz** – ich habe dir viel **von ihnen** erzählt.

1. Das ist Heidi, die beim Schüleraustausch ... *2. Das ist die Frau von Stefan, ...*

E 6 ¿Qué pronombre relativo corresponde? ¿Cuál es la palabra clave?

B1

Ist das der Schüler, (1) Sie angerufen hat? ....

Gut, das ist also der Schüler, über (2) Sie sich beschweren. ....

Sind das die Fotos, (3) Sie im Unterricht gemacht haben? ....

Ist das alles, (4) Sie dazu sagen können? ....

Das ist typisch für Lehrer, (5) der Unterricht keinen Spaß macht. ....

Palabra clave: ....

13.2.3 Oración subordinada con "ob" o palabra interrogativa con "w"

- ❍ Hast du eine Idee, was wir am Wochenende machen können?
- ● Ich weiß nicht, ob du Museen magst.
- ❍ Ja, gern. Was gibt es denn da?
- ● Wir können in die Nationalgalerie gehen. Aber ich muss erst nachsehen, wann sie aufmacht. Oder wir fahren an die Ostsee.
- ❍ An die Ostsee?! Ja, super, das machen wir. Ich wollte schon immer wissen, wie es dort ist!
- ● Sollen wir Lukas fragen, ob er auch mitkommen will?
- ❍ Ja, klar. Frag ihn auch, ob er seinen Hund mitbringt.

T 1a Complete con "ob" o con una palabra interrogativa con "w" del texto.

1. Hast du schon eine Idee, ...*was*... wir am Wochenende machen können?
2. Ich muss erst nachsehen, ... die Nationalgalerie aufmacht.
3. Frag Lukas auch, ... er seinen Hund mitbringt.

T 1b ¿Qué pregunta corresponde? Marque con una cruz.

1. Weißt du schon, **was** du machen willst?	☐	Willst du etwas machen?
	☐	Was willst du machen?
2. Frag ihn, **ob** er seinen Hund mitbringt.	☐	Bringt er seinen Hund mit?
	☐	Warum bringt er seinen Hund mit?
3. Ich sehe nach, **wann** das Museum aufmacht.	☐	Wann macht das Museum auf?
	☐	Macht das Museum auf?

Oración interrogativa sin partícula	Kommst du heute?
Oración subordinada con "ob"	Ich frage dich, ...
Oración interrogativa con partícula	Wann kommst du heute?
Oración subordinada con palabra con "w"	Ich frage dich, ...

Las subordinadas con "ob" o con palabra interrogativa con "w" aparecen después de verbos y expresiones que expresan afirmación, interrogación, conocimiento o duda como:
(nicht) wissen, (nach)fragen, sich (nicht) erinnern, (nicht) wissen wollen, erzählen, erleben, beschreiben, schreiben, überlegen, nicht sicher sein, eine/keine Idee haben …

⇨ 6 Palabras interrogativas, p. 108

E 1 Lisa habla por teléfono con Lukas. Planificar el fin de semana no es tan fácil. Lukas se plantea muchas preguntas. B1

- ❍ Hallo Lukas, hier ist Lisa. Maribel und ich wollen am Wochenende nach Rügen fahren. Kommst du mit? Wir fahren mit dem Zug.
- ● Ja. Weißt du schon, *welchen Zug wir nehmen können* ? (1. Welchen Zug können wir nehmen?)
- ❍ Ja, wir können den Zug um 8.30 Uhr nehmen. Nimmst du Toby mit?
- ● Ich habe keine Ahnung, ... ? (2. Darf ich Toby im Zug mitnehmen?)
- ❍ Natürlich darfst du ihn mitnehmen.
- ● Und weißt du auch, ... ? (3. Was kostet das Ticket für Toby?)
- ❍ Nein, das weiß ich nicht.
- ● Na gut, das sehe ich ja dann. Sag mir jetzt bitte nur noch, ... (4. Wann treffen wir uns?)
- ❍ Um zehn nach acht am Bahnhofskiosk.

E 2 Lukas está en la estación y no se orienta. Formule las preguntas más educadamente. B1

1. Wie viel Uhr ist es?
2. Wo kann ich Tickets kaufen?
3. Kann ich am Automaten mit Karte zahlen?
4. Gibt es auch Fahrkarten für Hunde?
5. Wo ist der Bahnhofskiosk?
6. Von welchem Gleis fährt der Zug um 8.30 Uhr Richtung Stralsund?

1. Können Sie mir bitte sagen, wie viel Uhr es ist?

13.3 Qué podemos hacer con las oraciones subordinadas

Enumerar algo	Ich lese **sowohl** Bücher **als auch** Zeitungen gerne. ⇨ 13.1.1 Conjunciones, p. 175
Expresar alternativas	Ich lese **entweder** Bücher **oder** Zeitungen. ⇨ 13.1.1 Conjunciones, p. 175
Reproducir una afirmación / opinión	Er ist der Meinung, **dass** wir uns beeilen müssen.
Reproducir una opinión	Ich denke, dass wir noch Zeit haben. ⇨ 13.2.1.1 Oraciones subordinadas con "dass", p. 183
Expresar una condición	Ich fahre nach München, **wenn** ich Urlaub bekomme. ⇨ 13.2.1.2 Oraciones subordinadas con "wenn", p. 186
Expresar referencias e indicaciones de tiempo	**Seit** ich hier bin, spreche ich nur deutsch. Immer **wenn** ich zum Bäcker gehe, spreche ich deutsch. ⇨ 13.2.1.3 Oraciones subordinadas temporales, p. 188
Dar razones / indicar causas	Ich kaufe etwas zu trinken, **weil** ich Durst habe. ⇨ 13.2.1.4 Oraciones subordinadas causales, p. 190 Ich kaufe etwas zu trinken, **denn** ich habe Durst. ⇨ 13.1.1 Conjunciones, p. 175
Indicar lo contrario, indicar algo inesperado	Ich komme zu dem Fest, **aber** ich habe wenig Zeit. ⇨ 13.1.1 Conjunciones, p. 175 Ich komme zu dem Fest, **obwohl** ich wenig Zeit habe. ⇨ 13.2.1.4 Oraciones subordinadas concesivas, p. 190 Ich habe wenig Zeit, **trotzdem** komm ich zu dem Fest. ⇨ 13.1.2 Adverbios conjuncionales, p. 178
Indicar la finalidad	Sie macht Sport, **um** fit **zu** sein. ⇨ Oraciones subordinadas con "damit", "um ... zu" (final), p. 192
Indicar consecuencia	Ich stelle zwei Wecker, **sodass** ich nicht verschlafe. ⇨ Oraciones subordinadas con "sodass" (consecutivas), p. 192
Comparar cosas / referirse uno a otro	Je später der Abend, **desto** netter die Leute. ⇨ 13.2.1.6 Oraciones subordinadas con "je ... desto" (comparativas), p. 194
Describir algo más detalladamente	Das Haus, **das wir uns angesehen haben**, ist schön. ⇨ 13.2.2 La oración relativa, p. 196
Formular preguntas educadamente, retomar cosas	Können Sie mir sagen, **wie spät es ist?** ⇨ 13.2.3 Oraciones subordinadas con "ob" o palabras interrogativas con "w", p. 200
Indicar secuencias	Ich fahre nach Hause, **dann** esse ich etwas. ⇨ 13.1.2 Adverbios conjuncionales, p. 178
Indicar necesidad	Ich muss einkaufen, **sonst** kann ich nichts kochen. ⇨ 13.1.2 Adverbios conjuncionales, p. 178

E 1 Complete los conectores adecuados.

B1

der • wenn • dass • bevor • ~~ob~~ • bis • ob • denen • bis • ob

Ich weiß noch nicht, *ob*............ (1) ich dieses Jahr im Dezember wieder Urlaub bekomme. Aber ich hofft sehr, ... (2) es klappt. Es dauert noch zwei Wochen, ... (3) mir mein Chef Bescheid geben kann. Er ist es, ... (4) meinen Urlaubsantrag unterschreiben muss. .... (5) ich Urlaub bekomme, möchte ich Ski fahren gehen. Ich würde gerne wieder mit Freunden, mit .... (6) ich auch letztes Jahr Ski fahren war, Urlaub machen. Wir überlegen noch, ... (7) wir in ein Hotel gehen sollen, oder .... (8) wir ein Appartement mieten sollen. Darüber müssen wir uns erst noch einigen, ... (9) wir richtig suchen können. Und auch zwei andere Freunde müssen noch warten, ... (10) ihr Chef die Urlaubsanträge unterschrieben hat.

E 2 Escriba oraciones.

B1

1. Ich fahre nicht gern Auto – weil – man steht oft im Stau
2. Sie sagt – dass – sie fährt gern mit dem Zug
3. Sie ist früh aufgestanden – trotzdem – sie hat den Zug verpasst
4. Er spricht viel Deutsch – seit – er ist in Berlin
5. Wir gehen heute ins Kino – sowohl ... als auch – wir gehen heute indisch essen
6. Er kauft ein Handy – damit – er kann seinen Freunden in Kasachstan SMS schicken
7. Mit diesem Handy kann man telefonieren – nicht nur ... sondern auch – man kann damit Fotos machen
8. Ich gehe ins Internet – um ... zu – die Wettervorhersage ansehen
9. Ich warte lange auf dich – je ... desto – ich mache mir viele Sorgen
10. Er hat noch einen wichtigen Termin – dann – er ruft Sie an.

1. Ich fahre nicht gern Auto, weil man oft im Stau steht.

E 3 Una las oraciones con las palabras indicadas.

B1

1. Grund (deswegen, denn, weil): Ich habe jetzt keine Zeit. Ich rufe dich morgen zurück.
2. Zeitspanne (seit): Ich warte hier. Es ist niemand gekommen.
3. Zeitspanne (bis): Ich warte hier. Es kommt jemand.
4. Aufzählung (und; sowohl ... als auch): Ich bin müde. Ich bin durstig.
5. Gegensatz (aber, obwohl, trotzdem): Ich komme mit. Ich habe wenig Zeit.

1. Ich habe jetzt keine Zeit, deswegen rufe ich dich morgen zurück. Ich rufe dich morgen zurück, denn ... / Weil ich jetzt keine Zeit habe, ...

Unión de oraciones

B1 **E 4** ¿Cómo puede expresar esto de otra manera? Encuentre alterntivas.

1. Ich komme zu deiner Feier, obwohl ich nur wenig Zeit habe.
2. Ich habe eine Frage: Gibt es hier eine Toilette?
3. Ich kann heute nicht kommen, weil ich krank bin.
4. Ich stelle mir zwei Wecker, damit ich nicht verschlafe.
5. Ich schicke Ihnen die Informationen. Sie hatten Interesse an den Informationen.

1. Ich habe nur wenig Zeit, trotzdem ... .

B1 **E 5** Una las oraciones.

Sehr geehrter Herr Jakobsen,

wir freuen uns sehr über Ihr Interesse an unseren Produkten. Sehr gerne schicken wir Ihnen unseren Katalog. Sie finden in dem Katalog aktuelle Angebote. Sie finden im Katalog auch unser gesamtes Sortiment. Wir haben jetzt auch ganz neu Badezimmermöbel. Wir freuen uns, Ihnen exklusive Möbel für Ihr Badezimmer zu präsentieren.
Wir hatten einen Wasserschaden in unserer Lampenabteilung. Wir können Ihnen auf alle unsere Lampen einen Rabatt von 15 % garantieren. Bestellen Sie die Ware bis zum 15. Juli.
Sie haben Fragen? Rufen Sie uns bitte an.

Mit freundlichen Grüßen

T. Gromer

Thomas Gromer – Leiter Produktmanagement

Sehr geehrter Herr Jakobsen,

wir freuen uns sehr über Ihr Interesse an unseren Produkten und schicken Ihnen sehr gerne unseren Katalog.

Reproducción del discurso 14

Hallo Lisa,

Toby ist krank, ich war heute mit ihm bei der Tierärztin. Ich habe sie gefragt, was er hat und ob es schlimm ist. Sie hat gesagt, Toby hat eine Erkältung. Dann meinte sie, dass er ein bisschen Fieber hat. Aber sie hat auch gesagt, es sei nicht so schlimm. Ich soll ihm viel zu trinken geben und ihm drei Mal täglich eine Tablette geben. Am Schluss hat sie gesagt, dass ich wiederkommen soll, wenn es in drei Tagen nicht besser ist.

T 1 Compare los bocadillos con el correo electrónico y complete los ejemplos.

Estilo directo	**Estilo indirecto**
Lukas: „Was hat er?"	Lukas hat gefragt, *was* .... Toby .... **proposición introductoria + subordinada con palabra con "w"**
Lukas: „Ist es schlimm?"	Lukas hat gefragt, ... es schlimm .... **proposición introductoria + oración subordinada con "ob"**
Ärztin: „Er hat eine Erkältung."	Die Ärztin hat gesagt, Toby .... eine Erkältung. **proposición introductoria + oración en indicativo**
Ärztin: „Er hat Fieber."	Sie hat gesagt, ... er Fieber .... **proposición introductoria + oración subordinada con "dass"**
Ärztin: „Geben Sie ihm viel zu trinken."	Sie hat gesagt, ich .... ihm viel zu trinken .... **proposición introductoria + oración con el verbo modal "sollen"**
Ärztin: „Es ist nicht schlimm."	Sie hat gesagt, es .... nicht schlimm. **proposición introductoria + oración con un verbo en Konjunktiv**

R 1 El estilo indirecto empieza con una **proposición introductoria**: Er / Sie hat gesagt / gemeint ... Las **oraciones enunciativas** en estilo directo también son oraciones enunciativas en el indirecto o se convierten en **oraciones subordinadas con** "..................... ". Las **oraciones interrogativas con partícula** en estilo directo se convierten en indirecto en **subordinadas con** .... Las **oraciones interrogativas sin partícula** se convierten en estilo indirecto en **subordinadas con** "......... ".

R 1

Reproducción del discurso

T 2 Busque los equivalentes de las palabras marcadas en estilo indirecto.

Pronombres en la reproducción del discurso

Die Ärztin sagt zu Lukas: „Kommen Sie bitte zu mir."	Sie hat gesagt, er soll zu ihr kommen.
Die Ärztin sagt zu Lukas: „Ihr Hund ist krank."	Sie hat gesagt, dass sein Hund krank ist.

Indicaciones de tiempo en la reproducción del discurso

Die Ärztin sagt zu Lukas: „Kommen Sie morgen wieder."	Redewiedergabe am gleichen Tag: Sie hat gesagt, er soll morgen wiederkommen. Redewiedergabe ein paar Tage später: Sie hat gesagt, er soll am nächsten Tag wieder-kommen.

Indicaciones de lugar en la reproducción del discurso

Die Ärztin sagt zu Lukas: "Bleiben Sie mit Ihrem Hund gleich hier."	Sie hat gesagt, er soll mit seinem Hund gleich da bleiben.

gestern → am Tag davor
heute → an diesem Tag / am gleichen Tag
morgen → am nächsten Tag / am darauf folgenden Tag
übermorgen → am übernächsten Tag

R 2 En estilo indirecto se produce a menudo un cambio de perspectiva. Suelen cambiar

– los pronombres personales: Lukas: „Ich gehe zum Tierarzt."	Lukas sagt, ... geht zum Tierarzt.
– los artículos posesivos: Lukas: „Mein Hund ist krank."	Lukas sagt, dass .... Hund krank ist.
– las referencias temporales: Lukas: „Ich gehe morgen zum Tierarzt."	Lukas hat gesagt, er geht .... Tag zum Tierarzt.
– las referencias de lugar: Lukas: „Toby, bleib hier!"	Lukas hat zu Toby gesagt, er soll .... bleiben.

R2

⇨ 13.2.3 Oración subordinada con "ob" o palabra interrogativa con "w", p. 200
13.2.1.1 Oración subordinada con "dass", p. 183
Verbo modal "sollen", p. 51

El Konjunktiv en estilo indirecto

En estilo indirecto en la lengua hablada y en correos electrónicos se utiliza el indicativo.

En textos escritos, p. ej. en artículos de prensa así como en las noticias, a menudo aparece el Konjunktiv. A través del uso del Konjunktiv en estilo indirecto nos distanciamos de la opinión expresada.

El Konjunktiv en estilo indirecto

En la mayoría de los verbos sólo se usa la 3ª persona del singular en Konjunktin I, en las otras personas utilizamos habitualmente el Konjunktiv II en estilo indirecto:
Er hat gesagt, er **mache** das gern. Sie hat gesagt, sie **habe** genug Zeit dafür. Sie denkt, das **sei** ein guter Vorschlag.

En los verbos modales también usamos la 1ª persona del singular en Kojunktiv I:
ich solle, ich müsse, ich könne …; ich sei

⇨ 2.3.2 Konjunktiv II, p. 38

14 Reproducción del discurso

A2 **E 1** ¿Cuál de las oraciones introductorias corresponde a A y cuál a B? Relacione.

1. Lisa erzählt, …
2. Lisa sagt, …
3. Lisa fragt, …
4. Lisa erklärt, …
5. Lisa meint, …
6. Lisa möchte wissen, …

A … dass Toby krank ist.
1, ...

B … wie es Toby geht.
1, ...

A2 **E 2** Complete con los pronombres adecuados en estilo indirecto.

1. Ramón fragt Maribel: „Hast du am Nachmittag Zeit?"
   Ramón fragt Maribel, ob *sie* .... am Nachmittag Zeit hat.
2. Maribel und Ramón fragen Nina: „Willst du mit uns ins Kino gehen?"
   Maribel und Ramón fragen Nina, ob .... mit .... ins Kino gehen will.
3. Nina antwortet: „Ich gehe gern mit euch ins Kino."
   Nina antwortet, dass .... gern mit .... ins Kino geht.
4. Maribel fragt die Kartenverkäuferin: „Können Sie mir drei Karten geben?"
   Maribel fragt die Kartenverkäuferin, ob .... drei Karten geben kann.

A2 **E 3** Lukas está enfermo. Escriba frases en estilo indirecto con oraciones subordinadas con "dass", "ob" o palabra interrogativa con "w". Utilice las proposiones introductorias de E 1.

1. Lukas sagt, dass er Kopfschmerzen hat.

E 4 Indicaciones de tiempo y de lugar en la reproducción del discurso. Complete.

A2

1. Ahmed: „Kommst du heute zu mir?"
   Ahmed hat Hans gefragt, ob er *am selben Tag* zu ihm kommt.
2. Krankenschwester: „Wie ging es Ihnen gestern?"
   Die Krankenschwester hat Herrn B. gefragt, wie es ihm .... ging.
3. Chef: „Ich rufe morgen wieder an."
   Der Chef hat zu Frau Butz gesagt, dass er .... wieder anruft.
4. Lehrer: „Übermorgen gehen wir ins Museum."
   Der Lehrer hat den Schülern erklärt, dass sie .... ins Museum gehen.
5. Kellner: „Nehmen Sie bitte hier Platz."
   Der Kellner hat zu Herrn K. gesagt, dass er bitte .... Platz nehmen soll.

E 5 Alina tiene una entrevista de trabajo. Todo el mundo le aconseja. De consejos utilizando el verbo modal "sollen".

1. Mutter: „Zieh etwas Schönes an." 2. Vater: „Komm nicht zu spät zu dem Termin." 3. Bruder: „Trink keinen Kaffee am Morgen." 4. Schwester: „Geh heute früh ins Bett." 5. Freundin: „Ruf mich sofort nach dem Gespräch an." 6. Oma: „Stell selber auch Fragen." 7. Opa: „Sei einfach ganz natürlich!"

1. Die Mutter sagt Alina, sie soll etwas Schönes anziehen.

E 6 Lea el artículo. ¿Qué dijo el catedrático? Escriba en estilo directo.

B1

Winterzeit – Schnupfenzeit

Im Winter haben wir wieder alle mit Schnupfen, Husten und Heiserkeit zu kämpfen. Wir haben deswegen Herrn Prof. Noke befragt, was man dagegen tun kann. Herr Noke meint, man müsse auch bei schlechtem Wetter täglich draußen spazieren gehen. Ohne tägliche Bewegung und direktes Tageslicht hätten wir wenig Chancen, gesund zu bleiben. Er wisse, dass viele Leute bei schlechtem Wetter lieber zu Hause blieben, aber mit der richtigen Kleidung gäbe es keine Ausreden. Auch die Ernährung sei sehr wichtig: viel Obst und Gemüse, aber auch viel Flüssigkeit. Besonders gut seien heiße Tees. Er selbst gehe einmal in der Woche in die Sauna. Das würde ihm sehr helfen.

Professor Noke gibt folgende Ratschläge: „Man muss auch bei schlechtem Wetter täglich draußen spazieren gehen. Ohne …

15 La formación de palabras

15.1 Sustantivos derivados

El infinitivo como sustantivo

Endlich! Rennen und Springen ohne Leine – das Spazierengehen im Park macht Toby Spaß. Da darf er frei laufen.
Da gibt es auch andere Hunde zum Spielen.
Vom vielen Rennen wird Toby hungrig.

T 1 Busque las palabras "rennen", "springen", "spazieren gehen", "spielen" en el texto. ¿Qué le llama la atención? Márquelo.

R1 El infinitivo se puede convertir en un sustantivo. El determinante siempre es "dass". 

A menudo se utilizan expresiones con "bei" (beim Spazierengehen) o "zu" (zum Spielen).

Sustantivos con sufijos

Im Park ist viel los. Kinder spielen, Hunde rennen, ein Jogger läuft seine Runden. In einer Ecke wird Schach gespielt. Der eine Spieler ist still und konzentriert, aber der andere unterhält sich mit den Zuschauern. Radfahrer gibt es keine, denn Radfahren ist verboten.

T 2a Busque las palabras "joggen", "spielen", "zuschauen", "Rad fahren" en el texto. Márquelas.

T 2b Complete con los sustantivos correspondientes.

joggen	*der Jogger*....................	*die Joggerin*....................
spielen	....	....
zuschauen	....	....
Rad fahren	....	....

R2 Con la raíz del verbo + ... se denominan personas masculinas. A esta forma del sustantivo se le añade la terminación .... para denominar personas femeninas. **R2**

Sustantivos derivados de verbos con **-er** pueden tener cambio vocálico: kaufen – der Käufer.
Algunos sustantivos no denominan una persona sino una cosa:
kleben – der Kleber, staubsaugen – der Staubsauger

T 3a Sustantivos con sufijos. Márquelos.

~~-chen~~ • ~~-er~~ • -er • -er • -er • -heit • -heit • -in • -in • -keit • -lein • -ler • -schaft • -schaft • -ung

Ach Kindchen, das kannst du doch nicht machen. • Benno wollte schon als Kind Programmierer werden. • Bernd war ein großer Sportler, aber seit seinem Unfall kann er keinen Sport mehr machen. • Carola ist eine ausgezeichnete Köchin. • Das ist ein Foto unserer Mannschaft mit dem neuen Trainer. • Diese schöne Zeichnung hat Theresa gemacht. • Ein kleines Häuslein mit Garten, das war der Traum von Josip. • Hyssein fährt nur langsam mit dem Auto, Sicherheit ist ihm wichtig. • Ich wünsche mir, dass unsere Freundschaft noch lange hält. • In unserer Familie gibt es keine Musiker, aber alle hören gern Musik. • Karins Vater war Polizist, und Karin wollte schon als Kind Polizistin werden. • Tommy will sein Auto verkaufen. Er sucht einen Käufer • Die Oma freut sich über jede Kleinigkeit, die sie von den Enkeln bekommt. • Wir wünschen Ihnen im neuen Jahr Gesundheit und alles Gute!

T 3b Complete los ejemplos del cuadro con las frases de T 3a.

Sustantivos con sufijos: Cuadro

Sustantivos masculinos: "der"			otros ejemplos
-er	zeichnen	**der** Zeichn**er**	....
	die Physik	**der** Physik**er**	....
	das Ausland	**der** Ausländ**er**	....
-ler	die Wissenschaft	**der** Wissenschaft**ler**	....
Sustantivos neutros: "das"			
-chen	der Baum	**das** Bäum**chen**	*Kindchen*
-lein	die Katze	**das** Kätz**lein**	....
Sustantivos femeninos: "die"			
-in	der Lehrer	**die** Lehrer**in**	....
	der Arzt	**die** Ärzt**in**	....
-ung	untersuchen	**die** Untersuch**ung**	....
-schaft	der Freund	**die** Freund**schaft**	....
	verwandt	**die** Verwandt**schaft**	....
-heit	klug	**die** Klug**heit**	....
-keit	fröhlich	**die** Fröhlich**keit**	....

El sufijo determina el género. Los sustantivos con sufijos pueden tener un cambio vocálico.

15 La formación de palabras

A2 **E 1** ¿Qué es él, qué es ella? Escriba sustantivos que designen a personas.

1. Wer Bilder malt, ist ein *Maler* .
2. Wer fährt, ist ein ....
3. Wer etwas erzählt, ist ein ....
4. Wer Brot backt, ist ein ....
5. Wer tanzt, ist eine *Tänzerin* .
6. Wer lehrt, ist eine ....
7. Wer zuschaut, ist eine ....
8. Wer wählen geht, ist eine ....

A2 **E 2** "-chen" und "-lein" machen alles klein. Escriba.

1. das kleine Haus – *das Häuschen*
2. der kleine Hund – ....
3. das kleine Glas – ....
4. der kleine Bach – *das Bächlein*
5. das kleine Buch – ....
6. das kleine Tier – ....

B1 **E 3** El infinitivo como sustantivo. Complete.

1. Antonio kocht sehr gern. Aber er hat nicht oft Zeit zu*m* *Kochen* .
2. Herbert joggt jeden Tag. Er entspannt sich gut bei...... ....
3. Eleni liest gern. Sie geht Bücher kaufen, denn sie hat nichts mehr zu...... ....
4. Mahmut arbeitet als Fahrer. Er braucht seinen Führerschein zu...... ....
5. Alex kann nicht gut schwimmen. Deshalb hat er bei...... .... Angst.

B1 **E 4a** Marque el sufijo.
E 4b Complete con el determinante.

1. Der Abend war sehr schön, *die* Stimmung gut.
2. Ich war enttäuscht, ein.......... Freundschaft war zu Ende.
3. Wer hat dieses Bild gemalt? Wie heißt d.......... Künstler.
4. D.......... Schauspielerin Hanna Schygulla lebt in Paris.
5. Ich komme gern zum Fest, wenn ich d.......... Möglichkeit habe.
6. „Keine Angst", sagte d.......... Ärztin, d.......... Untersuchung tut nicht weh.
7. „Tut mir leid, das war ein.......... Dummheit von mir. Ich bitte um Entschuldigung."
8. Hast du schon d.......... Neuigkeit gehört? Maria hat einen Job gefunden.

15.2 Sustantivos compuestos

7. Stock – Unfallstation

Chefärztin:
Dr. Rademacker
Fachärzte:
Dr. Helenova, Dr. Paulaner
Stationsleiterin:
Fr. Schumer

Herr Bahr ist Kranken|pfleger. Er arbeitet in einem großen Krankenhaus in Berlin, auf der Unfallstation. Auf der Station liegen viele Schwerverletzte. Manche brauchen einen Rollstuhl oder eine Gehhilfe. Die Chefärztin bespricht die Therapiepläne für die Patienten mit den Fachärzten. Die Stationsleiterin macht den Dienstplan für das Pflegepersonal. Heute hat Herr Bahr Frühdienst.

T 1 Divida en dos partes las palabras subrayadas.

R 1
Los sustantivos compuestos se componen por lo menos de .... partes.
La última parte, la palabra base, siempre es un sustantivo.
R 1

T 2a Complete con el artículo determinado.

die Kranken	der Pfleger	....	Kranken|pfleger
der Unfall	die Station	....	Unfall|station
pflegen / die Pflege	das Personal	....	Pflege|personal
			Palabra determinante|Palabra base

T 2b ¿Qué clase de palabra es la palabra determinante? Subráyelo en la perífrasis. Anote la clase de palabra en la columna derecha.

	Descripción	Palabra determinante
1. der Kranken|pfleger	der Pfleger für die Kranken	*Sustantivo*
2. die Unfall|station	die Station für die Opfer eines Unfalls	....
3. der Roll|stuhl	der Stuhl, den man rollen kann	*Verbo*
4. die Geh|hilfe	eine Hilfe, um gehen zu können	....
5. der Früh|dienst	der frühe Dienst	....
6. der/die Schwer|verletzte	eine Person, die schwer verletzt ist	....

Entre las dos palabras puede aparecer una -s- (elemento de unión): die Station**s**leiterin

R 2
El género de un sustantivo compuesto se designa por la ....
La palabra determinante no tiene que ser un sustantivo.
R 2

15 La formación de palabras

A2 **E 1a** Divida los sustantivos compuestos. Anote las dos partes.
E 1b ¿Qué significado corresponde? Marque con una cruz.

1. der Stadtplan ... *die Stadt, der Plan*
   - [x] der Plan von einer Stadt
   - [ ] ein Plan, um eine Stadt zu bauen
2. das Schwimmbad ...
   - [ ] ein Bad, wo man schwimmen kann
   - [ ] ein Bad, das schwimmt
3. das Märchenbuch ...
   - [ ] ein Buch mit vielen Märchen
   - [ ] ein Buch über Märchen
4. die Plastiktüte ...
   - [ ] eine Tüte voll mit Plastik
   - [ ] eine Tüte aus Plastik
5. die Altstadt ...
   - [ ] der alte Teil der Stadt
   - [ ] eine sehr alte Stadt

B1 **E 2** Forme sustantivos compuestos. El diccionario le ayuda.

1. eine Maschine zum Schreiben ... *die Schreibmaschine*
2. der Löffel zum Kochen ...
3. ein Buch zum Malen ...
4. eine Maschine, die Wäsche wäscht ...
5. das Zimmer, in dem man schläft ...
6. Schuhe, mit denen man läuft ...

B1 **E 3** ¿Qué es? Anote la palabra. El diccionario le ayuda.

1. + ... *die Handschuhe*
2. + ...
3. + ...
4. + ...
5. + N + ...
6. + ...
7. + N + ...
8. + ...

Coherencia del texto

16.1 Pronombres, determinantes y adverbios conjuncionales

Der Autodiebstahl
Um 8.30 Uhr hatte Herr Schuster eine wichtige Besprechung und jetzt war es schon kurz vor acht. Er riss die Tür zur Tiefgarage auf, rannte nach links und blieb plötzlich stehen. „Das gibt es doch nicht!", dachte er. „Wo ist mein Auto?!" Es war weg, einfach verschwunden. Er sah sich um. Auf dem Parkplatz, der links neben seinem war, stand das Auto seiner Nachbarin, Frau Bastani, auf dem Parkplatz von Herrn Huber lagen die alten Autoreifen und die Lampe hinten an der Wand war immer noch kaputt. Alles war wie immer, nur sein Auto war weg.

T 1a ¿A qué se refieren las palabras marcadas? Pinte flechas en el texto.

T 1b Clasifique en la tabla las palabras marcadas del texto.

Pronombres	Determinantes
er, ...	*mein (Auto),* ....

R 1 La coherencia en un texto se genera a menudo a través de .... y .... Los pronombres personales, los pronombres relativos y posesivos, así como los artículos posesivos evidencian las relaciones en un texto. R1

⇨ 5 Pronombres, p. 94
4 Determinates, p. 83

T 2 Marque el artículo indeterminado, el artículo determinado y el artículo demostrativo.

Da kam Frau Bastani und grüßte ihn freundlich. Er reagierte überhaupt nicht und sie verstand sofort, dass er ein Problem hatte. „Soll ich Sie irgendwohin mitnehmen?", fragte sie. „Ehrlich gesagt, ja. Mein Auto ist weg und ich habe gleich einen wichtigen Termin." „Ah, das ist also das Problem! Steigen Sie ein, ich fahre Sie hin. Wo ist denn dieser Termin?"

R 2 Utilizamos el artículo .... cuando un sustanivo es nuevo o desconocido en un texto. El artículo .... o el artículo .... lo utilizamos con sustantivos que son conocidos de forma general, que ya se mencionaron en el texto o que se explican por el contexto. R2

⇨ 4.1 El artículo determinado e indeterminado, p. 83

16 Coherencia del texto

T 3 Marque los adverbios conjuncionales "denn", "deswegen" y "sonst".

Im Auto erzählte er ihr, was passiert ist. Sie dachte eine Weile nach, dann sagte sie: „Ich habe da gestern in der Tiefgarage einen Mann gesehen, den ich hier noch nie gesehen habe. Er hat sich alles genau angesehen. Ich habe nicht weiter darüber nachgedacht, aber der Mann war irgendwie komisch, deswegen fällt es mir jetzt wieder ein." „Wie sah der Mann denn aus?" „Ich glaube er war so um die Vierzig und er hatte einen hellen Mantel an, sonst weiß ich nichts mehr."

R

También los .... enlazan oraciones para crear textos. Establecen relaciones que afectan la secuencia, causas, contradicciones o condiciones.

R

⇨ 13.1.2 Adverbios conjuncionales, p. 178

"Wo(r)" y "da(r)" + preposición también crean coherencia del texto:
… und habe nicht weiter **darüber** (= über die Begegnung mit dem fremden Mann) nachgedacht.
Asimismo son importantes las conjunciones coordinantes y subordinantes para la creación de coherencia:
Er rennt nach links. Er bleibt stehen. → Er rennt nach links **und** bleibt stehen.
Mein Auto ist weg. Ich ärgere mich. → Ich ärgere mich, **weil** mein Auto weg ist.

⇨ 6.2 "Wo(r) + preposición, p. 110
13.1.1 Conjunciones, p. 175
13.2.1 Oraciones subordinadas con conjunciones subordinantes, p. 183

E 1 Tache las palabras erróneas.

Herr Schuster war verzweifelt. „Was soll ich denn jetzt machen?", fragte er / ~~sie~~ (1). „Ich habe jetzt gleich diese / ihre (2) wichtige Besprechung und danach ein Gespräch mit meinem / seinem (3) Chef. Was soll er / ich (4) nur tun?" Frau Bastani antwortete ohne nachzudenken: „Sie / Er (5) müssen zur Polizei gehen. Sie müssen den / einen (6) Autodiebstahl sofort melden, dann / deswegen (7) kann die Polizei dein / Ihr (8) Auto suchen. Aber das müssen Sie schnell machen, sonst / darum (9) ist das Auto vielleicht schon weit weg und es / er (10) wird nie gefunden." „Ja.", antwortete sie / er (11) müde. „Sie haben recht. Ich muss zur Polizei gehen und eine Anzeige machen." „Wenn Sie möchten, können wir in der Mittagspause zusammen hingehen, darüber / dann (12) kann ich Sie abholen und ich kann der Polizei gleich den Mann beschreiben, der / den (13) ich gesehen habe." „Haben Sie denn dafür wirklich Zeit?" „Ja, natürlich, das ist kein Problem."

16.2 Indicaciones de tiempo y lugar

Protokoll der Zeugenaussage – Herr Schuster
Betreff: gestohlenes Auto (Pkw)

Herr Schuster betritt am Morgen des 8. Februar um kurz vor acht die Tiefgarage, um mit seinem Auto zur Arbeit zu fahren. Dort bemerkt er anfangs den Diebstahl des Autos gar nicht. Erst als er direkt vor seinem Parkplatz steht, sieht er, dass sein Auto verschwunden ist. Er überlegt für kurze Zeit, ob er vor dem falschen Parkplatz steht. Kurz darauf kommt seine Nachbarin, Frau Bastani, in die Tiefgarage. Sie berichtet ihm, dass sie hier am Vorabend einen fremden Mann gesehen hat. Frau Bastani fährt Herrn Schuster in die Arbeit und beide beschließen, gemeinsam mittags zur Polizei zu gehen um Anzeige zu erstatten.
Der Pkw von Herrn Schuster ist fünf Jahre alt, ein dunkelgrüner

T 1 Marque todas las palabras en el texto que expresan indicaciones o relaciones de tiempo y subraye las que indican lugares.

Las referencias de tiempo en un texto aclaran la secuencia y crean así coherencia:

- Adverbios temporales (jetzt, morgen …)
- Adverbios conjuncionales de tiempo (zuerst, dann)
- Otras indicaciones de tiempo (am selben Abend, in diesem Moment …)

Las referencias de lugar crean coherencia situando los acontecimientos en el espacio:

- Adverbios locales (hier, dort …)
- Indicaciones de lugar (en el garaje, …)

⇨ 9.1 Adverbios temporales, p. 147
9.2 Adverbios locales, p. 149

E 1 La señora Bastani habla. Coloque las partes del texto en el orden correcto. B 1

.... Anfangs hatte ich mir nichts dabei gedacht, dass hier ein fremder Mann war, der sich alles genau ansah.

..1......... Ich bin wie jeden morgen in die Tiefgarage gegangen.

.... Aber dann habe ich gesehen, dass sein Auto nicht da war.

.... Aber nachdem nun das Auto verschwunden ist, finde ich diesem Mann sehr verdächtig.

.... Dort habe ich Herr Schuster gesehen.

.... Ich habe in also gefragt, ob ich ihm helfen kann.

.... Zuerst dachte ich, er ist wütend auf mich, weil er mich nicht gegrüßt hat.

.... Auf dem Weg in die Arbeit habe ich ihm von dem Mann erzählt, den ich am Vorabend in der Garage gesehen habe.

16 Coherencia del texto

B1 **E 2** ¿A qué lugares se refieren las palabras marcadas? Anote: "Hofstraße", "Passauer Straße" o "Arbeit".

Herr Schuster wohnt seit über sieben Jahren in der Hofstraße 5.
Seit er **dort** (1) wohnt, ist noch nie etwas gestohlen worden. *Hofstraße* ....
Deswegen kann er es gar nicht fassen, dass sein Auto **hier** (2) gestohlen wurde. ....
Er arbeitet in einer großen Firma mit über 900 Mitarbeitern.
Hier (3) ist schon oft etwas verschwunden: Geldbörsen, Uhren oder auch ganze Computer. ....
Dass **in diesen Räumen** (4) immer wieder Dinge gestohlen werden, ist bekannt und jeder passt gut auf seine Sachen auf. ....
Auch an seinem früheren Wohnort, in der Passauer Straße, gab es manchmal Ärger. Aus der Waschküche verschwanden **dort** (5) Kleidungsstücke ....
und auch im **Innenhof** (6) sind schon Fahrräder gestohlen worden. ....
Aber **hier** (7) in der Tiefgarage? ....

B1 **E 3** Complete el texto.

jetzt • dort • zuerst • ~~immer~~ • nach drei Wochen • lange • dort • dann • dann

Vor vielen Jahren hat mir einmal jemand mein Fahrrad gestohlen. Ich hatte das Fahrrad wie *immer* .... (1) vor der Haustür abgestellt und es auch abgesperrt. Aber nur mit einem kleinen Schloss. Ich hatte mein Fahrrad seit Jahren nachts .... (2) stehen lassen. Und .... (3) ging das gut. Aber .... (4) ist es doch passiert und an einem Morgen war das Fahrrad weg. .... (5) war ich sehr wütend. Aber .... (6) habe ich mich über mich selbst geärgert, weil ich so faul war und mein Fahrrad nie in den Keller gestellt habe. Bei der Polizei habe ich am nächsten Tag eine Anzeige erstattet.
.... (7) habe ich dann endlich einen Brief von der Polizei bekommen: Sie hatten mein Fahrrad am anderen Ende der Stadt gefunden. Es lag .... (8) im Straßengraben und ich konnte es abholen. .... (9) stelle ich mein Fahrrad immer in den Keller.

16.3 Léxico

Autobesitzer findet sein Fahrzeug wieder

Ein ungewöhnliches Ende fand ein Autodiebstahl in Frankfurt. Letzten Dienstag hatte Markus S. auf der Polizei den Raub seines Pkws gemeldet. Das Fahrzeug wurde nach Aussagen des Opfers aus seiner Tiefgarage in einer Wohngegend gestohlen. Nachdem eine Nachbarin von einem Mann berichtete, den sie am Vorabend in der Garage gesehen hatte, konzentrierten sich die Ermittlungen auf einen männlichen Dieb um die vierzig. Am Freitagnachmittag ging Markus S. zu Fuß zum nahe gelegenen Supermarkt. Beim Verlassen des Geschäfts sah er dann sein Auto, es stand auf dem Kundenparkplatz. Er hatte es dort einfach vergessen!

Der Mann, der zunächst verdächtigt wurde, ist übrigens der zukünftige Nachbar des „Bestohlenen", Herr R. Er hatte sich am Abend vor dem „Diebstahl" die Tiefgarage seiner neuen Wohnung angesehen.

T 1a Marque todas las palabras del texto que se refieran a: das Auto, den Autobesitzer y "den Dieb".

T 1b Complete el cuadro con otros ejemplos del texto.

Auto: Pkw, ...

Autobesitzer: Markus S., ...

"Dieb": ....

Para evitar continuas repeticiones en el texto usamos frecuentemente

- sinónimos (Auto – PKW)
- perífrasis (Autodieb – der Mann, der zunächst verdächtigt wurde)
- términos genéricos (Fahrzeug)
- en personas y animales: nombres (Markus S.)

E 1 ¿Qué palabras pueden significar lo mismo en un texto? B1

1. D das Auto	A der Laden
2. ...... der Käufer	B der Räuber
3. ...... der Computer	C der Bestohlene
4. ...... der Polizist	D das Fahrzeug
5. ...... das Opfer	E der Rechner
6. ...... das Geschäft	F der Kunde
7. ...... der Dieb	G der Beamte

B1 **E 2a** Relacione las palabras y expresiones con el término genérico correspondiente.

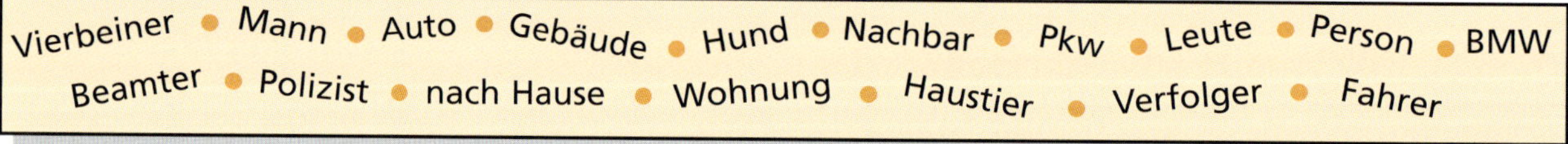

Tier	Fahrzeug	Wohnort	Mensch
....	....	....	....
....	....	....	....
....	....	....	....
....	....	....	....

B1 **E 2b** ¿Qué término encaja? A menudo son correctos dos términos, tache los erróneos.

Betrunkener Fahrer unbekannt!

Jedes Jahr wieder zur Faschingszeit hat die Polizei viel zu tun. Immer wieder fahren viele Leute / Menschen / ~~Autos~~ (1) nach einer langen und fröhlichen Faschingsfeier mit dem eigenen Auto / Wohnort / Fahrzeug (2) zu ihrem Pkw / nach Hause / zu ihrer Wohnung (3). Und das, obwohl sie auf den Feiern Alkohol getrunken haben. So auch letzten Samstag, als zwei Polizisten in der Nähe von Innsbruck ein dunkler BMW / Pkw / Hund (4) auffiel. Das Gebäude / Fahrzeug / Auto (5) war viel zu schnell und fuhr in der Mitte der Straße. Als die Vierbeiner / Polizisten / Beamten (6) das Fahrzeug stoppen wollten, gab der Fahrer / Polizist / Hund (7) Gas und flüchtete. Dem Fahrer des dunklen BMWs gelang es, die Verfolger / Polizisten / Haustiere (8) für kurze Zeit abzuhängen, indem er in eine Seitenstraße einbog, als ihn die Polizisten gerade überholen wollten. Wenige Minuten später fanden die Polizisten den Wagen, er stand ordentlich geparkt am Straßenrand.

Die Beamten gingen zum Auto und waren nicht wenig überrascht, als sie vier erwachsene Männer / Haustiere / Personen (9) auf dem Rücksitz sahen und auf dem Fahrersitz einen Hund. Der Vierbeiner / Hund / Beamte (10) begrüßte die Polizisten mit einem freundlichen "Wuff!" und die offensichtlich angetrunkenen "Mitfahrer" behaupteten, der Fahrer / Beamte / Nachbar (11) sei verschwunden. Natürlich sei von ihnen niemand mit dem Auto gefahren, sie hätten ja zu viel getrunken.

Soluciones

1 Módulos del lenguaje

p. 9

1.1 Palabra – oración – texto

T 1

Infinitivo:	**Presente** (3ª pers. sing.)	**Pretérito** (3ª pers. sing.)	**Perfecto** (3ª pers. sing.)
schließen	schließt	schloss	hat geschlossen

T 2 Helmut Kirchmair ist Elektriker. Herr Kirchmair arbeitet in einer großen Firma in Bochum. Die Firma baut elektrische Anlagen. Herr Kirchmair hat zwei Söhne. Die Söhne heißen Simon und Clemens. Die Mutter von Simon und Clemens heißt Anna. Anna ist Krankenschwester. p. 10

Helmut Kirchmair ist Elektriker. Er arbeitet in einer Firma in Bochum. Die Firma baut elektrische Anlagen. Herr Kirchmair hat zwei Söhne, die Simon und Clemens heißen. Ihre Mutter heißt Anna und ist Krankenschwester.

E 1a auf – preposición, Foto – sustantivo, sehen – verbo, heute – adverbio, weil – conjunción subordinante, er – pronombre personal p. 11

E 1b Heute ist ein schöner Tag. Klaudia Simoni bringt ihre Kinder zum Kindergarten. Weil die Sonne scheint, fährt sie mit dem Fahrrad. Peter und Paul sitzen in ihrem neuen Anhänger.

sein, schön, der Tag
bringen, das Kind, der Kindergarten
die Sonne, scheinen, fahren, das Fahrrad
sitzen, neu, der Anhänger

E 2 **K**laudia | **S**imoni | arbeitet | in | einem | **B**üro. | **I**hr | **C**hef | ist | **A**rchitekt. | **I**n | der | **F**irma | arbeiten | fünf | **P**ersonen. | **F**rau | **S**imoni | telefoniert | und | schreibt | **M**ails | und | **B**riefe. | **S**ie | arbeitet | jeden | **T**ag | von | neun | bis | eins. | **N**ach | der | **A**rbeit | fährt | sie | zum | **K**indergarten. | **S**ie | holt | dort | ihre | **K**inder | ab.

E 3 **a** 1. Peter hat einen neuen Helm. 2. Er hat ihn zu seinem Geburtstag von der Oma bekommen. 3. Sie hat seine Lieblingsfarbe gewählt: rot!
b 1. Max ist 12 Jahre alt. 2. Er hat eine kleine Schwester. 3. Er spielt nicht gern mit ihr. 4. Denn sie ist erst 5 Jahre alt.

1.2 Enunciado – pregunta – exhortación

T **Enunciaciones:** Eva Klinger. Ich arbeite. Ich habe in drei Tagen eine Prüfung. Ich muss noch so viel lernen. Nein, tut mir leid, ich habe keine Zeit. Ja, ich komme aber etwas später. Karin und ich gehen noch weg. In die Kneipe am Karlsplatz. Wir sind in ca. einer Stunde dort. Das macht doch nichts. Dann sehen wir uns später im „Alex". Bis bald. Ja, genau. p. 12
Preguntas: Wohin geht ihr denn? Welche meinst du? Das „Alex"? Was machst du? Wie lange musst du noch arbeiten? Kommst du mit? Kennst du die nicht?
Exhortaciones: Komm doch mit! Hör doch bald mit dem Lernen auf!

R1 La oración enunciativa: El verbo conjugado está en la **2ª posición**. p. 13

R2 La oración interrogativa con partícula: El verbo conjugado está en la **2ª posición**.

R3 La oración interrogativa sin partícula: El verbo conjugado está en la **1ª posición**.

R4 La oración exhortativa: El verbo conjugado está en la **1ª posición**.

E 1a 1. Warte bitte! 2. Wohin gehst du? 3. Ich gehe noch einkaufen. 4. Möchtest du mitkommen? 5. Hast du Zeit? 6. Nein, ich habe noch einen Termin. 7. Was machst du? 8. Ich muss zum Zahnarzt gehen. 9. Wo ist denn die Praxis von deinem Zahnarzt? 10. Die liegt gleich da vorne, fünf Minuten von hier. 11. Geh doch mit mir bis zur Praxis. 12. Ja, das mache ich. p. 14

Oración enunciativa	Oración interrogativa con partícula	Oración interrogativa sin partícula	Oración exhortativa
3, 6, 8, 10, 12	2, 7, 9	4, 5	1, 11

E 1b

Warte	- - -	bitte!
Wohin	gehst	du?
Ich	gehe	noch einkaufen.
Möchtest	du	mitkommen?
Hast	du	Zeit?

E 2 1. Eva Klinger ist Studentin. 2. Wann hat sie eine Prüfung? 3. Kennt sie die Kneipe am Karlsplatz? 4. Komm auch in die Kneipe! 5. Die Freunde sind in einer Stunde dort. 6. Wie lange arbeitet Eva am Abend? 7. Hör bald auf! 8. Hast du keine Zeit ?

2 Verbos

2.1 Concordancia verbo – sujeto

p. 15 T ich wohne – du wohnst – Sie wohnen – er liegt – es steht – sie heißt – wir gehen – ihr bleibt – Sie bleiben – sie wohnen

p. 16 E 1 1. Wie heißt du? 2. Ich heiße Lisa Bahr. Ich wohne in Berlin. 3. Kommt ihr aus Berlin? 4. Nein, wir kommen aus Bonn. 5. Was machen deine Eltern? 6. Meine Mutter ist ist Biologin und mein Vater arbeitet als Krankenpfleger. 7. Hast du noch Geschwister? 8. Ja, ich habe einen Bruder, wir machen viel gemeinsam.

E 2 1. wohnt 2. Er 3. heißt 4. Sie 5. wohnen 6. heißen 7. Sie

E 3 1. heiße 2. komme 3. kommst 4. komme 5. lebe 6. machst 7. Arbeitest 8. studiere 9. finde 10. studierst

E 4 1. ist 2. heißen 3. heiße 4. wohne 5. machen 6. arbeite 7. gefällt 8. habe

2.2.1 El presente

p. 18 T 1a ist – Wirst – bin – sein – habe – Hast – wird – haben – werden – bist

T 1b **ich:** bin – habe, **du:** bist – hast – wirst, **er/es/sie:** ist – wird, **wir:** haben

p. 19 E 1a 1. C; 2. D; 3. A; 4. B

E 1b **Ejemplo:** Mein Name ist Nena. Ich bin 46 Jahre alt. Ich bin Sängerin (von Beruf). Ich bin ledig.

E 2 1. bin 2. bin 3. habe 4. ist 5. haben 6. sind 7. sind 8. ist 9. sind 10. haben

E 3 1. Isabella ist Schülerin. 2. Sie wird am 1. April sieben Jahre alt. 3. Ich habe am … Geburtstag. 4. Dann werde ich … Jahre alt. 5. Heute ist das Wetter schlecht. 6. Morgen wird es besser.

p. 20 T 2a klingelt – hasst – liegt – bleibt – holt – geht – duscht – macht – rennt – wartet – sitzen – reden – gehen

T 2b er/es/sie geh**t** – sie geh**en**

T 3a Als Lisa zur Haltestelle kommt, fährt der Bus gerade. Sie wartet nicht auf den nächsten, denn dann kommt sie zu spät. Deshalb läuft sie zur Schule.
In der großen Pause isst sie ein Brot und trinkt schnell einen Tee aus dem Automaten. Sie spricht noch kurz mit ihrem Biolehrer, dann läuft sie zu Yvonne und Clara. Die drei Freundinnen treffen sich nach der Schule und fahren gemeinsam in die Stadt. Am Abend nimmt Lisa den Bus nach Hause.

T 3b er/es/sie fährt – isst, sie fahren

Soluciones

E 4 1. Familie Bahr wohn**t** 2. Herr Bahr arbeite**t** 3. Er komm**t** 4. Herr und Frau Bahr und die beiden Kinder Lisa und Felix leb**en** 5. Wir leb**en** 6. Lisa sag**t** 7. ich find**e** 8. ich geh**e** p. 21

E 5 1. schläft 2. macht 3. isst 4. ist 5. erzählt 6. spricht 7. trifft 8. fährt

E 6a 1. Wie heißt du? 2. Wo wohnst du? 3. Woher kommst du? 4. Was machst du?

E 6b **Ejemplos:** 1. Ich heiße Klara Lunardi. 2. Ich wohne in der Ampfererstraße in Innsbruck. 3. Ich komme aus Argentinien. 4. Ich bin Verkäuferin.

E 7 1. lebt 2. wohnt 3. studiert 4. arbeitet 5. heißt 6. macht

E 8 **Ejemplos:** 1. (3, 5, 1) Susanna kommt aus der Schweiz. Sie spielt Gitarre. 2. (1, 2, 6) Ich komme aus Italien und spiele Schlagzeug. 3. (4, 5, 4) Wir kommen aus der Schweiz. Wir spielen Saxophon. 4. (5, 1, 2) Ihr kommt aus Deutschland und spielt Klavier. 5. (6, 6, 3) Eva und Mario kommen aus Spanien. Sie spielen Trompete. 6. (2, 5, 5) Du kommst aus der Schweiz. Du spielst Bass. p. 22

E 9 **Ejemplos:** 1. Welche Musik hören Annemarie und Helmut Kirchberger? 2. Was macht Christina? 3. Wo wohnt Familie Newton? 4. Woher kommt Martin? 5. Welche Sprachen sprecht ihr? 6. Welche Sprachen lernt Christina?

E 10 Das ist jetzt: 1, 3, 7, (8); Das ist immer so: 2, (5), 8; Das kommt später: 4, 5, 6

2.2.2 El perfecto

T 1 p. 23

Oración enunciativa	Ich	bin	nach Hause	gegangen.
	Da	habe	ich auf dich	gewartet.
Interrogación con partícula	Was	hast	du gestern Abend	gemacht?
	Was	hat	er da	gesagt?
		Auxiliar		Participio II

R1 Las formas del perfecto tienen dos partes: Un auxiliar y el participio II. En las frases afirmativas y en las preguntas con pronombre interrogativo las formas de "sein" o de "haben" están en la **2ª** posición, al final de la oración está el **participio II.**

R2 En la interrogación sin partícula el auxiliar está en la **1ª posición**, al final está el **participio II**.

T 2 p. 24

Infinitivo	**Forma del perfecto**
machen	du hast gemacht
sagen	er hat gesagt
warten	ich habe gewartet

R3 Los verbos regulares forman el participio II con **ge-** + raíz del verbo + -(e)t.

T 3 getroffen – gefunden – gesehen – gegessen – gesprochen – gegangen

Infinitivo	**Presente**	**Participio II**	**Infinitivo**	**Presente**	**Participio II**
treffen	sie trifft	getroffen	essen	sie isst	gegessen
finden	sie findet	gefunden	sprechen	sie spricht	gesprochen
sehen	sie sieht	gesehen	gehen	sie geht	gegangen

R4 En el participio II de los verbos irregulares se puede producir un cambio en la raíz del verbo: treffen – getroffen, gehen – gegangen.
Los verbos irregulares forman el participio II con **ge-** + raíz del verbo en perfecto + **-en**.

A 4 gewusst – gedacht – gebracht – gekannt

R5 Sólo pocos verbos tienen una forma mixta en el participio II:
La raíz del verbo cambia pero la terminación es regular. **ge-** + raíz del verbo en perfecto + **-t**.

p. 25 E 1 1. gebraucht 2. gefragt 3. gesucht 4. gewartet 5. gehört 6. gelebt

E 2 1. gekauft 2. gemacht 3. geredet 4. geputzt 5. gelernt 6. gesurft 7. gebadet
Palabra clave: p e r f e k t

E 3 1. gegeben – geben 2. geholfen – helfen 3. gehalten – halten 4. gelegen – liegen 5. gelesen – lesen 6. gerufen – rufen

E 4a 1. gebunden 2. geblieben 3. geflossen 4. geschwommen 5. gesprungen 6. gebracht

E 4b 1. gebunden – gefunden 2. geblieben – geschrieben 3. geflossen – geschlossen 4. geschwommen – genommen 5. gesprungen – gesungen 6. gebracht – gedacht

p. 26 T 5 ist … gekommen – hat … getroffen – sind … gegangen – haben … geredet und getanzt – sind … geblieben – ist … geworden – hat … genommen – ist … gefahren – ist … passiert – hat … geschlafen

Perfecto con "haben": treffen, reden, tanzen, nehmen, schlafen
Perfecto con "sein": kommen, gehen, bleiben, werden, fahren, passieren

R6 Perfecto con "haben": La mayoría de los verbos
Perfecto con "**sein**": Verbos que expresan un movimiento hacia un destino: "Er ist nach Berlin gekommen."; Verbos que indican un cambio: "Es ist spät geworden."; (¡!) "bleiben", "passieren", "sein": "Ich bin noch länger geblieben."

T 6

Sandra	ist	am Wochenende nach Berlin	gekommen.
Dort	hat	sie ihre Freundin Lisa	getroffen.
Die beiden	sind	in eine Disco	gegangen.
Sie	haben	viel	geredet und getanzt.
Sie	sind	lange in der Disco	geblieben.
	Auxiliar		Participio II

p. 27 E 5 1. ist 2. hat 3. ist 4. sind 5. haben 6. hat 7. haben 8. sind

E 6 Um 9 Uhr hat Peter Eva zum Arzt gebracht. – Peter ist um 10 Uhr zum Friseur gegangen. – Um 12 Uhr hat er mit Eva gegessen. – Bis 17 Uhr hat Peter gearbeitet. – Nach der Arbeit hat er Tennis gespielt. – Um 19.30 Uhr ist er mit Eva ins Theater gegangen.

E 7 1. Zuerst ist Max zu spät zur Arbeit gekommen. 2. Dann hat der Computer nicht funktioniert. 3. Deshalb hat er den Computerservice gerufen. / Er hat deshalb den Computerservice gerufen. 4. Inzwischen ist er in eine Besprechung gegangen. / Er ist inzwischen in eine Besprechung gegangen. 5. Am Abend hat er lange gearbeitet. / Er hat am Abend lange gearbeitet. 6. Schließlich hat er einen Kaffee geholt. 7. Auf der Treppe ist er gestürzt. / Er ist auf der Treppe gestürzt. 8. Dabei hat er sich am Knie verletzt. / Er hat sich dabei am Knie verletzt. 9. Ein Kollege hat den Notarzt gerufen. 10. Der Notarzt hat Max ins Krankenhaus gebracht.

2.2.3. El pretérito

p. 28 T 1a hatte – hat – war – wurden – hatten – waren – hatte – ist – war – hatten – waren – war – habe

T 1b ich war – er/es/sie war – wir waren – wir hatten – sie waren – sie hatten – sie wurden

Soluciones

E 1 1. war 2. hatten 3. war 4. hatten 5. hatte 6. waren 7. waren p. 29

E 2 1. warst 2. war 2. warst 4. hatte 5. hattest 6. war 7. wart 8. hatten 9. hattet 10. war

E 3 1. Letzte Woche hatte ich Urlaub. 2. Wir waren in Norwegen. 3. Zuerst hatten wir schönes Wetter. 4. Dann wurde das Wetter schlecht. 5. Es wurde sehr kalt. 6. Am nächsten Morgen war alles weiß. 7. Wir hatten auch im Zelt Schnee. 8. Leider wurde ich dann krank.

T 2 **Verbos irregulares** p. 30

Singular	ich	kam	- - -	Plural	wir	kam-en	-en
	du	kam-st	-st		ihr	kam-t	-t
	er/es/sie	kam	- - -		sie	kam-en	-en
					Sie	kam-en	-en

R1 Los verbos irregulares en pretérito tienen una marca **-t-** y una terminación.

R2 Los verbos irregulares tienen una raíz del verbo en pretérito. En las formas de "ich" y "er/sie/es" no tienen **terminación**.

T 3 **holen – (ich) holte:** schauen, (haben), kaufen, warten, öffnen, telefonieren, sagen
kommen – (ich) kam: sitzen, bleiben, (sein), geben, trinken, aussehen, gehen, fressen, hineinspringen, beschreiben, kommen, bekommen

E 4 1. begann 2. nahm 3. schlief 4. klingelte 5. zog 6. sprach 7. lachten p. 31

E 5 1. wurde 2. schenkte 3. spielte 4. gewann 5. trainierte 6. begann 7. verließ 8. gab 9. dauerte 10. feierte 11. heirateten

E 6 1. Ich fuhr mit Freunden nach Italien. 2. Dort wohnten wir in einer Pension. / Wir wohnten dort in einer Pension. 3. Jeden Tag lag ich am Strand. / Ich lag jeden Tag am Strand. 4. Abends gingen wir in ein Restaurant. / Wir gingen abends in ein Restaurant. 5. Ein Mal besuchten wir ein Museum. / Wir besuchten ein Mal ein Museum.

2.2.4 El pluscuamperfecto

T 1a Ein Abend mit Pannen. Lisa erzählt:
"Lukas hatte den ganzen Tag nicht angerufen, deshalb bin ich mit einer Freundin weggegangen. Als ich weggegangen war, kam Lukas. p. 32
Eine Stunde lang hatte er noch auf mich gewartet, dann ist er nach Hause gegangen. Ich kam erst zurück, nachdem er das Haus verlassen hatte. Und jetzt ist er sauer!"

T 1b

	Paréntesis oracional de la oración principal		
Lukas	hatte	den ganzen Tag nicht	angerufen.
Eine Stunde lang	hatte	er noch auf mich	gewartet.
	Auxiliar en pretérito		Participio II

	Paréntesis oracional de la oración subordinada			
	Als	ich	weggegangen war,	kam Lukas.
Ich kam erst zurück,	nachdem	er das Haus	verlassen hatte.	
Oración principal			Participio II + Auxiliar en pretérito	Oración principal

R 3 El pluscuamperfecto se forma con el **préterito** de "sein" y "haben" y el **participio II.**

p. 33 E 1 1. hatte ... gesehen 2. hatte ... geschlossen 3 war ... geworden 4. gefahren waren 5. hatte ... gelernt 6. hatte ... gekocht

E 2 1. Ich hatte am Abend die Koffer gepackt. 2. Ich hatte die Papiere in die Tasche gesteckt. / Die Papiere hatte ich in die Tasche gesteckt. 3. Ich war früh am Morgen zum Flughafen gefahren. / Früh am Morgen war ich zum Flughafen gefahren. 4. Ich hatte am Schalter das Ticket gezeigt. / Am Schalter hatte ich das Ticket gezeigt. 5. Ich hatte mich im Datum geirrt.

E 3 1. habe 2. war 3. hatten 4. war 5. habe 6. waren/sind

2.2.5 El futuro I

p. 34 T 1 1. ☐ 2. ☒ 3. ☒ 4. ☒ 5. ☐

T 2

Die (Vase)	werden	Sie mir	ersetzen.
Die Vase	wird	gleich	**zerbrechen**.
Die Vase	**wird**	gleich am Boden	**liegen**.
	Auxiliar "werden"		Infinitivo

R El futuro I se forma con "**werden**" + **infinitivo**.

T 3a 1. C; 2. D; 3. A; 4. B

p. 35 T 3b Vermutung: 3; Prognose: 1; Pläne/Absichten: 2. 4.

E 1 1. werde – rauchen 2. wird – leben 3. werden – arbeiten 4. werden – streiten 5. wird – machen 6. werden – aufräumen

E 2a 1. C; 2. D; 3. A; 4. E; 5. B

E 2b 1.C Sie wird den Weg nicht finden. 2.D Sie wird eine Lehre als Köchin beginnen. 3.A Ganz einfach: Ich werde dich am Bahnhof abholen. 4.E Er wird mit dem Auto fahren und im Stau stecken. 5.B Wir werden zu Hause bleiben und die Tage genießen.

E 3 1. Das Telefon wird keinen Erfolg haben. 2. Es wird keine Flugmaschinen geben. 3. Im Film wird man nie Stimmen hören. 4. Das Radio wird keinen Gewinn bringen. 5. Die Menschen werden das Wetter verändern. 6. Niemand wird die Musik von diesen Beatles mögen.

2.3 Otras formas verbales importantes

p. 36 **2.3.1 El imperativo**

T 1a 1. B; 2. A; 3. D; 4. C

T 1b

Mach	---	schneller!	
Wartet	---	auf mich!	
Helfen	Sie	bitte	mit!
Verbo conjugado			

R1 En exhortaciones el verbo está en la **1ª** posición.

R2 Exhortación "**du**": du machst → Mach! (sin pronombre)
Exhortación "**ihr**": ihr macht → Macht! (sin pronombre)
Exhortación "**Sie**": Sie machen → Machen Sie! (siempre con pronombre "Sie")

Soluciones

E 1 1. Hören Sie! 2. Lesen Sie! 3. Sprechen Sie. 4. Schreiben Sie! 5. Markieren Sie! 6. Notieren Sie. p. 37

E 2 1. Beeilt euch, bitte. 2. Seid (bitte) leise. / (Bitte) Seid leise! 3. Wartet noch einen Moment. 4. Schaut immer links und rechts. 5. Passt auf, dass ihr nichts kaputt macht.

E 3 1. nehmen Sie 2. warte 3. macht 4. hol 5. vergessen Sie 6. sprich 7. schlaft 8. lauf

E 4 1. nimm 2. Bleib 3. Fahr 4. Geh 5. Lass 6. nehmt 7. Steigt … aus 8. Geht 9. Achtet

2.3.2 El Konjunktiv II

T 1a Wenn ich wie ein Vogel fliegen könnte … p. 38
fliegen könnte – würde … ansehen – würde … fliegen – würde … genießen – würde … machen – wäre – hätten – käme – würde … sehen – ginge

T 1b

	Konjunktiv II: "würde" + infinitivo		
Ich	würde	mir die ganze Welt	ansehen.
Ich	würde	nach Australien	fliegen.
	Auxiliar		Infinitivo

	Konjunktiv II	Pretérito
können	ich könnte	ich konnte
sein	ich wäre	ich war
haben	wir hätten	wir hatten
kommen	ich käme	ich kam
gehen	ich ginge	ich ging

R1 Los verbos regulares forman el Konjunktiv II con "**würde**" + infinitivo. p. 39

R2 "sein", "haben", "werden" y los verbos modales, así como los verbos irregulares tienen una forma verbal de Konjunktiv II propia. Se construyen con la forma del **Pretérito** (+ cambio vocálico en a, o, u ➢ ä, ö, ü) + terminación. En los verbos irregulares se usa habitualmente "würde" + infinitivo en el Konjunktiv II.

T 2a

	Pretérito		**Konjunktiv II**		**Terminación**
ich	war	kam	wäre	käme	-e
du	warst	kamst	wärst	käm(e)st	-(e)st
er/es/sie	war	kam	wäre	käme	-e
wir	waren	kamen	wären	kämen	-en
ihr	wart	kamt	wärt	käm(e)t	-(e)t
sie	waren	kamen	wären	kämen	-en
Sie	waren	kamen	wären	kämen	-en

T 2b ich würde – du würdest – er/es/sie würde – wir würden – ihr würdet – sie würden – Sie würden

T 3 1. Hypothetisches, nicht Wirkliches ausdrücken: "wenn"-Satz mit irrealer Bedingung – b; Irrealer Wunsch – d; Irrealer Vergleich – e; 2. Eine Bitte besonders höflich ausdrücken – g; 3. Einen Vorschlag machen, einen Rat geben – i, k p. 40

E 1a, b 1. du kannst, du konntest, du könntest, - - - 2. ich habe, ich hatte, ich hätte, - - - 3. er will, er wollte, er wollte, - - - 4. sie geht, sie ging, sie ginge 5. es ist, es war, es wäre, - - - 6. wir kommen, wir kamen, wir kämen 7. ihr wisst, ihr wusstet, ihr wüsstet 8. Sie müssen, Sie mussten, Sie müssten, - - - p. 41

E 2 1. Ich wäre glücklich, wenn du mehr Zeit hättest. 2. Wir würden uns freuen, wenn Sie uns besuchen (würden). 3. Ich fände es schön, wenn du kommen könntest. 4. Wir wären sehr froh, wenn ihr uns helfen würdet. 5. Ich wäre dir sehr dankbar, wenn du das für mich machen würdest.

E 3a 1. E, A, J; 2. F; 3. D, B; 4. H, J, I, B; 5. B; 6. C, G

E 3b Ejemplos: 1. – E: Wenn ich jetzt eine Woche Ferien hätte, würde ich bestimmt nicht lernen. 1. – A: ..., würde ich mit dem Hund spazieren gehen. 1. – J: ..., müsste ich nicht viel arbeiten. 2. – F: Wenn ich noch mal 10 Jahre alt wäre, müsste ich jeden Tag in die Schule gehen. 3. – D: Wenn ich sehr gut singen könnte, würde ich viele CDs produzieren. 3 – B: ..., würde ich viele andere Staaten besuchen. 4. – H: Wenn Max sehr viel Geld hätte, würde er ein großes Haus am Meer kaufen. 4. – J: ..., müsste er nicht viel arbeiten. 4. – A: ..., würde er eine lange, große Reise machen. 4. – B: ..., würde er viele andere Staaten besuchen. 5. – B: Wenn Gabi in ihrem Land Präsidentin wäre, würde sie viele andere Staaten besuchen. 6. – C: Wenn Katzen sprechen könnten, würden sie von ihren Abenteuern erzählen. 6. – G: ..., würden wir mehr über sie wissen.

p. 42 E 4 1. C; 2. E; 3. A; 4. B; 5. D

E 5 1. Wenn mir die Kinder doch helfen würden! 2. Wenn Jan nur da wäre! 3. Wenn meine Mutter das doch sehen könnte. 4. Wenn ich doch Geld bei mir hätte! 5. Wenn ich doch bei diesem Fest wäre.

E 6 1. Aber sie wäre lieber Model. 2. Aber er würde lieber mehr verdienen. 3. Aber sie hätten lieber Kinder. 4. Aber er würde lieber in der Firma arbeiten. 5. Aber sie würde lieber reisen.

E 7 1. Maia tut (so), als ob sie kein Geld hätte. 2. Georg tut (so), als ob er 30 wäre. 3. Rita tut (so), als ob sie alles wüsste / wissen würde. 4. Lia tut (so), als ob sie allein wohnen würde.

p. 43 E 8 1. Könntest du mir bitte einen Stift geben? 2. Könnten Sie bitte das Fenster schließen? 3. Könntet ihr mir bitte helfen, es ist so schwer. 4. Könnte ich mal kurz telefonieren. 5. Könnten Sie mir sagen, wie spät es ist? 6. Könnte ich einen Kaffee haben/bekommen, bitte.

E 9 1. Ich hätte gern mehr Brot. Könnte ich bitte mehr Brot haben? 2. Ich wüsste gern, wie spät es ist. Könnten Sie mir sagen, wie spät es ist? 3. Ich hätte gern ein Glas Wasser. Könnte ich ein Glas Wasser haben? 4. Könnten Sie mir den Weg zum Bahnhof zeigen/erklären?

E 10 1. würde 2. sollten 3. solltest 4. wäre 5. solltet 6. würde

E 11 1. Du solltest viel Tee trinken. 2. Sie sollten öfter das Fenster aufmachen. 3. Ihr solltet auf die "Wiesn" gehen. 4. Sie sollten unbedingt hingehen. 5. Du solltest dort keinen Kuchen essen.

2.3.3 La voz pasiva

p. 44 T 1a 1. A; 2. B; 3. B; 4. A; 5. B; 6. A
En el texto **A** la persona es lo que importa: ¿Qué hace Elmar? → Utilizamos la voz activa.
En el texto **B** lo importante son los acontecimientos y el transcurso de los mismos: ¿Qué se hace en la empresa? → Utilizamos la voz pasiva.

T 1b ist – werden ... gemacht – wird ... geschnitten – wird ... gebracht – werden ... zusammengebaut – werden ... gestrichen – wird ... eingesetzt.

In der kleinen Halle	**werden**	Fenster	**gemacht.**
Zuerst	**wird**	das Holz	**geschnitten.**
Dann	**wird**	es mit Maschinen in die richtige Form	**gebracht.**
	Auxiliar "werden"		Participio II

R1 La pasiva se forma con el auxililar "**werden**" y el **participio II**.

p. 45 R2 El acusativo en la frase activa se convierte en **nominativo** de la frase en pasiva. El sujeto de la frase activa en pasiva habitualmente no se menciona.

Soluciones

T 2 p. 45

Die Feuerwehr	war	um 16.32 Uhr	alarmiert worden.	**Pluscuamperfecto**
Gleich danach	ist	der Notarzt	gerufen worden.	**Perfecto**
Das Feuer	wurde	schnell	gelöscht	**Pretérito**
Jetzt	wird	die Ursache	untersucht.	**Presente**

E 1a, b — 1. In unserer Firma **werden** Möbel **produziert**. 2. In diesem Raum **wird** das Holz **gelagert**. 3. In der Maschinenhalle **werden** die ersten Arbeiten **gemacht**. 4. Die Teile **werden** dann von den Tischlern **zusammengesetzt**. 5. Die fertigen Möbel **werden** zu den Kunden **gebracht**. 6. Der Schrank **wird** genau **eingebaut**. p. 46

E 2 — 1. worden 2. geworden 3. geworden 4. worden 5. worden 6. worden

E 3a — 1. Womit wurden früher die Häuser geheizt? 2. Von wem wurde Amerika entdeckt? 3. Wo wurde zum ersten Mal ein Film öffentlich gezeigt? 4. Wann wurde das elektrische Licht erfunden? 5. Wer wurde von Charles Darwin nach England gebracht? 6. In welcher Stadt wurde die Titanic gebaut? p. 47

E 3b

1	2	3	4	5	6
S	P	I	T	Z	E

E 4 — 1. An Weihnachten schmückt man einen Tannenbaum. 2. Man legt die Geschenke unter den Baum. / Die Geschenke legt man unter den Baum. 3. Dann zündet man die Lichter am Baum an. 4. In vielen Familien singt man auch Weihnachtslieder. 5. Dann kann man endlich die Geschenke auspacken.

E 5 — 1. Er lässt sich die Haare schneiden. 2. Sie lässt sich untersuchen. 3. Sie lässt die Wäsche bügeln. 4. Sie lässt ihn nicht installieren. 5. Es lässt sich nicht mehr reparieren. 6. Das lässt sich nicht ändern. 7. Das lässt sich nicht sagen.

2.4 Verbos especiales

2.4.1 Verbos modales

T 1a, b — wollen … machen – muss … einkaufen und aufräumen – kann … genießen – möchte … lesen und sitzen. p. 48
will … besuchen und spielen – darf … gehen – soll … bleiben und lernen

T 1c

Interrogación con partícula	Was	**wollen**	Sie am Wochenende	**machen**?
Enunciado	Am Samstag	**muss**	ich	**einkaufen** und **aufräumen**.
	Aber am Sonntag	**kann**	ich den Tag	**genießen**.
	Am liebsten	**möchte**	ich nur	**lesen** und auf dem Sofa **sitzen**.
		Verbo modal		Infinitivo

R1 — En las oraciones con verbo modal al final de la frase está el **infinitivo**.

T 2 — Las siguientes formas son distintas: p. 49

	wollen	können	Endung	machen
ich	will	kann	- - -	mach-e
du	will-st	kann-st	-st	mach-st
er/es/sie	will	kann	- - -	mach-t

R2 — Los verbos modales (excepto "sollen") tienen formas propias en singular. Las formas de "ich" y "er/es/sie" no tienen **terminación**.

T 3a — konnte – wolltest – durfte – Konnten – mussten – wollten – solltet

Soluciones

T 3b

ich	**konnte**	wir	**mussten**
du	**wolltest**	ihr	**solltet**
er/es/sie	**durfte**	sie	**wollten**
		Sie	**konnten**

R3 Los verbos modales forman el pretérito con la raíz del verbo en pretérito + **-t-** + terminación.

p. 50 T 4a 1. A; 2. F; 3. B; 4. E; 5. C; 6. D

T 4b

"(No) Es posible"	"(No) Soy capaz"	"(No) Está permitido"
(Im-)Posibilidad	(In-)Capacidad	Prohibición/Permiso
(nicht) können	**(nicht) können**	**(nicht) können, (nicht) dürfen**

T 5a 1. D; 2. A; 3. B; 4. C

T 5b

"Deseo algo"	"Tengo una intención."	"Me decido por algo."
(Deseo)	(Plan/Intención)	
möcht-	**wollen**	

p. 51 T 6

"YO sé que (no) es necesario"	"OTRA PERSONA dice que (no) es bueno o (no) es necesario"
müssen	**sollen**

E 1 1. Kannst 2. kann 3. Können 4. kann 5. können 6. könnt 7. können 8. kann

E 2 1. möchten 2. möchten 3. möchte 4. möchte 5. möchten

p. 52 E 3a 1. sie / zum Arzt / gehen / müssen 2. sie / fast nicht / sprechen / können 3. sie / beim Arzt / lange / warten / müssen 4. „Frau Beer, Sie / nicht / arbeiten / dürfen" 5. „Sie / 3 Tage / im Bett / bleiben / müssen" 6. „Sie / wenig / sprechen / sollen"

E 3b 1. Sie muss zum Arzt gehen. 2. Sie kann fast nicht sprechen. 3. Sie muss beim Arzt lange warten. / Beim Arzt muss sie lange warten. 4. „Frau Beer, Sie dürfen nicht arbeiten." 5. „Sie müssen drei Tage im Bett bleiben." 6. „Sie sollen wenig sprechen."

E 4 1. ich musste 2. du wolltest 3. er (Herr Michels) konnte 4. sie (Frau Berg) durfte 5. wir wollten 6. Solltet ihr 7. sie (Lars und Eva) wollten 8. Konnten Sie

E 5 1. wollten 2. konnten 3. wollte 4. wollte (musste) 5. konnte (durfte)

E 6 1. darf 2. Kann 3. kann 4. können 5. müsst 6. Müssen 7. können/dürfen

p. 53 E 7 1. Man darf nicht telefonieren. / Hier darf man nicht telefonieren. 2. Man kann/darf über die Straße gehen. / Jetzt kann/darf man über die Straße gehen. 3. Man darf kein Eis essen. / Hier darf man kein Eis essen. 4. Man darf/kann hier spielen. / Hier darf/kann man spielen. / Hier dürfen/können Kinder spielen. 5. Man muss stehen bleiben. / Jetzt muss man stehen bleiben.

E 8 1. Der Lehrer hat gesagt, wir sollen pünktlich sein. 2. Der Chef hat gesagt, ich soll Kaffee machen. 3. Fred hat angerufen, ihr sollt nicht warten. 4. Wenn man Husten hat, soll man viel Tee trinken. 5. Wenn man müde ist, soll man nicht Auto fahren.

E 9 1. Man kann viel sehen und unternehmen. 2. Man darf nach 10 Uhr nicht kochen. 3. Denn ich möchte später gerne hier studieren. 4. Ich muss drei Mal umsteigen. 5. Ich möchte (muss) am Schluss die Prüfung machen.

2.4.2 Verbos con prefijo

T 1a ... Was hast du vor? – ... genießen und mich ausruhen. – Wir besuchen ... – holt mich gleich ab ... fahren wir los. – Wann kommt ihr zurück? p. 54
Können wir jetzt einsteigen? – ... meine Tasche mitnehmen. – Das fängt ja gut an. Ich verstehe das nicht. Du vergisst immer alles.

T 1b, c abholen – anfangen – ausruhen – genießen – besuchen – einsteigen – losfahren – mitnehmen – vergessen – verstehen – vorhaben – zurückkommen

T 2

Oración enunciativa	Mein Freund	**holt**	mich gleich	**ab.**
	Dann	**fahren**	wir	**los.**
Pregunta con partícula	Was	**hast**	du	**vor?**
	Wann	**kommt**	ihr	**zurück?**
		Verbo conjugado		Prefijo

R1 En la oración enunciativa y en la oración interrogativa con partícula el verbo conjugado está en la **2ª** posición, el **prefijo** acentuado se encuentra en posición final.

R2 En la pregunta sin partícula y en la exhortación el verbo conjugado se encuentra en la **1ª** posición, el **prefijo** acentuado está al final de la oración. p. 55

R3 Los siguientes prefijos siempre se acentuan. Los verbos con estos prefijos son **separables**.

T 4 Wir besuchen meine Schwester. Was vergisst Herr Kosic? Verstehen Sie mich? Vergiss das nicht, bitte!

R4 Los siguientes prefijos nunca se acentuan. Los verbos con estos prefijos son **inseparables**.

E 1a ankommen – anmachen – ausmachen – bedeuten – bezahlen – einkaufen – einladen – entschuldigen – erklären – gefallen – unterschreiben – vergessen – verkaufen – verstehen – versuchen – wiederholen – zerreißen – zuhören p. 56

E 1b **Verbos separables:** ankommen – anmachen – ausmachen – einkaufen – einladen – zuhören
Verbos inseparables: bedeuten – bezahlen – entschuldigen – erklären – gefallen – unterschreiben – vergessen – verkaufen – verstehen – versuchen – wiederholen – zerreißen

E 2a aufstehen ● aussehen ● anziehen ● entscheiden ● verdienen ● bestellen

E 2b 1. verdient ... - - - 2. siehst – aus 3. anziehen 4. entscheidet ... - - - 5. aufstehe 6. bestelle ... - - -

E 3 1. Bitte komm her! 2. Bitte beeilt euch! 3. Bitte kommen Sie mit! 4. Bitte klopfen Sie an! 5. Bitte räum auf! 6. Bitte bewegt euch!

E 4 1. ging ... weg 2. fuhr ... ab 3. stieg ... ein 4. stieg ... um 5. kam ... an 6. stieg ... aus

T 5 bin ... gegangen – habe ... vergessen – ist ... weggelaufen – habe ... begonnen – habe ... versucht – habe ... geglaubt – habe ... verloren – habe ... angerufen – hat ... aufgeschrieben – bin ... zurückgegangen – angekommen bin – hat ... gewartet p. 57

T 6

weg|laufen
an|rufen
auf|schreiben

Toby	ist		**weggelaufen**
Lukas	hat	die Polizei	**angerufen.**
Der Polizist	hat	die Daten	**aufgeschrieben.**
	Auxiliar		Participio II

Soluciones

T 7 **Verbo (sin prefijo):** schreiben – geschrieben, gehen – gegangen, kommen – gekommen
Verbo separable: aufschreiben – aufgeschrieben, zurückgehen – zurückgegangen, ankommen – angekommen

R5 Verbos separables: En el participio II **-ge-** se coloca entre el **prefijo** y el verbo.

p. 58 T 8

vergessen	Lukas	hat	die Leine	**vergessen.**
versuchen	Eine Stunde lang	hat	er alles	**versucht.**
		Auxiliar		Participio II

T 9 1. D; 2. C; 3. A; 4. B

E 5a Der Sprachkurs hat am Montag wieder angefangen. Alle haben Geschichten von ihrem Urlaub erzählt. Andrine hat ihre Verwandten in Norwegen besucht. Da hat es ihr sehr gut gefallen. Antoine ist gerade erst aus Marseille zurückgekommen. Er hat viel eingekauft und nach Berlin mitgenommen. In Berlin hat er seine Kollegen eingeladen und sie haben Käse und Wein genossen. Silvia ist nicht weggefahren, sie ist in ein neues Zimmer umgezogen. Milo hat sich für eine Flugreise nach Kreta entschieden. Leider hat er verschlafen und das Flugzeug ist ohne ihn abgeflogen.

E 5b **Verbos separables:** anfangen, zurückkommen, einkaufen, mitnehmen, einladen, wegfahren, umziehen, abfliegen
Verbos inseparables: erzählen, besuchen, gefallen, genießen, entscheiden, verschlafen

E 6 1. abgefahren 2. angekommen 3. ausgestiegen 4. eingekauft 5. umgezogen 6. weggegangen

p. 59 E 7 1. bestellt 2. bekommen 3. unterschrieben 4. ausgepackt 5. angerufen 6. entschuldigt 7. erhalten

E 8 1. Ich habe es auch nicht verstanden. 2. Leider nein, ich habe es vergessen. 3. Ich bin heute zu spät aufgestanden. 4. Wir sind noch kurz ausgegangen. 5. Wir haben doch erst begonnen. 6. Er hat mir sehr gut gefallen.

E 9 **1. gehen:** aufgehen – aufgegangen, vergehen – vergangen, ausgehen – ausgegangen
2. stehen: aufstehen – aufgestanden, entstehen – entstanden, verstehen – verstanden
3. kommen: bekommen – bekommen, mitkommen – mitgekommen, nachkommen – nachgekommen

2.4.3 Verbos reflexivos

p. 60 T 1a **kämmen:** 1, 3; **sich kämmen:** 2, 4

T 1b

Nominativo	ich	du	er/es/sie	wir	ihr	sie	Sie
Acusativo	mich	dich	**sich**	uns	euch	sich	sich
Dativo	mir	dir	sich	uns	euch	sich	sich

R1 El pronombre reflexivo siempre hace referencia al sujeto. En la 3ª persona siempre es "**sich**". Todas las demás formas son iguales que las formas del pronombre personal.

T 2 **Ich kämme die Puppe/mich:** 2, 3, 5, 6
Ich putze mir die Zähne: 1, 4, 7, 8

p. 61 R2 Si el verbo tiene un complemento en acusativo, el pronombre reflexivo aparece en **dativo**.

E 1 1. sich 2. mich 3. euch 4. sich 5. sich 6. mich p. 62

E 2 1. freuen sich 2. interessiert sich 3. erholen uns 4. unterhalte … mich 5. sich … ausruhen

E 3 1. Beeilt euch! 2. Setzen Sie sich! 3. Ruh dich aus! 4. Entscheide dich! 5. Entspannen Sie sich! 6. Verabschiedet euch!

E 4 1. uns 2. mir 3. sich 4. mich 5. sich 6. mir 7. mir 8. mich p. 63

E 5 1. uns (einander) 2. sich (einander) 3. sich (einander) 4. sich (einander) 5. sich (einander)

E 6 1. Unterhalten Sie sich mit Kolleginnen und Kollegen auf Deutsch. 2. Setzen Sie sich an den Computer und arbeiten Sie mit Lernprogrammen. 3. Stellen Sie sich vor, was Sie in einer bestimmten Situation sagen wollen. 4. Merken Sie sich schwierige Wörter mit einem Beispiel.
5. Sehen Sie sich deutschsprachige Filme an.

E 7 1. Bettina und Angelika sprechen oft miteinander. 2. Rupert und Lili haben sich auf der Party ineinander verliebt. 3. Mein Freund und ich sind immer füreinander da. 4. Lionel und Sarah sind sehr glücklich miteinander. 5. Freundin und ich denken jeden Tag aneinander. 6. Herr und Frau Sommer telefonieren oft miteinander.

2.5 Verbos y complementos

2.5.1 Verbos + complementos

E 1a Es ist Sonntag. Und es regnet. Viele Leute schlafen noch, aber nicht Herr Zetin. Der Wecker klingelt und Herr Zetin steht auf. Er hat heute Dienst. Herr Zetin arbeitet als Taxifahrer. Um 6 Uhr holt er das Auto. Heute gibt es nur wenige Kunden. p. 66

E 1b **sin complemento:** regnen, schlafen, klingeln, aufstehen, arbeiten
complemento en nominativo: sein
complemento en acusativo: haben, holen, geben

E 2 1. Dat ; 2. Nom; 3. Ac; 4. Dat y Ac; 5. Prep y Ac; 6. Prep y Ac; 7. Prep y Dat; 8. Prep y Dat

E 3 1. Karen macht eine Party. 2. Sie lädt ihre Freunde ein. 3. Die Gäste bringen ihr Blumen. 4. Karen wohnt in einem alten Haus. 5. Sie zeigt es ihnen.

E 4 1. C; 2. E; 3. A; 4. D; 5. B

2.5.2 Verbos con infinitivo

T 1a bleibe … stehen – gehen Fußball spielen – fahre … einkaufen – lernt …Ski fahren – Hilfst du mir kochen? – lasse … reparieren – hört es … donnern – sehe … kommen p. 67

T 1b gehen, fahren, bleiben; lernen; sehen, hören, lassen; helfen

T 2 **lassen = etwas erlauben:** 1, 6 **lassen = etwas nicht selbst tun:** 2, 4 **sich lassen = man kann:** 3, 5

T 3 zu lachen – aufzupassen – zu helfen – zu arbeiten – aufzuräumen – zu waschen – zu verstehen – weiterzumachen p. 68

R1 En los verbos separables se coloca "zu" entre el prefijo y el **infinitivo**.

T 4

Verbos	Adjetivos + "sein"	Sustantivo + "haben"
aufhören, versuchen, (nicht) vergessen, denken (an)	es ist wichtig, es ist (nicht) schwer	(keine) Zeit haben, (keine) Lust haben

R2 Cuando la persona que actúa es la misma en la oración principal y en la oración subordinada se suele utilizar "zu" + **infinitivo** en vez de una oración subordinada con "dass".

p. 69 E 1 1. helfe 2. lassen 3. geht 4. bleiben 5. lernen

E 2 1. Sie lässt sich die Haare schneiden. 2. Er lässt sich untersuchen. 3. Er lässt das Auto reparieren. 4. Er lässt die Wohnung putzen.

E 3 1. zu helfen 2. zu kommen 3. aufzustehen 4. anzurufen 5. zu genießen

E 4 1. - - - 2. - - - 3. zu 4. zu 5. - - - 6. zu

E 5 Infinitivo con "zu" posible: 3, 4 Infinitivo con "zu" Imposible: 1, 2, 5

2.6 Qué podemos hacer con formas verbales

p. 71 E 1 1. ist … abgefahren / fuhr … ab 2. war 3. hat … gekauft / kaufte … - - - 4. hat … vergessen / vergaß … - - - 5. wollte … anrufen 6. hat … funktioniert / funktionierte … - - - 7. wollte … sehen 8. hat … erzählt / erzählte … - - - 9. musste … aussteigen

E 2 1. geht … - - - 2. war … - - - 3. habe … geschlafen 4. Wirst … - - - 5. weiß … - - - 6. habe … gefühlt (fühlte … - - -) 7. machst … - - -

E 3 1. ist … - - - 2. gibt … - - - 3. ist … wichtig 4. zerstört worden war (zerstört wurde) 5. stand 6. ist … errichtet worden / wurde … errichtet 7. hoffen

p. 72 E 4 Der Vater war zum Markt gefahren und hatte einen Christbaum geholt. Die Mutter hatte die Wohnung sauber gemacht, der Vater (hatte) den Baum aufgestellt. Meine große Schwester und ich hatten ihn geschmückt. / Meine große Schwester und ich schmückten ihn. Und dann hatten wir in der Küche gewartet / Und dann warteten wir in der Küche, bis die Glocke läutete. Jetzt war es soweit. Wir sahen im dunklen Wohnzimmer den hell leuchtenden Baum. Wir sangen ein paar Lieder, zuletzt "Stihille Nacht", und dann öffneten wir endlich die Päckchen. Wir zeigten, uns, was das Christkind gebracht hatte.
Und nächstes Jahr wird es wieder genau so sein. Der Vater wird zum Markt fahren und einen Christbaum holen.

E 5 1. Seid 2. können/könnten … übersetzen 3. Gehen 4. musst weitermachen 5. musst … aufstehen 6. Können/Könnten … schließen 7. passt … auf

E 6 1. Ich werde viel schwimmen. 2. Sie wird noch arbeiten. 3. Es soll schön werden. 4. Brasilien wird gewinnen. 5. Er wird krank sein.

p. 73 E 7 1a Kann ich mal kurz telefonieren, bitte. 1b Könnte ich mal kurz telefonieren, bitte. 2a Kann ich bitte einen Capuccino haben. / Ich möchte einen Capuccino. / Einen Capuccino, bitte. 2b Könnte ich einen Capuccino haben. / Ich hätte gern einen Capuccino. 3a Kannst du mir helfen, bitte. / Hilf mir, bitte. 3b Könnten Sie mir helfen, bitte. / Könntest du mir helfen, bitte. 4a Kann ich bitte das Brot haben. / Das Brot, bitte. / Könnt ihr mir das Brot rüber geben? / 4b Könnte ich bitte das Brot haben / Könnten Sie mir das Brot geben.

E 8 1. lief 2. erzählten 3. fragte 4. würden … machen 5. wären 6. sagte 7 würde … machen 8. war (bin) 9. wurde gefragt 10. machen würde 11. antwortete 12. Sehen 13. war 14. hatte 15. habe … gefunden (fand … - - -) 16. sollte 17. machen 18. wäre

Soluciones

3 Sustantivos

3.1 Género del sustantivo

R 1 Los sustantivos tienen un género: masculino, neutro o femenino. p. 74
Se reconoce el género por el artículo: "**der**" = masculino, "**das**" = neutro, "**die**" = femenino.

E 1a p. 75

T	ü	r	T	S	t	u	h	l
			e		W			
U	h	r	l	H	o			
			e	a	h			
			f	u	n			T
			o	s	u			i
			n		n			s
B	e	t	t		g			c
		S	t	r	a	ß	e	h

E 1b der Tisch, der Stuhl, das Telefon, das Bett, das Haus die Wohnung, die Straße, die Uhr, die Tür

E 2
1. **der** Monat – **der** Mann – <u>**das** Meer</u> – **der** Mantel
2. **die** Schule – <u>**der** Schlüssel</u> – **die** Sprache – **die** Stunde
3. **das** Kino – <u>**der** Käse</u> – **das** Kind – **das** Kilogramm
4. <u>**der** Name</u> – **die** Nase – **die** Nummer – **die** Natur
5. **der** Salat – **der** Schrank – **der** Schlüssel – <u>**die** Sonne</u>

E 3
1. **die** Freiheit
2. **das** Mäuschen
3. **die** Bäckerei
4. **die** Station
5. **die** Reinigung
6. **die** Kleinigkeit
7. **das** Büchlein
8. **die** Kollegin
9. **der** Liebling
10. **die** Zeitung
11. **die** Herrschaft
12. **der** Journalismus

3.2 Formas del plural de los sustantivos

E 1 1. der **Mann** – die Männer 2. die **Adresse** – die Adressen 3. das **Hotel** – die Hotels 4. das **Haus** – p. 77
die Häuser 5. die **Frau** – die Frauen 6. der **Tisch** – die Tische 7. der **Student** – die Studenten
8. die **Lehrerin** – die Lehrerinnen

E 2 1. die Abfälle 2. die Teller 3. die Füße, 4. die Kinos 5. die Koffer 6. die Augen 7. die Ohren
8. die Kinder

E 3 Singular: der Apfel, der Ball, die Gabel, das Buch, die Ärztin
Plural: die Mütter, die Messer, die Autos, die Mädchen, die Löffel

E 4 Ich sehe fünf Tomaten, sieben Karotten, zwei Brote, vier Äpfel, sechs Kartoffeln, zwei Salate, fünf Eier, zwei Messer, zwei Flaschen, drei Kochbücher, zwei Fische, drei Fotos und eine Kamera.

3.3 Casos: La declininación del artículo y del sustantivo

R 1 En el singular del genitivo los sustantivos masculinos y neutros tienen la terminación **-s** (o **-es** como p. 79
en "des Hundes", "des Tages", "des Hauses"). En el plural del dativo los sustantivos tienen la terminación **-n** (excepciones: sutantivos con la terminación del plural **-s**: "den Autos"). En todos los demás casos los sustantivos no tienen terminaciones de caso.

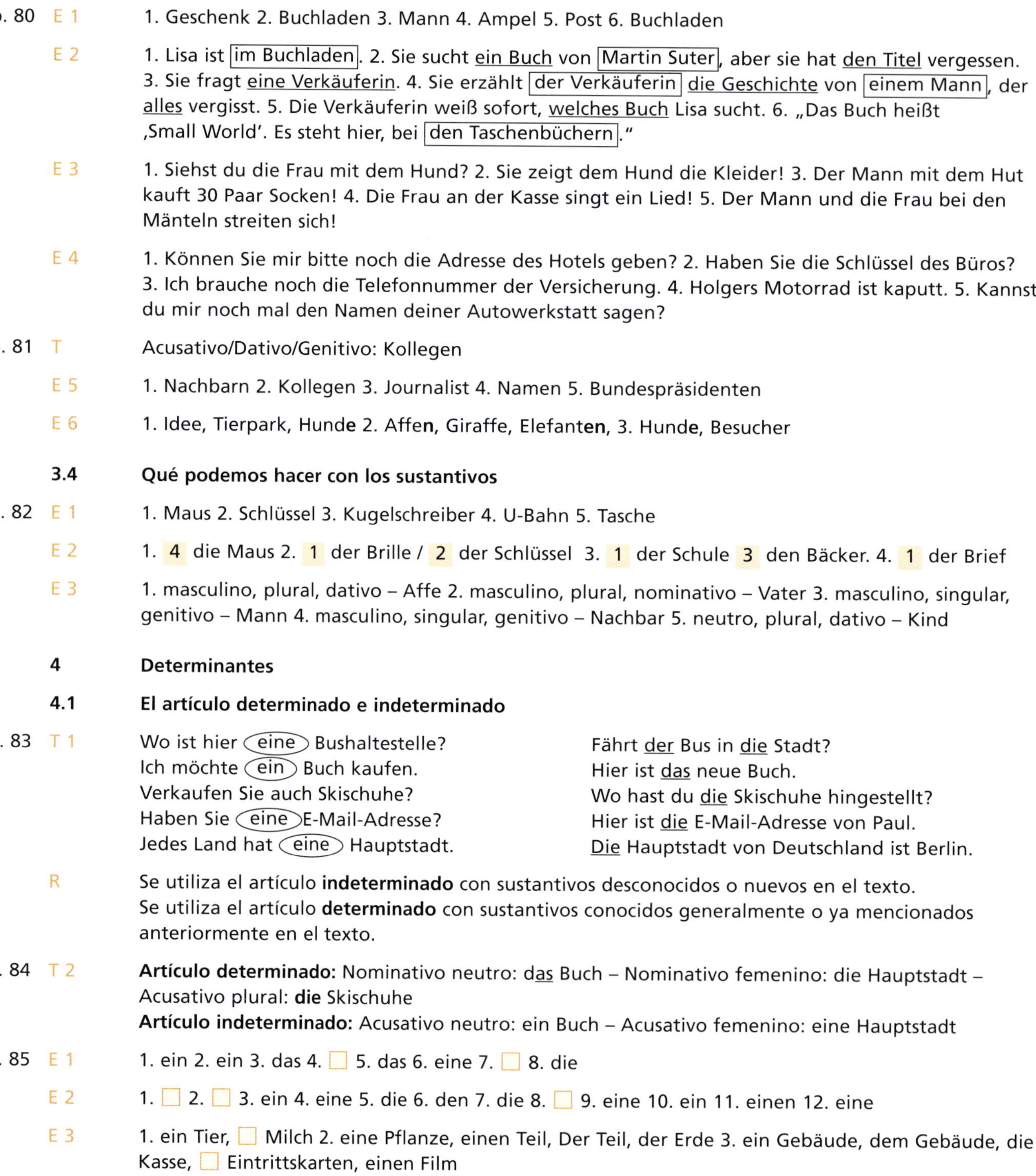

p. 80 E 1 — 1. Geschenk 2. Buchladen 3. Mann 4. Ampel 5. Post 6. Buchladen

E 2 — 1. Lisa ist im Buchladen. 2. Sie sucht ein Buch von Martin Suter, aber sie hat den Titel vergessen. 3. Sie fragt eine Verkäuferin. 4. Sie erzählt der Verkäuferin die Geschichte von einem Mann, der alles vergisst. 5. Die Verkäuferin weiß sofort, welches Buch Lisa sucht. 6. „Das Buch heißt ‚Small World'. Es steht hier, bei den Taschenbüchern."

E 3 — 1. Siehst du die Frau mit dem Hund? 2. Sie zeigt dem Hund die Kleider! 3. Der Mann mit dem Hut kauft 30 Paar Socken! 4. Die Frau an der Kasse singt ein Lied! 5. Der Mann und die Frau bei den Mänteln streiten sich!

E 4 — 1. Können Sie mir bitte noch die Adresse des Hotels geben? 2. Haben Sie die Schlüssel des Büros? 3. Ich brauche noch die Telefonnummer der Versicherung. 4. Holgers Motorrad ist kaputt. 5. Kannst du mir noch mal den Namen deiner Autowerkstatt sagen?

p. 81 T — Acusativo/Dativo/Genitivo: Kollegen

E 5 — 1. Nachbarn 2. Kollegen 3. Journalist 4. Namen 5. Bundespräsidenten

E 6 — 1. Idee, Tierpark, Hunde 2. Affe**n**, Giraffe, Elefante**n**, 3. Hunde, Besucher

3.4 Qué podemos hacer con los sustantivos

p. 82 E 1 — 1. Maus 2. Schlüssel 3. Kugelschreiber 4. U-Bahn 5. Tasche

E 2 — 1. 4 die Maus 2. 1 der Brille / 2 der Schlüssel 3. 1 der Schule 3 den Bäcker. 4. 1 der Brief

E 3 — 1. masculino, plural, dativo – Affe 2. masculino, plural, nominativo – Vater 3. masculino, singular, genitivo – Mann 4. masculino, singular, genitivo – Nachbar 5. neutro, plural, dativo – Kind

4 Determinantes

4.1 El artículo determinado e indeterminado

p. 83 T 1 —
Wo ist hier eine Bushaltestelle?
Ich möchte ein Buch kaufen.
Verkaufen Sie auch Skischuhe?
Haben Sie eine E-Mail-Adresse?
Jedes Land hat eine Hauptstadt.

Fährt der Bus in die Stadt?
Hier ist das neue Buch.
Wo hast du die Skischuhe hingestellt?
Hier ist die E-Mail-Adresse von Paul.
Die Hauptstadt von Deutschland ist Berlin.

R — Se utiliza el artículo **indeterminado** con sustantivos desconocidos o nuevos en el texto. Se utiliza el artículo **determinado** con sustantivos conocidos generalmente o ya mencionados anteriormente en el texto.

p. 84 T 2 — **Artículo determinado:** Nominativo neutro: das Buch – Nominativo femenino: die Hauptstadt – Acusativo plural: **die** Skischuhe
Artículo indeterminado: Acusativo neutro: ein Buch – Acusativo femenino: eine Hauptstadt

p. 85 E 1 — 1. ein 2. ein 3. das 4. ☐ 5. das 6. eine 7. ☐ 8. die

E 2 — 1. ☐ 2. ☐ 3. ein 4. eine 5. die 6. den 7. die 8. ☐ 9. eine 10. ein 11. einen 12. eine

E 3 — 1. ein Tier, ☐ Milch 2. eine Pflanze, einen Teil, Der Teil, der Erde 3. ein Gebäude, dem Gebäude, die Kasse, ☐ Eintrittskarten, einen Film

4.2 El artículo negativo

R Con el artículo negativo "**kein**" se niegan sustantivos. p. 86

T **El artículo negativo**

	masculino	neutro	femenino	plural
Nominativo	ein Hund	ein Pferd	eine Katze	
	kein Hund	kein Pferd	keine Katze	keine Tiere
Acusativo	ein**en** Hund	ein Pferd	eine Katze	
	kein**en** Hund	kein Pferd	keine Katze	keine Tiere
Dativo	ein**em** Hund	ein**em** Pferd	ein**er** Katze	
	kein**em** Hund	kein**em** Pferd	kein**er** Katze	kein**en** Tieren
Genitivo	ein**es** Hundes	ein**es** Pferdes	ein**er** Katze	
	kein**es** Hundes	kein**es** Pferdes	kein**er** Katze	kein**er** Tiere

E 1 1. Nein, das ist kein Löffel, das ist eine Gabel. 2. Nein, das ist keine Schere, das ist ein Kugelschreiber. 3. Nein, das ist kein Buch, das ist ein Brief. 4. Nein, das ist keine Kette, das ist eine Uhr. 5. Nein, das ist kein Bus, das ist ein Auto. 6. Nein, das sind keine Bonbons, das sind Blumen. p. 87

E 2 1. keine Lust 2. keine Zeit 3. kein Geld 4. keine Ahnung 5. keine Fragen 6. keinen Hunger

E 3 1. kein Hund, keine Katze und auch kein Pferd. → **M**a**us** 2. kein Löffel → **M**ess**er** 3. kein CD-Player → Radio 4. kein Tee → **K**affee; Palabra clave: Musik

4.3 El artículo posesivo

T 1 p. 88

Artículo indeterminado	eine E-Mail-Freundschaft, ein Bild, eine Antwort
Artículo determinado	dem Sofa
Artículo posesivo	deine Adresse, meiner Lehrerin, meiner Familie, meine Schwester, meine Eltern, meinem Vater, unsere Katze, ihr Name

T 2

ich: meine Katze	**wir:** unsere Katze	**du:** deine Adresse	ihr: eure Adresse
er: seine Schwester	sie: ihre Katze	es: seine Schwester	sie: ihre Mutter
Sie: Ihre Adresse			

T 3 Nominativo femenino: mein**e** Katze – Nominativo plural: mein**e** Eltern – Acusativo masculino: mein**en** Vater – Acusativo femenino: mein**e** Katze – Dativo masculino: mein**em** Vater – Dativo neutro: mein**em** Sofa – Dativo femenino: mein**er** Katze – Genitivo masculino: mein**es** Vaters – Genitivo neutro: mein**es** Sofas – Genitivo femenino: mein**er** Katze p. 89

E 1 1. meine Katze 2. deine Tasche 3. sein Hund 4. sein Hund 5. ihre Schlüssel 6. unser Haus 7. euer Telefon 8. ihre Schlüssel 9. Ihre Tasche

E 2a 1. E; 2. F; 3. D; 4. B; 5. C; 6. A p. 90

E 2b 1. Der Arzt: Das ist seine Praxis. 2. Die Lehrerin: Das sind ihre Schülerinnen. 3. Der Bäcker: Das ist sein Brot. 4. Lukas: Das ist sein Hund Toby. 5. Der Bauer: Das ist seine Kuh. 6. Die Millionärin: Das ist ihr Geld.

E 3 1. mein 2. meine 3. mein 4. meine 5. meine 6. meine 7. mein

E 4 1. meine 2. deinen 3. eure 4. Ihre 5. unsere

E 5 1. Felix nimmt seinen CD-Player, seine CDs und seine Sonnenbrille mit. 2. Lisa fährt nicht ohne ihre Handtasche, ihr Handy und ihren Wecker. 3. Rosi packt ihr Handtuch, ihre Joggingschuhe und ihre Sonnencreme ein. 4. Thomas fährt nur mit seiner Sportzeitschrift, seinem Kissen und seinem Fotoapparat weg.

	4.4	**Otros determinantes**
p. 91	T	**preguntar por algo: "was für ein"**, "welcher, welches, welche" – Artículo interrogativo
	R1	Con **"was für ein?"** se pregunta por cosas o personas nuevas o desconocidas o por la naturaleza de cosas y personas.
	R2	Con **"welcher, welches, welche?"** se pregunta por cosas o personas conocidas o se selecciona algo de un conjunto determinado. **determinar algo con exactitud:** "dieser, dieses, diese" – Artículo demonstrativo **determinar algo vagamente:** "jeder, jedes, jede", "irgendein", "einige", "manche" – Artículo indefinido
p. 92	E 1	1. B; 2. C; 3. A; 4. D
	E 2	1. diesem 2. welche 3. einige 4. jeden 5. manchen 6. diese 7. irgendein
	E 3	1. jedes 2. Dieses 3. irgendeine 4. welche 5. welche 6. manche 7. alle 8. jedes
	4.5	**Qué podemos hacer con los determinantes**
p. 93	E 1	1. Manchen 2. jedes 3. alle 4. irgendwelche 5. welche 6. diese 7. keine 8. ein 9. jedes
	5	**Pronombres**
	5.1	**Los pronombres personales**
p. 94	T 1	ich : Lukas; er: Toby; sie: Lisa; wir: Lukas, Toby, Lisa, Felix und Thomas
	T 2a	Ich sehe dich. – Wir möchten Sie ... einladen. – Hast du ihn, ...? – Gib mir .... – ... hilf ihr bitte! – ... kennst du sie? – Wir besuchen euch ... – ... wie geht es dir? – Kannst du mich hören? – Schmeckt Ihnen ....?

T 2b

Nominativo	ich	du	er	es	sie	wir	ihr	sie	Sie
Acusativo	**mich**	**dich**	**ihn**	es	**sie**	uns	**euch**	sie	**Sie**
Dativo	**mir**	**dir**	ihm	ihm	**ihr**	uns	euch	ihnen	**Ihnen**

p. 95	E 1	1. Sie 2. Er 3. Sie 4. ihr 5. Sie
	E 2	1. Sie 2. Sie 3. ich 4. Sie 5. ich 6. sie 7. ich 8. Sie 9. Ich 10. Sie
	E 3	1. ihr 2. ihn 3. sie 4. ihnen 5. Dir
	E 4	1. euch, Wir 2. euch 3. ihn 4. ihnen 5. ihr, mich 6. sie
	5.2	**Los pronombres posesivos**
p. 96	T 1a	der Fisch: Das ist meiner! – das Bild: Das ist meins! / Hast du meins? – die Kamera: Das ist meine! – die Fische: Das sind meine!

T 1b

	masculino	neutro	femenino	plural
Nominativo	mein**er**	mein(e)**s**	mein**e**	mein**e**
Acusativo	mein**en**	mein(e)**s**	mein**e**	mein**e**
Dativo	mein**em**	mein**em**	mein**er**	mein**en**

p. 97	E 1	der Ball – Meiner! die Puppe – Meine! das Auto – Meins!/Meines! die Hose – Meine! die Brille – Meine! die Socken – Meine! der Hut – Meiner! die Karten – Meine! das Buch – Meins!/Meines!
	E 2	1. meine 2. ihre 3. dein(e)s 4. unser(e)s 5. eure 6. ihrer 7. Ihr(e)s 8. sein(e)s 9. deiner 10. seine
	E 3	1. deiner, meiner 2. mein(e)s 3. Ihrem 4. meiner 5. mein(e)s
	E 4	1. dein(e)s 2. meinem 3. eure 4. deinem 5. deine

Soluciones

5.3 Los pronombres indefinidos
"einer", "keiner", "was für einer?", "irgendeiner", "jeder", "mancher", "einige" und "viele"

T 1 Ich habe keinen Stift dabei. Hast du einen? – Nein, ich habe auch keinen! p. 98

T 2 Estos pronombres indefinidos son diferentes al artículo indeterminado y negativo:

Nominativo	masculino	Hier ist ein/kein Geldautomat.	Hier ist einer/keiner.
	neutro	Hier ist ein/kein Hotel.	Hier ist eins/keins.
Acusativo	neutro	Ich habe ein/kein Fahrrad.	Ich habe eins/keins.

R Tres formas del singular del pronombre indefinido "einer", "keiner", "irgendeiner" y "was für einer" tienen otras terminaciones que el artículo indefinido.

Nominativo masculino	Ist das einer?	Acusativo masculino:	Hast du **einen**?
neutro	Ist das **eins/eines**?		

T 3 1. D; 2. C; 3. A; 4. B p. 99

T 4 **Personas:** jemand, alle, niemand – **Objetos:** alles, nichts, etwas

E 1 1. keinen 2. keine 3. keine 4. keins 5. keinen

E 2 1. ein(e)s, kein(e)s 2. was für einen 3. einer 4. kein(e)s 5. was für ein(e)s p. 100

E 3 1. alle 2. jemand 3. alle 4. jeder 5. niemand 6. jeder 7. jemand 8. alles

E 4 1. Hier arbeitet man auch samstags. 2. In diesem Atelier kann man dem Künstler bei der Arbeit zusehen. 3. Dort kann man das Gepäck abgeben. 4. Hier spricht man englisch, deutsch und spanisch. 5. Mit diesem Gerät kann man ganz einfach Gemüse hacken.

E 5 1. nichts 2. etwas, etwas 3. einige, viele

5.4 Pronombre reflexivo

T p. 101

Nominativo	ich	du	er	es	sie	wir	ihr	sie		Sie
Acusativo	mich	dich		**sich**		**uns**	**euch**	**sich**		sich
Dativo	**mir**	**dir**		sich		uns	euch	sich		sich

R El pronombre reflexivo tiene la misma forma que el pronombre personal. Sólo en la 3ª persona y en el tratamiento de cortesía siempre es **"sich"**.

E 1 1. E; 2. F; 3. B; 4. A; 5. D; 6. C p. 102

E 2 1. uns 2. mich 3. uns 4. dich 5. uns 6. mich 7. uns 8. mich

E 3 1. Zieh dir bitte die Schuhe an! 2. Ich kann mir die Regel nicht merken. / Die Regel kann ich mir nicht merken. 3. Gestern habe ich mich in den Finger geschnitten. / Ich habe mich gestern in den Finger geschnitten. 4. Freust du dich auch auf das Theaterstück?

E 4 1. dich 2. mir 3. dich 4. mich 5. dich 6. mich 7. mich 8. dir

5.5 Los pronombres relativos

E 1 1. das 2. die 3. der 4. das 5. den p. 103

E 2 1. dem 2. dem 3. die 4. dem 5. wo

5.6 La forma pronominal "es"

p. 104 T 1b **"es" con verbos del tiempo meteorológico:** 1, 13, 15
"es" con verbos que pueden aparecer con un sujeto u objeto indeterminado:
sonidos: 4, 12, indicaciones de tiempo: 3, 8
giros con "es" 2, 5, 6, 7, 9, 10, 11, 14, 15

p. 105 E 1 In Hamburg regnet es. In München schneit es und in Berlin ist es sonnig. In Stuttgart ist es neblig und in Köln ist es heute heiter.

E 2 1. – 2. es 3. es 4. Es 5. – 6. es

E 3 1. Ich komme nur mit zum Radfahren, wenn es nicht regnet. 2. Kommst du noch mit einen Kaffee trinken, oder hast du es eilig? 3. Ist der Herd aus? Hier riecht es verbrannt. 4. Du bist ja ganz blass. Geht es / Geht's dir nicht gut? 5. Ich habe meine Uhr vergessen, kannst du mir sagen, wie spät es ist?

E 4 1. Dass wir uns gesehen haben, ist lange her. 2. Nur wenige Leute waren in der Vorstellung. 3. Mit dem Zug nach Köln zu fahren, dauert vier Stunden. 4. Jetzt ist alles vorbereitet. 5. Für Sie singt heute Annett Louisan.

5.7 Qué podemos hacer con los pronombres

p. 106 E 1 1. deine, keine 2. meinen 3. Ihr(e)s, kein(e)s 4. keinen 5. meiner 6. uns(e)re, keine

p. 107 E 2 1. sich 2. sich 3. sich 4. Sie 5. ihn 6 sich 7 sich

E 3 1. ihm 2. Niemand 3. sie 4. er 5. Alles 6. etwas, jemand 7. ihn 8. Der 9. nichts

E 4 1. es 2. die 3. sich 4. sich 5. Sie 6. sie 7. was

6 Palabras interrogativas

6.1 Palabras interrogativas con "w"

p. 108 T 1a 1. Wo 2. Wohin 3. Wann 4. Wer 5. Was 6. Wie 7. Warum 8. Woher

T 1b,c

Personas	Cosa	Lugar	Tiempo	Causa	Modo
4	5	1, 2, 8	3	7	6
wer	was	wo, wohin, woher	wann	warum	wie

T 2 ? ● **Wo bist du?** ? → ● **Woher kommst du?** ? ● → **Wohin gehst du?**

p. 109 E 1 1. wer 2. wo 3. was 4. Wann 5. Wie 6. Wie 7. Warum

E 2 1. Wer ist das? 2. Wem gehört die Jacke? 3. Wen rufst du / rufen Sie (nachher) an? 4. Wer kommt (heute) zu Besuch?

E 3 1. Wohin 2. Warum 3. Wann 4. Wo 5. Warum

6.2 "wo(r)-" + preposición

p. 110 T 1a Worüber – Auf wen – Worauf

T 1b **preguntar por cosas:** sich **über** den Besuch freuen → **Worüber** freust du dich?
auf den Kuchen stolz sein → **Worauf** bist du stolz?
preguntar por personas: auf eine Freundin warten → **Auf wen** warten wir?

R1 En frases con verbos o expresiones con preposición se pregunta
– por **cosas** con "wo(r)-" + preposición
– por **personas** con la preposición + "Wen?" o "Wem?".

T 2a Worauf wartest du? Woran denkst du? Wozu brauchst du das?
Worüber lachst du? Wonach suchst du? Womit willst du das reparieren?

T 2b **"wor-" preposición:** worauf, worüber, woran; **"wo-" preposición:** wonach, wozu, womit

R2 Preposiciones que empiecen con una vocal o con "Umlaut" (auf, über, ...) → **"wor-"** + preposición.

E 1 1. B; 2. C; 3. D; 4. A p. 111

E 2 1. Worauf 2. Worüber 3. Womit 4. Woran 5. Wovon

E 3a,b 1. bitten um: Worum hast du den Kellner gebeten? – Um mehr Brot. 2. einladen zu: Wozu haben sie uns eingeladen? – Zu einem Gartenfest. 3. fragen nach: Wonach hat dich der Mann gefragt? – Nach der Toilette. 4. lachen über: Worüber lacht ihr? – Über einen Witz. 5. sich treffen mit: Mit wem triffst du dich heute? – Mit einer Schulfreundin.

E 4 1. Worüber freuen Sie sich? 2. Über wen ärgere ich mich? 3. Womit sind Sie gekommen? 4. Wovon woll(t)en Sie (mir) erzählen? 5. Wofür interessiere ich mich?

7 Adjetivos

7.1 Adjetivos junto a verbos

T 1
- ❍ Lukas! Du musst schnell zu mir kommen. ... p. 112
- ❍ Der Computer spinnt! Ich werde noch verrückt.
- ● Keine Panik. Vielleicht ist es gar nicht so schlimm.
- ❍ Stundenlang schreibe ich jetzt meine Arbeit und plötzlich ist der Bildschirm dunkel geworden.

R1 Los adjetivos no tienen terminación si acompañan a un **verbo**.

T 2

Vielleicht	**ist**	es gar nicht so	**schlimm**.
Ich	werde	noch	**verrückt**.
Plötzlich	ist	der Bildschirm	dunkel **geworden**.
	"sein", "werden"		Adjetivo

R2 Los verbos "sein" y "werden" junto con el **adjetivo** forman un paréntesis oracional.

Du	**musst**	**schnell** zu mir	**kommen**.
Stundenlang	**schreibe**	ich jetzt meine Arbeit.	

T 3 schnell – plötzlich – laut – erschrocken

E 1 1. Nein, sie ist klein. 2. Nein, es ist billig. 3. Nein, er ist kalt. 4. Nein, sie sind alt. 5. Nein, sie sind leicht. p. 113

E 2 1. wird – alt 2. wird hell 3. wird – schön 4. wird – gut 5. werden – gesund

E 3a 1. C; 2. E; 3. D; 4. A; 5. B

E 3b 1. Das Land ist groß. 2. Die Donau ist lang. 3. Garfield ist faul. 4. Dirk Nowitzky ist bekannt. 5. Wien und Graz sind schön.

E 4 1. Der Zug fährt pünktlich ab. 2. Die Freunde kommen spät an. 3. Helena arbeitet schnell. 4. Die Sängerin singt sehr schön. 5. Die Eltern kommen plötzlich zurück.

7.2 Adjetivos delante de un sustantivo

p. 114 T 1a,b Das ist ein neuer Mantel. Der neue Mantel ist modern.
Das ist ein altes Kleid. Das alte Kleid ist schick.

R1 El adjetivo tiene una terminación si figura delante de un **sustantivo**. La terminación depende del determinante.

T 2a **Adjetivos después del artículo indeterminado:** 3. Die nette Verkäuferin zeigt ihr einige Kleider. 4. Das blaue Kleid gefällt Theresa am besten. 6. Die helle Bluse passt gut zu dem roten Rock. 7. Sie probiert den roten Rock und die helle Bluse. 8. Die neuen Sachen stehen ihr gut, besonders die Farbe des langen Rockes.

T 2b

	masculino	neutro	femenino	plural
Nominativo	der lange Rock	das neue Kleid	die helle Bluse	die neu**en** Kleider
Acusativo	den lang**en** Rock			
Dativo	(mit) dem lang**en** Rock	(mit) dem neu**en** Kleid	(mit) der hell**en** Bluse	(mit) den neu**en** Kleidern
Genitivo	(die Farbe) des lang**en** Rockes	(die Farbe) des neu**en** Kleides	(die Farbe) der hell**en** Bluse	(die Farbe) der neu**en** Kleider

p. 115 R2 El artículo determinado "der/das/die" siempre tiene una marca de caso. La terminación del adjetivo es -e o **-en**.

T 3 **Adjetivos después del artículo determinado:** 1. Manfred geht in ein großes Modehaus. 2. Er möchte einen neuen Mantel. 4. Er sieht eine warme, graue Jacke. 5. Der Verkäufer zeigt ihm auch ein schickes, blaues Hemd. 8. Er kauft dünne, schwarze Socken.

T 4

	masculino	neutro	femenino	plural
Nominativo	ein neu**er** Mantel	ein schick**es** Hemd	eine warme Jacke	☐ dünne Socken
Acusativo	einen neu**en** Mantel			
Dativo	(mit) einem neu**en** Mantel	(mit) einem schick**en** Hemd	(mit) einer warm**en** Jacke	(mit) ☐ dünn**en** Socken
Genitivo	(die Farbe) eines neu**en** Mantels	(die Farbe) eines schick**en** Hemdes	(die Farbe) einer warm**en** Jacke	(die Farbe) ☐ dünn**er** Socken

p. 116 T 5 **Adjetivos después del artículo cero:** 1. Schicker Wintermantel mit modischem Muster. Sonderpreis! 2. Rotes Kleid mit schmalem Gürtel, aus reiner Wolle. 49,99 € 3. Dunkle Bluse mit Karomuster, Größe 38–42, 39,99 € 4. Schwarze Stiefel aus bestem Leder, mit flachem Absatz. Nur 79,90 €

T 6

	masculino	neutro	femenino	plural
Nominativo	neu**er** Mantel	alt**es** Kleid	warm**e** Jacke	dünn**e** Socken
Acusativo	neu**en** Mantel			
Dativo	(mit) neu**em** Mantel	(mit) alt**em** Kleid	(mit) warm**er** Jacke	(mit) dünn**en** Socken
Genitivo	(trotz) neu**en** Mantels	(trotz) alt**en** Kleides	(trotz) warm**er** Jacke	(trotz) dünn**er** Socken

Soluciones

E 1 1. altes 2. volle 3. bunter 4. graue 5. kleines 6. runder 7. neue p. 117

E 2 1. ... das rote oder das schwarze 2. ... der helle oder der dunkle 3. ... die braunen oder die schwarzen 4. ... die große oder die kleine 5. ... der lange oder der kurze

E 3a, b 1. Ich sehe einen großen Baum. 2. Er steht auf einer grünen Wiese. 3. Der Baum hat hellgrüne Blätter. 4. Auf der Wiese gibt es bunte Blumen. 5. Auf der kleinen Wiese spielen Kinder. 6. Hinter der kleinen Wiese steht ein Haus. 7. Das Haus hat weiße Wände. 8. Und es hat ein rotes Dach. 9. In diesem kleinen Haus wohnt Simon. 10. Simon ist ein alter Mann.

E 4 1. frischen 2. kühles 3. kalten 4. süße 5. saure 6. rohes

E 5 1. kalten – Heißer 2. saure – Süße 3. lange – Kurze 4. altes – neues 5. kleines – Große 6. dicke – Dünne 7. weite – Enge p. 118

E 6 1. kleinen 2. dunkler 3. dunklen 4. altes 5. schief 6. steile 7. kalten 8. schrecklich 9. seltsame 10. offenen 11. schwaches 12. kleinen 13. großer 14. tiefe 15. laut 16. schwarzen 17. reich

E 7 1. Ruhige 2. zentraler 3. großem 4. kleiner 5. sonnige 6. gutem
7. Kleines 8. großem 9. ruhiger 10. jungem 11. kleinem
12. Großes 13. kleinem 14. netten 15. altem

7.3 La gradación de los adjetivos: el comparativo y el superlativo

T 1a näher – das beste Messer – leichter und bequemer – weiche Tomaten ... – gut – harten Käse ... – Ein besseres Messer – das schärfste Messer – die größte Sensation – das gute Stück – mehr bezahlen – Am besten ... p. 119

T 1b, c Sie schneiden leicht und bequem. Das **gute** Stück gehört Ihnen.
Sie schneiden **leichter** und **bequemer** als bisher. Ein **besseres** Messer werden Sie nicht finden.
Damit schneiden Sie am leichtesten und am bequemsten. Hier gibt es das **beste** Messer, das Sie finden können.

R1 El adjetivo dispone de dos formas para la gradación: **-er** es la marca del comparativo, **-(e)st** es la marca del **superlativo**.

T 2 Haus B ist kleiner als Haus A. Haus B ist das kleinere Haus.
Das Haus C ist am kleinsten. Haus C ist das kleinste Haus.

R2 Cuando el adjetivo está junto a un **verbo** el superlativo es am ... -sten. El adjetivo tiene una terminación de comparativo y superlativo cuando está delante de un sustantivo.

T 3a teurer – der schlechteste Urlaub – der kürzeste Tag – die kälteste Nacht – der intelligenteste Schüler – älter – näher – dunkler p. 120

T 3b **klein**: - - -; **leicht**: schlecht, intelligent; **sauer**: teuer; **lang**: - - -; **hart**: alt, kurz, kalt; **hoch**: nah(e)

T 4

Haus A	ist	genauso groß	wie Haus B.
Haus A und B	sind	nicht so groß	wie Haus C.
Haus C	ist	größer	als Haus A und B.

R3 Una comparación con "genauso" o "so" + forma base continúa con **"wie"**. Una comparación con comparativo continúa con **"als"**.

E 1 1. alt – älter – am ältesten 2. reich – reicher – am reichsten 3. scharf – schärfer – am schärfsten 4. teuer – teurer – am teuersten 5. lustig – lustiger – am lustigsten 6. leise – leiser – am leisesten 7. nah – näher – am nächsten 8. jung – jünger – am jüngsten 9. heiß – heißer – am heißesten 10. klug – klüger – am klügsten p. 121

E 2 1. schneller als 2. wärmer als 3. dunkler als 4. schöner als 5. höher als 6. länger als

E 3 1. so alt wie 2. älter als 3. besser als 4. (genau)so schön wie 5. schneller als 6. mehr als

E 4 1. Sprechen Sie bitte (ein bisschen) lauter. 2. Arbeite (doch) bitte (ein bisschen) schneller. 3. Sei (doch) bitte (ein bisschen) geduldiger. 4. Helft mir (doch) bitte (ein bisschen) mehr. 5. Geh (doch) bitte (ein bisschen) früher schlafen. 6. Fahren Sie (doch) bitte (ein bisschen) langsamer.

p. 122 E 5 1. älteste 2. teuerste 3. lustigste 4. heißeste 5. kälteste 6. besten 7. nächsten 8. kürzesten 9. härtesten 10. höchsten

E 6 1. Welcher Fußballer spielt am besten? 2. Welches Tier schläft am längsten? 3. Welche Sportlerin läuft am schnellsten? 4. Welches Instrument klingt am lautesten? 5. Welches Material ist am härtesten? 6. Welche Speise schmeckt am schärfsten?

E 7 1. Der Hund ist schneller als die Maus. Der Gepard ist am schnellsten. 2. Die Kirche ist höher als das Haus. Der Turm ist am höchsten. 3. Das Pferd ist größer als der Hund. Der Elefant ist am größten. 4. Freizeit ist besser als Arbeit. Urlaub ist am besten.

7.4 Participios como adjetivos

p. 123 T 1a ein blühender Baum – singende Vögel – am gedeckten Tisch – Das bestellte Essen

T 1b ein blühender Baum – blühend, singende Vögel – singend, am gedeckten Tisch – gedeckt, das bestellte Essen – bestellt

R1 El participio I se forma con el infinitivo + terminación **-d**. El **participio I** y el **participio II** se pueden usar como **adjetivos**.

T 2 1. – a 2. – b

T 3 1. – b 2. – a

p. 124 E 1 1. passende 2. blühende 3. lachenden 4. schmeckenden 5. spielenden

E 2 1. kochendes Wasser 2. ein schlafendes Kind 3. spielende Hunde 4. ein lachender Mann 5. meckernde Leute 6. fliegende Fische

E 3 1. gekennzeichneten 2. markierten 3. gesperrten 4. geschützten 5. mitgebrachten

E 4 1. gedeckten 2. brennende 3. geschnittenem 4. aussehende 5. gegrilltes 6. dampfender

7.5 Adjetivos y participios como sustantivos

p. 125 T 1 das Neueste – Der Dumme – der neue Vorsitzende – keinen Besseren – Ein Kluger

R1 Los adjetivos y participios también se pueden utilizar como sustantivos. En este caso se escriben con **mayúscula**.

T 2 Das ist mein deutscher Freund Richard. – Richard ist Deutscher.
Die ankommenden Passagiere bitte zur Info kommen. – Die Ankommenden bitte zur Info.
Im Verein gibt es viele verletzte Spieler. – Wir haben im Moment viele Verletzte.

R2 Los adjetivos y participios como sustantivos tienen las **misma**s terminaciones que los adjetivos delante del sustantivo.

T 3

	masculino	femenino	plural
Nominativo	der Bekannte ein Bekannter	die Bekannte eine Bekannte	die Bekannten ☐ Bekannte
Acusativo	den Bekannten einen Bekannten		
Dativo	dem Bekannten einem Bekannten	der Bekannten einer Bekannten	den Bekannten ☐ Bekannten
Genitivo	des Bekannten eines Bekannten		der Bekannten ☐ Bekannter

E 1 1. Deutsche 2. Kranke 3. Bekannten 4. Verwandter 5. Schuldigen p. 126

E 2 1. Angestellter 2. Minderjährige 3. Reiche 4. Arbeitslose 5. Verwandten

E 3 1. Beste 2. Größte 3. Einfachste 4. Schlimmste 5. Netteste

E 4 1. Anwesenden 2. Verletzten 3. Betrunkene 4. Reisende 5. Verliebten

7.6 Adjetivo + complemento con preposición

E 1 1. C; 2. F; 3. A; 4. E; 5. B; 6. D p. 127

E 2 1. mit 2. an 3. von 4. mit 5. zu 6. mit

E 3 1. auf ihn 2. auf sie 3. über die 4. für die 5. über die

7.7 Qué podemos hacer con los adjetivos

E 1 1. ein roter und ein grauer Pullover 2. ein großes Loch 3. aus rotem Leder 4. drei weiße T-Shirts 5. schmutzig 6. im Urlaub gemachte Fotos p. 128

E 2 1. schnell 2. große 3. kleine 4. langsamer 5. große 6. kleiner 7. lauter 8. lange 9. fertig 10. großen p. 129

E 3 1. als 2. so – wie 3. am 4. das 5. als 6. so – wie

E 4 1. Kleinen 2. alter 3. Grauhaarige 4. hellen 5. neuer 6. nett 7. Große 8. roten 9. Verwandte 10. Neues 11. Wichtiges 12. länger

8 Preposiciones

R Las preposiciones están **delante** de un sustantivo (con o sin determinante) o **delante** de un pronombre. El determinante o el pronombre indican un caso. p. 130

T an dem ⇨ am, in dem ⇨ im, bei dem ⇨ beim, von dem ⇨ vom, zu dem ⇨ zum, zu der ⇨ zur, an das ⇨ ans, in das ⇨ ins, auf das ⇨ aufs, durch das ⇨ durchs, für das ⇨ fürs

E 1a, b Michael fährt mit dem Bus zur Arbeit. | Er muss im Zentrum beim Theater aussteigen. | Auf dem Weg von der Haltestelle zu seiner Arbeit kommt er bei einer Bäckerei vorbei. | Michael geht am Morgen meistens in die Bäckerei und kauft etwas zum Essen. | Denn er macht bei seiner Arbeit nur eine kurze Mittagspause. | In der Pause geht er nicht in die Kantine. | Er geht lieber ein paar Minuten spazieren. | Dann arbeitet er weiter bis vier Uhr. | Nach der Arbeit fährt er nach Hause. p. 131

E 2 1. beim 2. zur 3. zum 4. vom 5. Am 6. ans 7. im 8. ins 9. aufs

8.1 Preposiciones con dativo o acusativo ("Wechselpräpositionen")

p. 132 T 1a

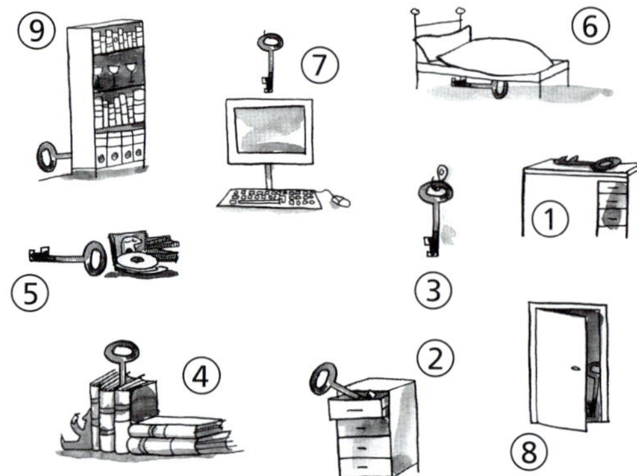

T 1b 1. Ist er auf dem Schreibtisch? 2. Liegt er in der Schublade? 3. Hängt er vielleicht an der Wand! 4. Steckt er zwischen den Büchern? 5. Liegt er neben den CDs? 6. Such unter dem Bett! 7. Hängt er nicht über dem Computer? 8. Hast du vor der Tür geschaut? 9. Liegt er vielleicht hinter dem Regal?

R1 Las preposiciones "in", "an", "auf", "neben", "zwischen", "über", "unter", "vor", "hinter" rigen **dativo** ● cuando contestan a la pregunta "wo?"

T 2 1. ist 2. liegt 3. steht 4. hängt 5. sitzt 6. steckt 7. bleibt

p. 133 T 3a

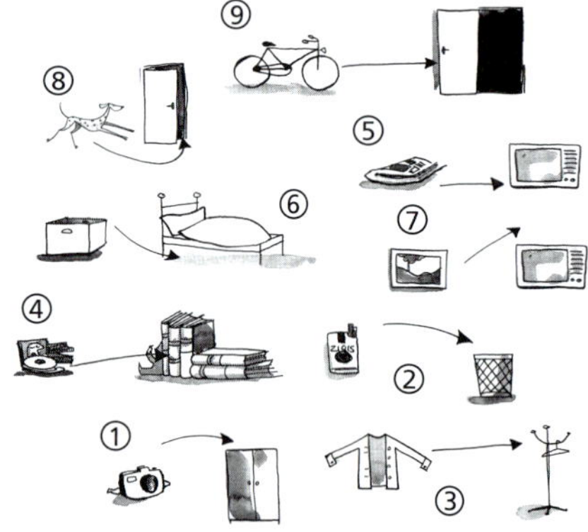

T 3b 1. Leg die Kamera auf den Schrank! 2. Wirf die Zigaretten in den Müll! 3. Häng die Jacke an die Garderobe! 4. Steck die CDs zwischen die Bücher! 5. Leg die Zeitung neben den Fernseher! 6. Schieb die Kiste unter das Bett! 7. Häng das Bild über den Fernseher! 8. Der Hund muss wieder vor die Tür! 9. Stell das Fahrrad hinter die Tür!

R2 Las preposiciones "in", "an", "auf", "neben", "zwischen", "über", "unter", "vor", "hinter" rigen **acusativo** → cuando contestan a la pregunta "wohin?".

T 4 1. legt 2. Setzen 3. stellt 4. hängt 5. steckt

p. 134 E 1a, b 1. Simon geht in die Schule. – Wohin? 2. Er sitzt neben seinem Freund Mustafa. – Wo? 3. Sie sitzen in der ersten Reihe. – Wo? 4. Die Lehrerin kommt in die Klasse. – Wohin? 5. Ina setzt sich auf ihren Platz. – Wohin? 6. Die Lehrerin steht vor der Tafel. – Wo? 7. Sie stellt ihre Tasche auf den Boden. – Wohin? 8. An der Wand hängen Bilder. – Wo? 9. Vor dem Fenster stehen ein paar Bäume. – Wo?

E 2 1. E; 2. F; 3. D; 4. A; 5. B; 6. C

E 3 1. In 2. Über 3. neben 4. Unter 5. auf 6. an 7. Auf 8. Zwischen 9. Hinter 10. Vor

E 4 1. an einem Fluss 2. Zwischen dem Fluss und den Häusern 3. hinter den Bäumen 4. auf den Bergen 5. vor den Häusern 6. Auf der Straße 7. An der Wand p. 135

E 5 1. vor das 2. neben das 3. in die 4. an die 5. auf das 6. über die

E 6 1. einem 2. einem 3. die 4. die 5. dem 6. der 7. die 8. dem

E 7 1. Eva legt die CD auf den Tisch. 2. Ein Auto steht vor der Tür. 3. Ali zieht aufs Land. 4. Die Kinder spielen im Haus. 5. Die Katze liegt auf dem Sofa. 6. Arno stellt die Ski in den Keller. 7. Lena steigt am Hauptplatz aus.

8.2 Preposiciones con dativo

T 1a, b **ab** der Rheinbrücke > Ort – **ab** nächster Woche > Zeit / **aus** Österreich, **aus** der Schweiz > Ort – **aus** der Küche > Ort – **aus** hellem Holz > andere / **außer** dir > andere / **bei** ihrer Schwester > Ort – **bei** der Arbeit > Ort/Zeit – **bei** schönem Wetter > Zeit/andere / **mit** seiner Frau > andere – **mit** dem Fahrrad > andere / **nach** der Arbeit > Zeit – **nach** dem Plan > andere – **nach** Schweden > Ort / **seit** 18 Jahren > Zeit / **von** 1994 > Zeit – **von** München > Ort – **von** mir > andere / **zur** Post > Ort – **zu** unseren Freunden > Ort – **zum** Geburtstag > andere p. 136

R Las preposiciones "ab", "aus", "außer", "bei", "mit", "nach", "seit", "von", "zu" rigen siempre **dativo**.

E 1 1. zu 2. von (bei) 3. seit 4. mit 5. Nach 6. bei 7. Ab p. 137

E 2 1. Aus 2. aus 3. bei 4. seit 5. bei/in 6. Nach 7. mit 8. mit 9. nach 10. zur

E 3 1. von 2. mit 3. von 4. aus 5. aus 6. aus

E 4 1. Fahr mit der U-Bahn zum Karlsplatz! 2. Steig dort in die Linie 4 um! 3. Steig an der Friedensbrücke aus! 4. Geh dann über die Brücke! 5. Geh nach der Brücke rechts! 6. Geh bei der Ampel über die Straße! 7. Geh in den vierten Stock! 8. Läute an der Tür!

8.3 Preposiciones con acusativo

T 1a, b **bis** Hamburg > Ort – **bis** Sonntag > Zeit / **durch** die Tür > Ort – **durch** den Stadtpark > Ort – **durch** das Feuer > andere / **für** mich > andere – **für** drei Wochen > Zeit – **für** dich > andere – **für** den Vorschlag > andere / **gegen** den Baum > Ort – **gegen** diese Politik > andere – **gegen** 10 Uhr > Zeit / **ohne** Brille > andere / **um** die Kurve > Ort – **um** den Ofen > Ort – **um** 8.25 > Zeit – **um** die 20 Euro > andere p. 138

R Las preposiciones "bis", "durch", "für", "gegen", "ohne" rigen siempre **acusativo**.

E 1 1. entlang 2. bis 3. durch 4. durch 5. um 6. bis 7. ohne p. 139

E 2 1. bis 2. um 3. bis 4. gegen

E 3 1. für meinen Freund 2. für die Prüfung 3. ohne Zucker 4. ohne (den) Schlüssel 5. gegen die Tür

E 4 1. in der 2. am 3. um 4. Nach dem 5. mit dem 6. in 7. beim

8.4 Preposiciones con genitivo

T 1a 1. B; 2. D; 3. A; 4. C p. 140

T 1b A wegen hohen Fiebers – B während des Essens – C statt des Nachtisches – D trotz des schlechten Wetters

R Las preposiciones "(an)statt", "trotz", "während", "wegen" se usan en la lengua hablada habitualmente con **dativo**, en la lengua escrita sin embargo se usan con **genitivo**.

E 1 1. D; 2. A; 3. B; 4. C

E 2 1. Trotz des Regens geht Frau Moser spazieren. 2. Trotz der Krankheit arbeitet Monika wie immer. / Während der Krankheit arbeitet Monika wie immer. 3. Wegen der Schmerzen geht Herr Kirch zum Arzt. 4. Während der Pause isst Max ein Brot. 5. Wegen des heißen Klimas muss man viel trinken. 6. Während des Fluges darf man nicht telefonieren.

p. 142 E 1 1. E; 2. D; 3. F; 4. A; 5. C; 6. B

E 2 1. in einer 2. mit ihrer 3. am 4. zur / in die 5. durch die 6. (bis) zur / in die 7. auf den 8. Auf dem 9. unter einen

p. 143 E 3 1. um 2. seit 3. mit 4. in 5. für 6. nach

E 4 1. J (F); 2. A; 3. L; 4. D (I); 5. G; 6. H; 7. K; 8. C (A, E)

E 5 1. ins 2. nach 3. von 4. über 5. von 6. auf einen 7. aus dem 8. im 9. unter/neben einem 10. im 11. ans 12. wegen 13. im 14. Nach

9 Adverbios

p. 144 T 1

1	2	Paréntesis oracional	
Lukas und Toby	gehen	**gern**	spazieren.
Morgens	gehen	sie im Park	spazieren.
Er	rennt	**geradeaus.**	
		Campo interior	

R Los adverbios son invariables. No se declinan y sólo muy pocos adverbios admiten gradación. En la oración están habitualmente en el **campo interior** o en la **1ª** posición:
Sie gehen **morgens** im Park spazieren. **Morgens** gehen sie im Park spazieren.

p. 145 T 2

temporal (Wann? Wie lange?)	**local** (Wo? Wohin? Woher?)	**causal** (Warum?)	**modal** (Wie?)
vorgestern, nie, dann, jetzt, gerade, morgen	dorthin, links, rechts	deswegen	leider

p. 146 E 1 Bald, da, schon, Gestern, heute, da, mittags

E 2 1. Heute kann ich nicht arbeiten. 2. Gerne kommen wir euch besuchen. 3. Morgen haben wir eine wichtige Besprechung. 4. Am liebsten isst er morgens ein Müsli. 5. Immer ist sie fröhlich.

E 3 1. Ich habe morgen leider einen Termin beim Zahnarzt. / Leider habe ich morgen einen Termin beim Zahnarzt. / Morgen habe ich leider einen Termin beim Zahnarzt.
2. Er geht gerne draußen spazieren. / Draußen geht er gerne spazieren. / Gerne geht er draußen spazieren. / Er geht draußen gerne spazieren.
3. Sie geht abends oft ins Kino. / Sie geht oft abends ins Kino. / Oft geht sie abends in Kino. / Abends geht sie oft ins Kino. / Ins Kino geht sie abends oft. / Ins Kino geht sie oft abends.
4. Er ist morgens immer müde. / Er ist immer morgens müde. / Morgens ist er immer müde. / Immer ist er morgens müde. / Müde ist er immer morgens. / Müde ist er morgens immer.
5. Sie geht dienstags oft allein schwimmen. / Sie geht oft dienstags allein schwimmen. / Dienstags geht sie oft allein schwimmen. / Schwimmen geht sie oft dienstags allein.
6. Ich habe heute lange gewartet. / Heute habe ich lange gewartet. / Lange habe ich heute gewartet. / Gewartet habe ich heute lange.

E 4 1. Das machen wir nicht gerne. / Wir machen das nicht gerne. 2. Der Koffer ist nicht hier oben. / Hier oben ist der Koffer nicht. 3. Sie werden morgen nicht kommen. / Morgen werden sie nicht kommen. 4. Er kann nachmittags nicht schlafen. / Nachmittags kann er nicht schlafen. 5. Sie hat früher nicht in Paris gewohnt. / In Paris hat sie früher nicht gewohnt. 6. Da vorne kannst du nicht links fahren. / Du kannst da vorne nicht links fahren.

9.1 Adverbios temporales

T 1 Momento (wann?): jetzt, morgen, später, damals
Secuencia (was, wann?): danach, zuerst
Frecuencia (wie oft?): oft, manchmal p. 147
Repetición (immer wieder): mittags

T 2a

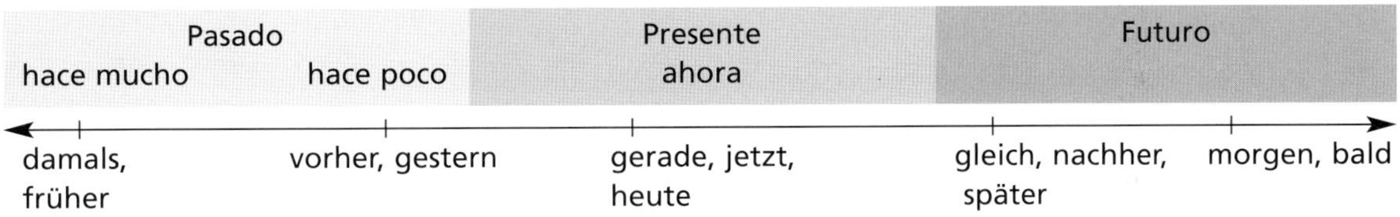

Pasado		Presente	Futuro	
hace mucho	hace poco	ahora		
damals, früher	vorher, gestern	gerade, jetzt, heute	gleich, nachher, später	morgen, bald

T 2b

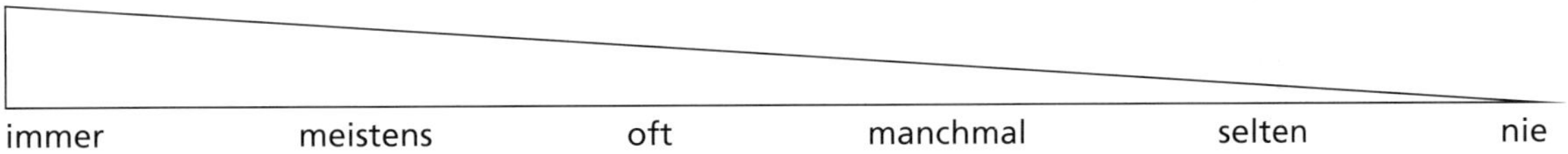

immer – meistens – oft – manchmal – selten – nie

E 1 1. Sie steht morgens um 7.30 Uhr auf. 2. Nur sonntags kann sie länger schlafen. 3. Mittags geht sie in den Park und isst etwas. 4. Abends sieht sie oft fern. 5. Montags geht sie meistens mit einer Freundin schwimmen. p. 148

E 2 1. Wir müssen uns bald wiedersehen. 2. Morgen geht sie zur Post. 3. Ich rufe dich später an. 4. Diese Woche ist er abends zu Hause. 5. Heute komme ich später nach Hause.

E 3 1. selten 2. immer 3. oft 4. nie 5. manchmal **Palabra clave:** Sonne

E 4 1. jetzt/gerade 2. gerade/jetzt 3. Gleich 4. bald 5. morgen 6. jetzt/gerade 7. später/morgen 8. nachher/später 9. gestern

9.2 Adverbios locales

T 1b y T 2 p. 149

Wo?	Wohin?	Woher?
hier oben, hinten, rechts, unten, außen, überall	dahin	von draußen,
geradeaus, links, dort, draußen, drinnen, hinten, innen, unten, vorn(e), drüben, entlang	geradeaus, nach oben, heim, hin, zurück, nach rechts, hierhin, rauf, raus, rein, runter, nach links	von links, von rechts, her, von drinnen, von hinten, von vorn(e)

E 1 1. links 2. geradeaus 3. rechts 4. links p. 150

E 2 1. Unten 2. rechts 3. unten 4. links 5. Oben 6. rechts 7. links p. 151

E 3 1. Die Vase steht rechts auf dem Boden. / Rechts auf dem Boden steht die Vase. 2. Die Zeitschriften liegen vorne auf dem Tisch. / Vorne auf dem Tisch liegen die Zeitschriften. 3. Überall im Regal sind die Bücher. / Die Bücher sind überall im Regal. 4. (Die) Teller und (die) Gläser stehen hinten auf dem Tisch. / Hinten auf dem Tisch stehen (die) Teller und (die) Gläser. 5. Draußen ist der Hund. / Der Hund ist draußen. 6. Hinten rechts steht der Fernseher. / Der Fernseher steht hinten rechts.

E 4 1. nach draußen 2. nach oben 3. oben/drinnen 4. drinnen 5. nach draußen 6. von draußen 7. drinnen 8. nach draußen

9.3 Qué podemos hacer con los adverbios

p. 153 E 1 1. Gusai ist krank. Deswegen konnte er gestern nicht zu der Feier kommen. 2. Wenn er gesund ist, geht er donnerstags wieder joggen. 3. Hoffentlich ist er bald wieder gesund. 4. Er fährt mit dem Bus dorthin.

E 2 Zuerst schneiden Sie die Zwiebeln und den Knoblauch. Dann/danach braten Sie die Zwiebeln und den Knoblauch in Öl an. Anschließend/danach/dann geben Sie die Tomatenstücke dazu und zuletzt würzen Sie alles.

E 3 1. abends 2. oft 3. Deswegen 4. gern 5. Heute 6. dorthin 7. dann 8. öfter

10 Partículas

10.1 Partículas modales

p. 154 T 1a 1. mal 2. doch

T 1b **Oración 1:** Toby ist ungeduldig. **Oración 2:** Lukas ist genervt.

T 2 **Exhortación (educada) y pregunta:** mal, vielleicht; **Énfasis de un enunciado a través de negación:** aber; **Sorpresa:** aber, ja; **Suposición:** wohl; **Énfasis de una pregunta, un reproche:** denn, mal; **Reproche, justificación:** doch

p. 155 E 1 1. B; 2. C; 3. D; 4. A

E 2 1. mal 2. aber 3. doch 4. denn 5. ja/aber

E 3 1. mal 2. wohl 3. doch 4. ja/doch 5. vielleicht 6. wohl 7. mal

10.2 Partículas del diálogo

p. 156 T 1 Nein! – Ja! – Gern. – Na ja. – Okay. – Doch.

T 2a/b **afirmar, asentir:** ja, gern, okay, sehr, gut, genau, super; **vacilar, dudar:** na ja, **negar, contradecir:** nein, doch

p. 157 E 1 1. E; 2. B; 3. D; 4. A; 5. F/(C); 6. C/(F)

E 2 1. Na ja 2. Nein 3. Gern 4. genau 5. Gut 6. Ja 7. sehr

E 3 1. Ja! / Sehr! ~~Doch!~~ 2. Doch! / ~~Ja!~~ / ~~Super!~~ 3. Okay! / ~~Doch!~~ / Gern! 4. Genau! / Gut! / ~~Doch!~~

11 La negación

11.1 ¿La negación con "nicht" o con "kein"?

p. 158 T 1 Ich habe keine Lust mitzukommen. – Sie kommt heute sicher nicht. – Wir können leider nicht schwimmen. – Ich habe keine Ahnung. – Ich esse kein Fleisch. – Ich habe gestern Abend nicht angerufen.

T 2

1	2		
Sie	kommt	heute sicher nicht.	
Wir	**können**	**leider nicht**	schwimmen.
Ich	**habe**	**gestern Abend nicht**	**angerufen.**

T 3 1.C; 2.D; 3.A; 4.B

R3 Cuando "nicht" niega parte de una oración aparece directamente **delante** de esta parte.

E 1 1. Ich gehe heute nicht arbeiten. 2. Es regnet nicht. 3. Er hat keine Katze. 4. Das Wetter ist nicht schön. 5. Ich habe keinen Durst. p. 159

E 2 1. nicht 2. keine 3. keine 4. nicht

E 3 Negación de una oración entera: 3, 4 Negación de parte de la oración: 1, 2, 5

E 4 Nein, ich komme nicht mit. 2. Nein, ich mag heute nicht joggen. / Nein, heute mag ich nicht joggen. / Nein, ich mag nicht joggen heute. 3. Nein, ich konnte nicht schlafen. 4. Nein, nicht ich habe heute einen Vortrag, sondern mein Kollege.

11.2 Palabras de negación

T 1 nichts – Nein – nichts – (gar) nicht – nie – niemand p. 160

T 2

nichts	etwas/alles	nirgends	überall
niemand	jemand/alle	nicht mehr	noch
nie	immer	noch nicht	schon

E 1 1. nicht 2. nichts 3. nicht 4. nie 5. nicht p. 161

E 2 1. Niemand hat es gesehen. 2. Er hat in der WG nie gekocht. 3. Ich habe dir nichts mitgebracht. 4. Dieses Buch findet man nirgends. 5. Sie hat nichts organisiert.

E 3 1. noch nicht 2. gar nichts 3. noch nicht 4. noch nie 5. gar nichts

E 4 1. Nein, ich kenne leider niemand, der sich gut mit DVD-Rekordern auskennt. 2. Nein, ich habe am Wochenende gar nicht (viel) gearbeitet. 3. Nein, ich war noch nie in der Wüste. 4. Nein, da kannst du nichts mehr machen. 5. Nein, hier kann man nirgends schwimmen (gehen). 6. Nein, ich kann heute (leider) nicht mehr (zu dir) kommen.

11.3 Negación a través de la formación de palabras

T 1a **un-:** unsicher, unwichtig, unbedeutend, Unfähigkeit, Unsicherheit; **miss-:** misslingen, missverstehen, Missverständnis, missverständlich; **in-/im-:** intolerant, immobil, indirekt, Intoleranz; **-los:** kostenlos, rücksichtslos, arbeitslos p. 162

T 1b

	Verbo	**Sustantivo**	**Adjetivo**
un-	- - -	Unsicherheit, Unfähigkeit	unbedeutend, unsicher, unwichtig
miss-	missverstehen, misslingen	Missverständnis	missverständlich
in-/im-	- - -	Intoleranz	intolerant, immobil, indirekt
-los	- - -	- - -	kostenlos, rücksichtslos, arbeitslos

E 1 1. typisch 2. trauen 3. sympathisch 4. kompetent

E 2 1. unsicher, das Unwetter, die Unruhe, unwichtig 2. der Misserfolg, missverstehen, missachten, missglücken 3. die Intoleranz, indirekt, indiskret 4. arbeitslos, respektlos, sinnlos

11.4 Qué podemos hacer con la negación

E 1 1. Ich hatte heute kein Glück. 2. Ich habe kein gutes Restaurant gefunden. 3. Dort konnte ich nichts essen. 4. Die Bedienung hat mir die Speisekarte nicht gebracht. / Die Bedienung hat mir keine Speisekarte gebracht. / Niemand / Keiner hat mir die Speisekarte gebracht. 5. Ich war sehr unzufrieden. 6. Ich bin nicht lange geblieben. p. 163

E 2 1. Das denke ich nicht. Ich finde unseren neuen Nachbarn unsympathisch. 2. Nein, er ist sehr unhöflich. 3. Ich finde ihn nicht hilfsbereit. 4. Er grüßt mich nie, wenn ich ihn sehe/treffe. / Er grüßt nie, wenn man ihn sieht/trifft. 5. Er fragt mich nicht/nie, wie es mir geht.

12 Tipos de oraciones y la posición del verbo

12.1 Oraciones enunciativas

p. 164 T 1a Berlin ist die Hauptstadt von Deutschland. Die Stadt hat 3,5 Millionen Einwohner. Sie ist die zweitgrößte Stadt in der EU. Bis 1989 teilte die Mauer die Stadt in Ost- und Westberlin.
In Berlin hat das Finale der Fußball WM 2006 stattgefunden.

T 1b

Berlin	**ist**	die Hauptstadt von Deutschland.	
Die Stadt	**hat**	3,5 Millionen Einwohner.	
Sie	**ist**	die zweitgrößte Stadt der EU.	
Bis 1989	**teilte**	die Mauer die Stadt in Ost- und Westberlin.	
In Berlin	**hat**	**das Finale** der Fußball WM 2006	stattgefunden.

R1 En la oración enunciativa el **verbo** conjugado aparece en la posición 2. El sujeto está antes o **después** del verbo conjugado.

T 2

Die Mauer	teilte	die Stadt Berlin in zwei Teile.		**Was?**
Am 9. November 1989	wurde	die Berliner Mauer	geöffnet.	**Wann?**
Neugierig und glücklich	fuhren	viele Ostberliner in den Westen.		**Wie?**
In der ganzen Stadt	feierten	die Menschen.		**Wo?**

p. 165 E 1 1. Donnerstag 2. Weihnachten 3. Viele Leute 4. Die Geschäfte 5. man

E 2a 1. Ines und Ranko ⇩ einen Ausflug. 2. Sie ⇩ mit dem Auto nach Seebüll. 3. Ihr Freund Pavel ⇩ auch mit. 4. Ranko ⇩ den Weg nicht. 5. An einer Ampel ⇩ Ines einen Mann. 6. Der nette Mann ⇩ ihnen den Weg.

E 2b 1. Ines und Ranko machen einen Ausflug. 2. Sie fahren mit dem Auto nach Seebüll. 3. Ihr Freund Pavel kommt auch mit. 4. Ranko findet den Weg nicht. 5. An einer Ampel fragt Ines einen Mann. 6. Der nette Mann zeigt ihnen den Weg.

E 3 1. Als Kind hat Felix gern Fußball gespielt. 2. Mit sechs Jahren ist er in die Schule gegangen. 3. Dort hat er neue Freunde getroffen. 4. Zuerst hatte er eine nette Lehrerin. 5. Mit zehn ist er in eine andere Schule gekommen. 6. Da mussten die Schüler viel lernen.

E 4 1. Ich bin für ein langes Wochenende nach Berlin gefahren. 2. Die Geschichte von Berlin finde ich besonders interessant. / Die Geschichte von Berlin habe ich besonders interessant gefunden.
3. Zuerst habe ich das Mauermuseum besichtigt. 4. Dann bin ich zur Museumsinsel gegangen.
5. Von den langen Wegen wurde ich müde. / Von den langen Wegen bin ich müde geworden.
6. Am Nachmittag habe ich mit dem Bus eine Stadtrundfahrt gemacht.

12.2 Oraciones interrogativas

T 1a, b 1. Wann sind Sie geboren? – Am 20.12.1984. 2. Wo wohnen Sie? – In der Grünerstraße. 3. Was ist
p. 166 dein Lieblingsessen? – Am liebsten esse ich Fisch. 4. Hast du schon gegessen? – Ja. Ich habe mir ein Sandwich gekauft. 5. Holen Sie mich am Bahnhof ab? – Nein, ich habe leider schon einen Termin.
6. Sind Sie ein Berliner? – Ja, ich bin in Berlin geboren.

R1 Las preguntas empiezan con una palabra interrogativa con **"w"**. Se llaman oraciones interrogativas con partícula.

R2 Las preguntas empiezan con un **verbo** conjugado. Se llaman oraciones interrogativas sin partícula.

Soluciones

T 2

	Paréntesis oracional		
Wann	**kannst**	du zu mir	**kommen?**
Mit welchem Bus	**fährst**	du zur Arbeit?	
Was für eine Farbe	hat	**dein Auto?**	
Wo und wie	**haben**	Sie so gut Deutsch	**gelernt?**
Palabra interrogativa con "w"	Verbo conjugado		

R3 El verbo conjugado en las oraciones interrogativas con partícula está en la **2ª** posición. En la primera posición está la **palabra interrogativa con "w"**.

T 3a 1. „Können Sie Auto fahren?" – „Ja."
2. „Hast du Geld bei dir?" – „Nein."
3. „Können Sie nicht Auto fahren?" – „Doch." p. 167
4. „Hast du kein Geld bei dir?" – „Nein."

T 3b

	Paréntesis oracional	
Haben Sie	schon	gegessen?
Holen	Sie mich am Bahnhof	ab?
Können	Sie nicht	Auto fahren?
Hast	du kein Geld bei dir?	
Verbo conjugado		Infinitivo, Participo II, Prefijo

R4 Las oraciones interrogativas sin partícula forman un paréntesis oracional: El **verbo** conjugado está en la **1ª** posición. Si la oración interrogativa sin partícula es negativa, se usa **"doch"** (no "ja") para dar una respuesta afirmativa.

E 1a 1. Wie heißen Sie? 2. Wann sind Sie geboren? 3. Wo wohnen Sie? 4. Was sind Sie von Beruf? 5. Wo arbeiten Sie?

E 1b Name – 1; Wohnort – 3; Geburtsdatum – 2; Beruf – 4; Arbeitgeber – 5

E 2 1. Entschuldigen Sie, wie komme ich zum Bahnhof? 2. Wo ist das Metropolkino? 3. Entschuldigung, p. 168 welcher Bus fährt zum Stadtturm? 4. Bitte, wann fährt der Zug nach Kassel ab? 5. Wo kann ich/man parken?

E 3 1. Wo wart ihr? 2. Wie war die Reise? 3. Wie lange seid ihr gefahren? 4. Was habt ihr den ganzen Tag gemacht? 5. Was war am schönsten? 6. Wann seid Ihr zurückgekommen?

E 4a + b 1. Sind Sie zum ersten Mal in Bonn? – Nein, ich komme öfter her. 2. Bleiben Sie länger in Bonn? – Nein, leider nicht, nur zwei Tage. 3. Finden Sie die Stadt schön? – Ja, es ist ganz nett hier. 4. Haben Sie auch Familie? – Ja, einen Sohn und eine Tochter. 5. Schmeckt es Ihnen nicht? – Doch, es ist sehr gut. 6. Möchten Sie keine Nachspeise? – Nein, danke, ich bin satt.

E 5 **Ejemplos:** 1. Was essen Sie gern? / Was essen Sie am liebsten? / Was ist ihre Lieblingsspeise? – Gemüse und Fisch, immer wieder. 2. Haben Sie Ihr Glück gefunden? / Haben Sie ein Lieblingslied? / Haben Sie ein Lieblingsbuch? – Nein, das suche ich noch. 3. Was möchten Sie am liebsten sein? / Was möchten Sie gar nicht sein? – Lehrer! 4. Gehen Sie oft ins Kino? / Lachen Sie gern? Machen Sie gern Reisen? – Ja, so oft wie möglich. 5. Was trinken Sie gern? / Was trinken Sie oft? – Tee, viel Tee, und keinen Kaffee. 6. Waren Sie noch nie in Berlin / Waren Sie noch nie hier? – Doch, ich war schon oft in Berlin.

12.3 Oraciones exhortativas

p. 169 T 1

	Paréntesis oracional		
	Gib	dem Papagei frisches Wasser, Udo!	
Und ihr beiden,	**geht**	nicht zu spät	**schlafen**!
Und	**kümmert**	euch gut um die Katze!	
Frau Stern! Bitte	**räumen**	Sie die Küche	**auf**!
	Verbo en imperativo		Infinitivo o Prefijo

R1 En la oración exhortativa el verbo conjugado está en la **1ª** posición.

T 2 Du musst viel Tee trinken. Und nimm zweimal einen Löffel Hustensaft. Wenn es morgen nicht besser ist, gehst du zum Arzt.

Bei Erkältungen: Viel Tee trinken. Zweimal täglich einen Löffel Hustensaft nehmen. Wenn keine Besserung eintritt, zum Arzt gehen.

p. 170 E 1 1. Gehen Sie bitte weiter! 2. Schließ die Tür, bitte! 3. Bitte macht das Fenster auf! 4. Bitte vergessen Sie mein Buch nicht! 5. Wartet noch kurz, dann bin ich auch fertig! 6. Unterschreiben Sie bitte hier! 7. Das ist zu laut, hör bitte auf damit!

E 2 1. Zieh dich warm an! – Zieht euch warm an! 2. Setz eine Mütze auf! – Setzt eine Mütze auf! 3. Beweg dich viel! – Bewegt euch viel! 4. Geh täglich spazieren! – Geht täglich spazieren! 5. Trink viel Tee! – Trinkt viel Tee!

E 3 1. Waschen und putzen Sie das Gemüse. 2. Schneiden Sie die Zwiebel fein. 3. Braten Sie die Zwiebel kurz in Butter an. 4. Geben Sie das geschnittene Gemüse dazu. 5. Gießen sie $^1/_2$ Liter klare Suppe auf. 6. Würzen Sie mit Salz, Pfeffer und Thymian.

E 4 1. Bitte hört damit auf! 2. Ruf mich am Abend an! 3. Wiederholen Sie das, bitte! 4. Gib mir mal bitte das Brot! 5. Holen Sie mich bitte vom Hotel ab! 6. Schicken Sie mir bitte eine E-Mail!

12.4 Qué podemos hacer con las oraciones

p. 172 E 1 1. – ? 2. – ? 3. – . 4. – . 5. – ! 6. – . 7. – ? 8. – . 9. – ?

E 2 1. Sie müssen den Hund draußen lassen. 2. Lass den Hund vor der Tür! 3. Könnt ihr endlich herkommen? 4. Unterschreiben Sie bitte hier! 5. Mach die Arbeit endlich fertig! 6. Gehen wir jetzt essen? / Wir gehen jetzt essen! 7. Fahren Sie bitte langsamer! 8. Du musst morgen zum Arzt gehen.

E 3 1. Ich hole sie gleich. / Ich werde sie gleich holen. 2. Morgen bringe ich es mit. 3. Ich mache es gleich fertig. / Ich werde es gleich fertig machen. 4. Ich kaufe gleich ein. / Ich werde gleich einkaufen. 5. Ab morgen bin ich pünktlich.

E 4 1. Kommst du mit ins Kino? / Komm mit ins Kino! 2. Sollen wir gemeinsam gehen? 3. Wir können einen Spaziergang machen. / Wir könnten einen Spaziergang machen. 4. Sie könnten zu uns kommen. 5. Wollen wir nicht eine Pause machen? 6. Du musst den Zug um 23.30 nehmen.

13 Unión de oraciones

13.1 Oración principal con oración principal

p. 173 T 1a haben – denken … nach – hat – ist – kann … verschicken – wollen … schenken – macht – leiht … aus – fragt – Sollen … schenken – kaufen – bin – kann – ansehen

Soluciones

T 1b **Oración principal 1 + Conjunción + Oración principal 2** p. 174

Oración principal 1		Oración principal 2
Lisa und Felix haben bald Geburtstag	und	ihre Eltern Rosi und Thomas denken über die Geschenke nach.
Lisa hat ein Handy,	aber	es ist sehr alt.
Sollen wir ihm eine Kamera mit Fotofilm schenken	oder	kaufen wir ihm eine Digitalkamera?
	Conjunción (0)	

Oración principal 1 + Oración principal 2 con adverbio conjuncional

Oración principal 1			Oración principal 2
Mit ihrem Handy kann sie im Ausland keine SMS verschicken,	deswegen	wollen	ihre Eltern ihr ein neues Handy schenken.
Felix macht sehr gerne Fotos,	darum		leiht er sich oft die Kamera seines Vaters aus.
Ich bin für eine Digitalkamera,	dann	kann	er sich die Fotos am Computer ansehen.
	Adverbio conjuncional (1)	(2)	

R **Unión de oraciones con conjunción:** La conjunción está en la posición **0**.

Unión de oraciones con adverbio conjuncional: El adverbio conjuncional está en la posición **1**.

E 1a 1. will … schenken – dann – kann – … schicken 2. kann … ausleihen – trotzdem – möchte … schenken 3. kaufen – aber – darf … sein 4. Willst … mitkommen – oder – soll … einkaufen gehen 5. schau – dann – können … aussuchen

E 1b

Unión de oraciones con conjunción:	Unión de oraciones con adverbio conjuncional:
Número de oración: 3, 4	Número de oración: 1, 2, 5

13.1.1 Conjunciones

T 1 **Enumeración:** und; **Alternativa:** oder; **Contraste:** aber; **Causa:** denn p. 175

T 2a 1. D; 2. A; 3. C; 4. B p. 176

T 2b **das eine und das andere:** sowohl … als auch / nicht nur … sondern auch – **das eine oder das andere:** entweder … oder – **das eine nicht und das andere auch nicht:** weder … noch

E 1 1. und 2. aber 3. und 4. oder p. 177

E 2 1. Ich telefoniere nicht mit dem Handy, aber ich schreibe viele SMS. 2. Er braucht den Laptop in der Arbeit und seine Frau braucht ihn am Wochenende. 3. Sie gehen oft ins Internetcafé, denn sie schreiben E-Mails an ihre Freunde. 4. Er sieht gern mit Freunden Videos oder sie gehen ins Kino.

E 3 1. C; 2. E; 3. A; 4. B; 5. D

E 4 1. und 2. aber 3. oder 4. denn 5. sowohl … als auch 6. weder … noch

13.1.2 Adverbios conjuncionales

T 1 **Contradicción:** trotzdem; **Causa:** deshalb; **Orden:** dann; **Necesidad:** sonst

p. 178 E 1 1. C; 2. B; 3. D; 4. A

p. 179 E 2 1. trotzdem 2. sonst 3. darum / deshalb 4. sonst 5. deshalb / darum 6. dann

E 3 1. Ich habe kein Handy, trotzdem bin ich gut erreichbar. 2. Ich habe kein Handy, darum kannst du mich im Zug nicht anrufen. 3. Ich habe kein Handy, sonst telefoniere ich zu viel. 4. Ich mache oft Sport, darum habe ich selten eine Erkältung. 5. Ich mache oft Sport, trotzdem fühle ich mich heute nicht fit. 6. Ich mach oft Sport, sonst bekomme ich schlechte Laune.

13.2 Oración principal con oración subordinada

p. 180 R1 Las oraciones principales empiezan con una **conjunción**. En las oraciones subordinadas el verbo conjugado está **al final**.

p. 181 T 1 **Orden: oración principal y oración subordinada**

	1	2		
	Ich	hole	dich ab,	wenn ich es schaffe.
Wenn ich es schaffe,	hole	ich	dich ab.	

R2 La subordinada está delante de la principal: En la principal el **verbo** está en la **1ª** posición, directamente después de la coma.

T 2a weil sie Maribel abholen will – dass er lieber zu Hause bleibt – das 30 Minuten Verspätung hat – dass du da bist – was ich dir mitgebracht habe – wenn du mal wieder kochen willst – dass ich nicht gerne koche

T 2b

con cojunción subordinante (dass, weil, damit, wenn, ...)	**con pronombre relativo** (der, das, die)	**con palabra interrogativa con "w" o "ob"** (wie, was, ...)
Lisa fährt zum Flughafen, weil sie Maribel abholen will.	Am Flughafen wartet Lias auf das Flugzeug, das 30 Minuten Verspätung hat.	Rate mal, was ich dir mitgebracht habe?

p. 182 E 1 1. c; 2. c; 3. c; 4. c; 5. d

E 2 1. Ich hoffe (Hauptsatz), dass wir uns bald wieder sehen (Nebensatz). 2. Wenn ich Zeit habe (Nebensatz), rufe ich dich an (Hauptsatz). 3. Kommst du mit ins Kino (Hauptsatz), wenn du mit der Arbeit fertig bist (Nebensatz)? 4. Wie hieß der Film (Hauptsatz), den du dir gestern angesehen hast (Nebensatz)? 5. Weil ich krank bin (Nebensatz), kann ich leider nicht mitkommen (Hauptsatz).

E 3 1. Ich freue mich, weil ich heute nicht arbeiten muss. 2. Kannst du mich anrufen, wenn du zu Hause bist? 3. Dort ist die Frau, die mich mitgenommen hat. 4. Das ist sehr einfach, wenn du gut aufpasst. 5. Ich weiß nicht, ob ich dich später anrufen kann.

E 4 1. Wenn ich Kopfschmerzen habe, nehme ich eine Tablette. 2. Seit Maribel / sie in Deutschland Freunde hat, kommt sie gern nach Deutschland / dorthin. 3. Als er den Hund gefunden hat, hat sich Lukas sehr gefreut. / Als Lukas den Hund gefunden hat, hat er sich sehr gefreut. 4. Bis du wiederkommst, bleibe ich einfach hier sitzen. 5. Was das ist, weiß ich nicht.

13.2.1 Oraciones subordinadas con conjunciones subordinantes

13.2.1.1 Oraciones subordinadas con "dass"

p. 183 T 1 Oraciones subordinadas con "dass" aparecen después de **verbos**: denken, sagen, hoffen, freuen, wissen, berichten, schreiben …; **expresiones con adjetivos:** froh sein, sicher sein, glücklich sein, traurig sein …; **expresiones impersonales:** es ist wichtig, es gefällt mir …; **sustantivos + "haben":** Angst haben, Sorge haben, Glück haben …

Soluciones

R Agente en la oración principal = agente en la **oración subordinada** → Oración subordinada con "dass" o "zu" + infinivo.

E 1 1. Ich freue mich, dass du uns besuchen kommst. 2. Auch Felix freut sich, dass du kommst. 3. Es tut mir leid, dass ich am Samstag arbeiten muss. 4. Aber Felix hat Zeit und er ist froh, dass er mit dir in ein Museum gehen kann. 5. Ich freue mich, dass wir am Samtstagabend zusammen essen gehen. 6. Ich bin sehr froh, dass wir uns endlich wieder sehen. p. 184

E 2 1. Lisa denkt, dass Maribel gerne in ein Museum geht. 2. Felix meint, dass sie sich für Moderne Kunst interessiert. 3. Lisa ist sicher, dass sie auch das Naturkundemuseum sehen mag. 4. Felix sagt, dass sie auch auf die Weihnachtsmärkte gehen möchte. 5. Lisa glaubt, dass sie Glühwein mag. 6. Felix und Lise hoffen, dass Maribel deutsches Essen mag.

E 3 Ejemblos p. 185
1. Wir hoffen, dass die Besprechung interessant ist. 2. Ich bin der Meinung, dass der Termin wichtig ist. 3. Er ärgert sich, dass die U-Bahn nicht fährt. 4. Es ist schade, dass das Museum geschlossen hat. 5. Sie denkt nicht, dass alles teuer ist. 6. Es ist schön, dass dir das Essen schmeckt. 7. Ich freue mich, dass du Moderne Kunst magst. 8. Ich wundere mich, dass der Bus zu spät kommt.

E 4a **Infinitivo con "zu" posible:** 1, 3, 4 – **Infinitivo con "zu" imposible:** 2, 5

E 4b 1. Lukas hofft, die U-Bahn nicht zu verpassen. 3. Er schafft es trotzdem, pünktlich zu kommen. 4. Er hat seinem Chef versprochen, das Protokoll zu schreiben.

E 5 1. Lukas erzählt, dass er am Tag davor/gestern eine wichtige Besprechung hatte. 2. Er berichtet, dass sein Chef auch dabei war. 3. Der Chef war der Meinung, dass der Termin für alle wichtig ist. 4. Lukas und seine Kollegen waren froh, dass sie wichtige Informationen bekommen haben. 5. Nach der Besprechung waren alle zufrieden und sie haben beschlossen, dass sie noch (zusammen) etwas essen gehen.

13.2.1.2 Oraciones subordinadas condicionales con "wenn"

T 1 Sie möchte im Dezember nach Berlin kommen. Sie muss aber noch Urlaub bekommen. p. 186

T 2 Wenn mein Chef mir Urlaub gibt (Condición), komme ich im Dezember nach Berlin (Consecuencia). Maribel fährt zu Lisa (Consecuencia), wenn sie frei hat. (Condición)

E 1 1. C; 2. D; 3. A; 4. B p. 187

E 2 1. Ich fahre nach Berlin, wenn ich Urlaub bekomme. 2. Wenn ich in Berlin bin, gehe ich zum Potsdamer Platz. 3. Wenn das Wetter schlecht ist, gehe ich in ein Museum. 4. Wenn ich Zeit habe, koche ich am Abend für Lisa und Felix.

E 3a 1. Das Wetter ist schön. 2. Ich habe Kopfschmerzen. 3. Ich habe Zeit. 4. Ich bin traurig. 5. Sie hat heute frei.

E 3b 1. Wenn das Wetter schön ist, gehen wir spazieren. / Wir gehen spazieren, wenn das Wetter schön ist. 2. Wenn ich Kopfschmerzen habe, trinke ich viel Wasser. / Ich trinke viel Wasser, wenn ich Kopfschmerzen habe. 3. Ich hole dich ab, wenn ich Zeit habe. / Wenn ich Zeit habe, hole ich dich ab. 4. Wenn ich traurig bin, höre ich gute Musik. / Ich höre gute Musik, wenn ich traurig bin. 5. Wenn sie heute frei hat, liest sie ein Buch. / Sie liest ein Buch, wenn sie heute frei hat.

E 4 1. Wenn Peter viel Geld hätte, würde er eine Weltreise machen. 2. Wenn Sabine ein Auto hätte, würde sie in die Berge fahren. 3. Wenn Herr Ritter Urlaub hätte, würde er mehr Bücher lesen. 4. Wenn Frau Rademacher mehr Zeit hätte, würde sie öfter ins Kino gehen. 5. Wenn Herr und Frau Stadelmann weniger Arbeit hätten, würden sie mehr miteinander reden.

13.2.1.3 Oraciones subordinadas temporal

p. 188 T Duración fijándose en el inicio → **seit**; Duración fijándose en el final → **bis**; Un momento / un acontecimiento en el pasado → **als**; Momentos / acontecimientos / estados qué se van repitiendo (antes, ahora o en el pasado) → (siempre) **wenn**; Un acontecimiento ocurre antes que otro → **bevor**; Un acontecimiento ocurre después de otro → **nachdem**; Dos acontecimientos ocurren a la vez → **während**

p. 189 E 1 1. Als 2. wenn 3. wenn 4. als

E 2 Ejemplos: 1. Wenn ich einen Zug verpasse, gehe ich zur Information. 2. Wenn ich den Weg nicht weiß, frage ich jemanden. 3. Wenn ich etwas nicht verstehe, frage ich nach. 4. Als ich zum ersten Mal im Ausland war, war ich sieben Jahre alt. 5. Als ich meine erste Flugreise machte / gemacht habe, hatte ich große Angst. 6. Als ich zum ersten Mal ein Hotel gesucht habe / hatte, war ich sehr nervös.

E 3 1. Seit 2. bis 3. nachdem 4. bevor

E 4 1. Als 2. Seit 3. wenn 4. Als 5. bevor 6. Während/Nachdem 7. Als/Nachdem

13.2.1.4 Oraciones subordinadas causales y concesivas

p. 190 T 1/2 Dar una razón/causa; Número de oración: **1, 3;** Conjunción subordinante: **weil** o **da**
Indicar una contradicción o algo inesperado; Número de oración: **2;** Conjunción subordinante: **obwohl**

p. 191 E 1 1. Ich fahre gerne Zug, weil ich dann ein Buch lesen kann. 2. Ich fahre nicht so gerne Zug, weil ich immer warten muss. 3. Das stimmt, aber mit dem Auto bin ich auch nicht schneller, weil ich oft im Stau stehe. 4. Und Zug fahren ist oft lustig, weil man neue Leute kennenlernt.

E 2 1. Da / Weil die S-Bahn am Freitagmorgen einen Unfall hatte, bin ich zu spät zum Flughafen gekommen. 2. Da / Weil ich nicht aus der S-Bahn aussteigen konnte, habe ich den Flug nach Frankfurt verpasst. 3. Da / Weil ich ein Vorstellungsgespräch in Frankfurt um 9 Uhr verpasst habe, war ich sehr wütend. 4. Da / Weil die Reise nach Frankfurt für mich sinnlos (geworden) war, habe ich das Geld für das Ticket zurückgefordert.

E 3 1. Obwohl ich viel Arbeit hatte, bin ich letztes Wochenende weggefahren. 2. Obwohl ich ein teures Hotel gebucht habe/hatte, hatte ich ein kleines Zimmer. 3. (Und) Obwohl ich wenig Zeit hatte, habe ich ein Museum besucht. 4. Obwohl ich nicht viel Geld hatte/habe, bin ich in ein gutes Restaurant gegangen. 5. Obwohl das Wetter schlecht war, war es ein schönes Wochenende.

E 4 Er fährt oft mit dem Fahrrad, obwohl er langsamer ist als mit der U-Bahn. Er fährt oft mit dem Fahrrad, weil er dann ein bisschen Sport macht. Er fährt oft mit dem Fahrrad, obwohl er durch die Stadt fahren muss. Er fährt oft mit dem Fahrrad, obwohl er auf der Fahrt nicht Zeitung lesen kann. Er fährt oft mit dem Fahrrad, weil er nicht gern auf die U-Bahn wartet.

13.2.1.5 Oraciones subordinadas con "damit", "um ... zu" (final) y "sodass" (consecutiva)

p. 192 T 1 damit er endlich pünktlich aufsteht – um endlich pünktlich aufzustehen – sodass ich jeden Morgen die Nachrichten hören kann – sodass ich aufstehen musste, um ihn auszuschalten

T 2 Expresar las consecuencia → **sodass**; Expresar la finalidad → **damit** o **um ... zu**

R 1 Sujetos diferentes en las oraciones principal y subordinada → Subordinada final siempre con **damit**.

p. 193 E 1a 1. C; 2. A; 3. D; 4. B

E 1b 1. Felix hat einen Radiowecker gekauft, um nicht mehr zu verschlafen. 2. Lisa geht in Felix' Zimmer, um Felix zu wecken. 3, Felix steht auf, um zu frühstücken. 4. Lisa geht in die Stadt, um einen zweiten Wecker für Felix zu kaufen.

E 2 1. Lukas braucht keinen Wecker, um früh aufzustehen. 2. Er muss jeden Tag früh aufstehen, um mit Toby spazieren zu gehen. 3. Toby sitzt jeden Morgen neben Lukas' Bett und zieht an der Decke, damit Lukas aufwacht. 4. Manchmal muss Lukas kalt duschen, um richtig wach zu werden.

E 3 1. Stehen Sie sofort auf, so dass Sie nicht wieder einschlafen können. 2. Stellen Sie den Wecker so weit weg vom Bett, dass Sie aufstehen müssen. 3. Stellen Sie eine Flasche Wasser neben das Bett, sodass Sie morgens gleich einen Schluck trinken können. 4. Stehen Sie regelmäßig früh auf, sodass Sie sich ans Aufstehen gewöhnen.

E 4 1. um ... zu 2. damit 3. dass 4. damit / so dass

13.2.1.6 Oraciones subordinadas con "je ... desto" (comparativo)

T 1 Je später der Abend ist, desto schöner sind die Gäste! p. 194

R1 "je ... desto" une dos oraciones. En ambas oraciones los adjetivos están en **comparativo**.

T 2

Oración subordinada			Oración principal		
Paréntesis de la oración subordinada					
Je später	**der Abend**	**ist,**	**desto schöner**	**sind**	**die Gäste.**
"je" + Adjetivo			"desto" + Adjetivo		

R2 Inmediatamente después de "je" y "desto" siempre aparece un **adjetivo** en comparativo. En la oración principal el **verbo** está detrás del adjetivo.

E 1 1. D; 2. A; 3. B; 4. C p. 195

E 2 1. länger, schöner 2. älter, öfter 3. länger, besser 4. weniger, ruhiger

E 3 1. Je später Tina abends ins Bett geht, desto schwerer ist das Aufstehen für sie. 2. Je öfter der Wecker klingelt, desto wütender wird Tina. 3. Je länger es morgens dunkel ist, desto lieber bleibt Tina im Bett liegen. 4. Je eiliger Tina es hat, desto langsamer fährt die Straßenbahn.

E 4 Je teurer ein Rockkonzert ist, desto kürzer (ist es/das Konzert). – Je schneller das Auto, desto unsportlicher (ist) der Fahrer. – Je stiller du bist, desto mehr kannst du hören. – Je früher man eine Reise bucht, desto größer ist die Auswahl. – Je länger der Urlaub dauert, desto erholsamer ist er. – Je früher man aufsteht, desto länger ist der Tag.

13.2.2 La oración relativa

T 1 Der Junge, **der** neben Elke saß. Das Mädchen, **das** Fußballprofi werden wollte. Die Freundin, **die** so lange Haare hatte. Die Jungs, **die** immer so lustig waren. p. 196

R1 El pronombre relativo tiene el mismo género (der, das, die) y el mismo número (singular/plural) que la **palabra** a la que se refiere.

R2 El caso (nominativo, acusativo, dativo, genitivo) del pronombre relativo depende p. 197

- del verbo de la oración relativa.
  Das ist der Junge, der (Nominativo) neben mir saß.
  Das ist der Junge, den (Acusativo) ich kenne.
  Das sind die Klassenkollegen, denen (Dativo) wir schreiben.
- de la preposición delante de la oración relativa.
  Das ist der Lehrer, **über** den (Acusativo) wir sprechen.

R3 El pronombre relativo **"was"** es invariable y se refiere a pronombres o a oraciones completas. El pronombre relativo **"wo"** se refiere a indicaiones de lugar.

Soluciones

p. 198 E 1 1. C; 2. A; 3. B; 4. D

E 2 1. der 2. die 3. der/den 4. der 5. die

E 3 1. Thomas ist der Junge, der in Petra verliebt war. 2. Petra ist das Mädchen, das immer viel geredet hat. 3. Herr Behrend ist der Deutschlehrer, den wir auf der Klassenfahrt geärgert haben. 4. Herr Weber ist der Musiklehrer, der mal kurz einen Bart hatte. 5. Frau Bischof war die Chemielehrerein, die wir zu Hause angerufen haben. 6. Herr Grimm und Frau Schmidt waren die Lehrer, mit denen wir in Frankreich waren.

p. 199 E 4 1. den 2. wo 3. den 4. das 5. die 6. was 7. die

E 5 1. Das ist Heidi, die beim Schüleraustausch nach Amerika dabei war. 2. Das ist die Frau von Stefan, mit dem ich oft beim Sport war. 3. Stefan ist der Mann mit den langen Haaren, der gerade beim Kellner steht. 4. Das sind die Lehrer, Herr und Frau Metz, von denen ich dir viel erzählt habe.

E 6 1. der 2. den 3. die 4. was 5. denen Palabra clave: Reise

13.2.3 Oraciones subordinadas con "ob" o palabra interrogativa con "w"

p. 200 T 1a 1. was 2. wann 3. ob

T 1b 1. Was willst du machen? 2. Bringt er seinen Hund mit? 3. Wann macht das Museum auf? **Oración interrogativa sin partícula → Oración subordinada con "ob"** Kommst du heute? – Ich frage dich, ob du heute kommst. **Oración interrogativa con partícula → Oración subordinada con palabra con "w"** Wann kommst du heute? – Ich frage dich, wann du heute kommst.

p. 201 E 1 1. welchen Zug wir nehmen können? 2. ob ich Toby im Zug mitnehmen darf. 3. was das Ticket für Toby kostet? 4. wann wir uns treffen.

E 2 1. Können Sie mir bitte sagen, wie viel Uhr es ist? 2. Entschuldigung, wissen Sie, wo ich Tickets kaufen kann? 3. Entschuldigung, können Sie mir sagen, ob ich am Automaten mit Karte zahlen kann? 4. Wissen Sie, ob es auch Fahrkarten für Hunde gibt? 5. Können Sie mir sagen, wo der Bahnhofskiosk ist? 6. Wissen Sie, von welchem Gleis der Zug um 8.30 Uhr Richtung Stralsund fährt?

13.3 Qué podemos hacer con las oraciones subordinadas

p. 203 E 1 1. ob 2. dass 3 bis 4. der 5. Wenn 6. denen 7. ob 8. ob 9. bevor 10. bis

E 2 1. Ich fahre nicht gern Auto, weil man oft im Stau steht. 2. Sie sagt, dass sie gern mit dem Zug fährt. 3. Sie ist früh aufgestanden, trotzdem hat sie den Zug verpasst. 4. Er spricht viel Deutsch, seit er in Berlin ist. 5. Wir gehen heute sowohl ins Kino als auch indisch essen. 6. Er kauft ein Handy, damit er seinen Freunden in Kasachstan SMS schicken kann. 7. Mit diesem Handy kann man nicht nur telefonieren sondern auch Fotos machen. 8. Ich gehe ins Internet, um die Wettervorhersage anzusehen. 9. Je länger ich auf dich warte, desto mehr Sorgen mache ich mir. 10. Er hat noch einen wichtigen Termin, dann ruft er Sie an.

E 3 1. Ich habe jetzt keine Zeit, deswegen rufe ich dich morgen zurück. – Ich rufe dich morgen zurück, denn ich habe jetzt keine Zeit. – Weil ich jetzt keine Zeit habe, rufe ich dich morgen zurück. 2. Seit ich hier warte, ist niemand gekommen. 3. Ich warte hier, bis jemand kommt. 4. Ich bin müde und (ich bin) durstig. – Ich bin sowohl müde als auch durstig. 5. Ich habe wenig Zeit aber ich komme mit. – Ich komme mit, obwohl ich wenig Zeit habe. – Ich habe wenig Zeit, trotzdem komme ich mit.

p. 204 E 4 1. Ich habe nur wenig Zeit, trotzdem komme ich zu deiner Feier. / Ich habe nur wenig Zeit, aber ich komme zu deiner Feier. 2. Kann ich sie fragen / Wissen Sie / Können Sie mir sagen, ob es hier eine Toilette gibt? 3. Ich kann heute nicht kommen, denn ich bin krank. / Ich bin krank, deshalb/deswegen kann ich heute nicht kommen. 4. Ich stelle mir zwei Wecker, sodass ich nicht verschlafe. / Ich stelle mir zwei Wecker, um nicht zu verschlafen. 5. Ich schicke Ihnen die Informationen, da/weil Sie Interesse daran hatten. / Ich schicke Ihnen die Informationen, denn Sie hatten Interesse daran. / Ich schicke Ihnen die Informationen, an denen Sie Interesse hatten.

E 5 Sehr geehrter Herr Jakobsen,
wir freuen uns sehr über Ihr Interesse an unseren Produkten **und** schicken Ihnen sehr gerne unseren Katalog. Sie finden in dem Katalog **sowohl** aktuelle Angebote **als auch** unser gesamtes Sortiment. Wir haben jetzt auch ganz neu Badezimmermöbel **und** wir freuen uns, Ihnen exklusive Möbel für Ihr Badezimmer zu präsentieren. Wir hatten einen Wasserschaden in unserer Lampenabteilung, **deshalb / deswegen / darum** können wir Ihnen auf alle unsere Lampen einen Rabatt von 15 % garantieren, **wenn** Sie die Ware bis zum 15. Juli bestellen.
Wenn Sie Fragen haben, rufen Sie uns bitte an.

14 Redewiedergabe p. 205

T 1

proposición introductoria + subordinada con palabra interrogativa con" w":	Lukas hat gefragt, was Toby **hat**.
proposición introductoria + oración subordinada con "ob":	Lukas hat gefragt, **ob** es schlimm **ist**.
proposición introductoria + oración en indicativo:	Die Ärztin hat gesagt, Toby **hat** eine Erkältung.
proposición introductoria + oración subordinada con "dass":	Sie hat gesagt, **dass** er Fieber **hat**.
proposición introductoria + oración con el verbo modal "sollen":	Sie hat gesagt, ich **soll** ihm viel zu trinken **geben**.
proposición introductoria + oración con un verbo en Konjunktiv:	Sie hat gesagt, es **sei** nicht schlimm.

R1 El estilo indirecto empieza con una **proposición introductoria:**
Las oraciones enunciativas en el estilo directo también son **oraciones enunciativas** en el indirecto o se convierten en **oraciones subordinadas con "dass"**. Las **oraciones interrogativas con partícula** en el estilo directo se convierten en el indirecto en **subordinadas con palabra interrogativa con" w"**. Las **oraciones interrogativas sin partícula** se convierten en el estilo indirecto en **subordinadas con "ob"**.

T 2 Die Ärztin sagt zu Lukas p. 206

„Kommen Sie bitte zu mir."	Sie hat gesagt, er soll zu ihr kommen.
„Ihr Hund ist krank."	Sie hat gesagt, dass sein Hund krank ist.
„Kommen Sie morgen wieder."	Sie hat gesagt, er soll morgen wiederkommen. (gleicher Tag)
	Sie hat gesagt, er soll am nächsten Tag wiederkommen. (anderer Tag)
„Bleiben Sie mit Ihrem Hund gleich hier."	Sie hat gesagt, er soll mit seinem Hund gleich da bleiben.

R2 En el estilo indirecto se produce a menudo un cambio de perspectiva. Suelen cambiar los pronombres personales: Lukas: „Ich gehe zum Tierarzt." – Lukas sagt, **er** geht zum Tierarzt. Los artículos posesivos: Lukas: „Mein Hund ist krank." – Lukas sagt, dass **sein** Hund krank ist. Las referencias temporales: Lukas: „Ich gehe morgen zum Tierarzt." – Lukas sagt, er geht **am nächsten Tag** zum Tierarzt. Las referencias de lugar: Lukas: „Toby, bleib hier!" – Lukas hat zu Toby gesagt, er soll **da/dort** bleiben.

E 1 A: 1, 2, 4, 5 B: 1, 2, 3, 4, 6 p. 208

E 2 1. sie 2. sie, ihnen 3. sie, ihnen 4. sie ihr

E 3 1. Lukas sagt, dass er Kopfschmerzen hat. 2. Er sagt, dass es ihm nicht gut geht. 3. Er fragt Lisa, ob sie ihm einen Tee machen kann. 4. Er sagt, dass er zum Arzt gehen muss. 5. Er erklärt, dass er nicht in die Arbeit gehen kann. 6. Er möchte wissen, wie spät es ist. 7. Er fragt, wo Toby ist.

E 4 1. an diesem Tag / am selben Tag 2. am Tag davor / am vorigen Tag 3. am nächsten Tag / am darauf folgenden Tag 4. am übernächsten Tag 5. dort / da p. 209

E 5 1. Die Mutter sagt, sie soll etwas Schönes anziehen. 2. Der Vater sagt, sie soll nicht zu spät zu dem Termin kommen. 3. Der Bruder sagt, sie soll keinen Kaffee am Morgen / am Morgen keinen Kaffee trinken. 4. Die Schwester meint, sie soll heute früh ins Bett gehen. 5. Eine Freundin sagt, sie soll sie sofort nach dem Gespräch anrufen. 6. Die Oma sagt, sie soll selber auch Fragen stellen. 7. Der Opa sagt, sie soll einfach ganz natürlich sein.

E 6 Professor Noke gibt folgende Ratschläge: „Man muss auch bei schlechtem Wetter täglich draußen spazieren gehen. Ohne tägliche Bewegung und direktes Tageslicht haben wir wenig Chancen, gesund zu bleiben. Ich weiß, dass viele Leute bei schlechtem Wetter lieber zu Hause blieben, aber mit der richtigen Kleidung gibt es keine Ausreden. Auch die Ernährung ist sehr wichtig: viel Obst und Gemüse, aber auch viel Flüssigkeit. Besonders gut sind heiße Tees. Ich selbst gehe einmal in der Woche in die Sauna, das hilft mir sehr."

15 La formación de palabras

15.1 Sustantivos derivados

p. 210 T 1 Rennen und Springen – das Spazierengehen im Park – Hunde zum Spielen – Vom vielen Rennen

R1 El infinitivo se puede convertir en un sustantivo. El determinante siempre es **"das"**.

T 2a ein Jogger läuft – Der eine Spieler ist still – mit den Zuschauern – Radfahrer gibt es keine, denn Radfahren ist verboten.

T 2b

joggen	der Jogger	die Joggerin
spielen	der Spieler	die Spielerin
zuschauen	der Zuschauer	die Zuschauerin
Rad fahren	der Radfahrer	die Radfahrerin
Verbo	persona masculina: Terminación **-er**	persona femenina: Terminación **-er-in**

R2 Con la raíz del verbo + **-er** se denominan personas masculinas. A esta forma del sustantivo se le añade la terminación **-in** para denominar personas femeninas.

p. 211 T 3a Kindchen, Programmierer, Sportler, Köchin, Mannschaft, Zeichnung, Häuslein, Sicherheit, Freundschaft, Musiker, Polizistin, Käufer, Kleinigkeit, Gesundheit

T 3b **Sustantivos con sufijos: Cuadro**
Sustantivos masculinos: "der"
-er: der Programmierer, der Käufer, der Musiker
-ler: der Sportler
Sustantivos neutros: "das"
-chen: das Kindchen
-lein: das Häuslein
Sustantivos femeninos: "die"
-in: die Köchin, die Polizistin
-ung: die Zeichnung
-schaft: die Mannschaft
-heit/-keit: die Sicherheit, die Gesundheit, die Kleinigkeit

p. 212 E 1 1. Maler 2. Fahrer 3. Erzähler 4. Bäcker 5. Tänzerin 6. Lehrerin 7. Zuschauerin 8. Wählerin

E 2 1. das Häuschen 2. das Hündchen 3. das Gläschen 4. das Bächlein 5. das Büchlein, 6. das Tierlein

E 3 1. zum Kochen 2. beim Joggen 3. zum Lesen 4. zum Arbeiten 5. beim Schwimmen

E 4a, b 1. die Stimmung 2. eine Freundschaft 3. der Künstler 4. Die Schauspielerin 5. die Möglichkeit 6. die Ärztin, die Untersuchung 7. eine Dummheit, Entschuldigung 8. die Neuigkeit

15.2 Sustantivos compuestos

p. 213 T 1 Kranken|pfleger, Kranken|haus, Unfall|station, Schwer|verletzte, Roll|stuhl, Geh|hilfe, Chef|ärztin, Therapie|pläne, Fach|ärzten, Stations|leiterin, Dienst|plan, Pflege|personal, Früh|dienst

R1 Los sustantivos compuestos se componen por lo menos de **dos** partes. La última parte, la palabra base, siempre es un sustantivo.

T 2a die Kranken – der Pfleger: **der** Kranken|pfleger
der Unfall – die Station: **die** Unfall|station
pflegen / die Pflege – **das** Personal: das Pflege|personal

T 2b

		Descripción	Palabra determinante
1.	der Kranken|pfleger	der Pfleger für die Kranken	Substantiv
2.	die Unfall|station	die Station für die Opfer eines Unfalls	Substantiv
3.	der Roll|stuhl	der Stuhl, den man rollen kann	Verb
4.	die Geh|hilfe	eine Hilfe, um gehen zu können	Verb
5.	der Früh|dienst	der frühe Dienst	Adjektiv
6.	der/die Schwer|verletzte	eine Person, die schwer verletzt ist	Adjektiv

R2 El género de un sustantivo compuesto se designa por la **palabra base**.

E 1a, b p. 214

1. der Stadtplan – die Stadt, der Plan – der Plan von einer Stadt
2. das Schwimmbad – schwimmen, das Bad – ein Bad, wo man schwimmen kann
3. das Märchenbuch – das Märchen, das Buch – ein Buch mit vielen Märchen
4. die Plastiktüte – das Plastik, die Tüte – eine Tüte aus Plastik
5. die Altstadt – alt, die Stadt – der alte Teil der Stadt

E 2 1. die Schreibmaschine 2. der Kochlöffel 3. das Malbuch 4. die Waschmaschine 5. das Schlafzimmer 6. Laufschuhe

E 3 1. Handschuhe 2. die Haustür 3. der Apfelkuchen 4. die Zahnbürste 5. die Sonnenbrille 6. das Baumhaus 7. die Taschenlampe 8. das Autoradio

16 Coherencia del texto

16.1 Pronombres, determinantes

T 1a p. 215

Der Autodiebstahl
Um 8.30 Uhr hatte Herr Schuster eine wichtige Besprechung und jetzt war es schon kurz vor acht. Er riss die Tür zur Tiefgarage auf, rannte nach links und blieb plötzlich stehen. „Das gibt es doch nicht!“, dachte er. „Wo ist mein Auto?!“ Es war weg, einfach verschwunden. Er sah sich um. Auf dem Parkplatz, der links neben seinem war, stand das Auto seiner Nachbarin, Frau Bastani, auf dem Parkplatz von Herrn Huber lagen die alten Autoreifen und die Lampe hinten an der Wand war immer noch kaputt. Alles war wie immer, nur sein Auto war weg.

T 1b **Pronombres:** er, es, seinem, der – **Determinantes:** mein (Auto), seiner (Nachbarin), sein (Auto)

R1 La coherencia en un texto se genera a menudo a través de **pronombres** y **determinantes**.
Los pronombres personales, los pronombres relativos y posesivos, así como los artículos posesivos evidencian las relaciones en un texto.

T 2 ein Problem – einen wichtigen Termin – das Problem – dieser Termin

R2 Utilizamos el artículo **indeterminado** cuando un sustanivo es nuevo o desconocido en un texto. El artículo **determinado** o el artículo **demostrativo** lo utilizamos con sustantivos que son conocidos de forma general, que ya se mencionaron en el texto o que se explican por el contexto.

p. 216 T 3 dann sagte sie ... – deswegen fällt es mir jetzt wieder ein. – sonst weiß ich nichts mehr.

R También los **adverbios conjuncionales** enlazan oraciones para crear textos. Establecen relaciones que afectan la secuencia, causas, contradicciones o condiciones.

E 1 Palabras erróneas: 1. sie 2. ihre 3. seinem 4. er 5. Er 6. einen 7. deswegen 8. dein 9. darum 10. er 11. sie 12. darüber 13. der

16.2 Indicaciones de tiempo y lugar

p. 217 T 1 am Morgen des 8. Februar um kurz vor acht die Tiefgarage – zur Arbeit –Dort – anfangs – erst – vor seinem Parkplatz – für kurze Zeit – vor dem falschen Parkplatz – Kurz darauf – in die Tiefgarage – hier am Vorabend – in die Arbeit – mittags zur Polizei

E 1 1. Ich bin wie jeden morgen in die Tiefgarage gegangen. 2. Dort habe ich Herr Schuster gesehen. 3. Zuerst dachte ich, er ist wütend auf mich, weil er mich nicht gegrüßt hat. 4. Aber dann habe ich gesehen, dass sein Auto nicht da war. 5. Ich habe in also gefragt, ob ich ihm helfen kann. 6. Auf dem Weg in die Arbeit habe ich ihm von dem Mann erzählt, den ich am Vorabend in der Garage gesehen habe. 7. Anfangs hatte ich mir nichts dabei gedacht, dass hier ein fremder Mann war, der sich alles genau ansah. 8. Aber nachdem nun das Auto verschwunden ist, finde ich diesem Mann sehr verdächtig.

p. 218 E 2 Hofstraße: 1, 2, 7 – Passauer Straße: 5, 6; Arbeit: 3, 4

E 3 1. immer 2. dort 3. lange 4. dann 5. Zuerst 6. dann 7. Nach drei Wochen 8. dort 9. Jetzt

16.3 Léxico

p. 219 T 1a Autobesitzer – Fahrzeug – Markus S. – Pkws – Das Fahrzeug – des Opfers – einem Mann – männlichen Dieb um die vierzig – Markus S. – er – sein Auto – es – Er – es – Der Mann, der zunächst verdächtigt wurde – der zukünftige Nachbar – „Bestohlenen" – Herr R. – Er

T 1b Auto: Pkw, Fahrzeug; Autobesitzer: Markus S., Opfer, Bestohlener; „Dieb": ein Mann, der Mann, der zunächst verdächtigt wurde, der zukünftige Nachbar, Herr R.

E 1 1. D; 2. F; 3. E; 4. G; 5. C; 6. A; 7. B

p. 220 E 2a **Tier:** Vierbeiner, Hund, Haustier; **Fahrzeug:** Auto, Pkw, BMW; **Wohnort:** Gebäude, nach Hause, Wohnung; **Mensch:** Mann, Nachbar, Leute, Person, Beamter, Polizist, Verfolger, Fahrer

E 2b Diese Begriffe sind richtig: 1. Leute / Menschen 2. Auto / Fahrzeug 3. nach Hause / zu ihrer Wohnung 4. BMW / Pkw 5. Fahrzeug / Auto 6. Polizisten / Beamten 7. Fahrer 8. Verfolger / Polizisten 9. Männer / Personen 10. Vierbeiner / Hund 11. Fahrer

Índice alfabético

Índice alfabético

Índice alfabético

Índice alfabético

Índice alfabético